2. Auflage

Titel der französischen Originalausgabe:
La grande histoire de la pipe

Ins Deutsche übertragen von Eva Kornbichler

Copyright © 1993 by Flammarion, Paris
Copyright © 1994 der deutschen Ausgabe
by Wilhelm Heyne Verlag GmbH & Co. KG, München
Redaktion: Ghislaine Bavoillot
Design: Marc Walter
Bildredaktion: Sabine Greenberg
Umschlaggestaltung: Christian Diener, München
Umschlagfoto: Mario Schnell, München
Satz: Kort Satz GmbH, München
Druck und Bindung: Mohndruck, Gütersloh
ISBN 3-453-08035-1

Printed in Germany

INHALT

— 7 —
Vorwort
Von Robert Sabatier

— 9 —
Der Geist der Pfeife

— 25 —
Die Geschichte der Pfeife

— 63 —
Die Geburt einer Pfeife

— 103 —
Tabak

— 143 —
Die Pfeife
Eine Gebrauchsanweisung

— 175 —
Passion und Kreation

— 201 —
Anhang
Kleine Pfeifenkunde

VORWORT

Für Jacques-Henri Lartigue, begeisterter Fotograf von Motiven voller Leichtigkeit, hat die Pfeife etwas kindlich Spielerisches ...
(links: Dani in Aix-les-Bains, 1925).

Meine erste Pfeife rauchte ich mit siebzehn Jahren, wann jedoch meine letzte kommen wird, möchte ich lieber nicht wissen. Jedenfalls pflege ich seit mehr als einem halben Jahrhundert einen mir liebgewordenen Brauch: das Streicheln des Holzes, das Füllen des Pfeifenkopfs mit kleinen Prisen Tabak, die sachkundig festgedrückt werden, das Anzünden mit einem Streichholz, voller Ruhe, Würde, fast religiöser Weihe. – »Ich reichte ihm das Feuer, um sein Freund zu werden.« (Paul Éluard)

Vor mir ein Topf mit Tabak. Er enthält Caporal Export. Auf der Verpackung lese ich: Rauchen gefährdet Ihre Gesundheit. Vielen Dank, Vater Staat, daß du mich warnst und dabei doch Handel mit dem treibst, was du für Gift hältst! Mein Lieblingstabak nennt sich »Supérieur Pipe«, aber es gibt ihn nicht mehr: nicht profitabel genug! Nun ja. Früher rauchte ich ein schlimmes Kraut, aber dann entwickelte ich einen exklusiven Geschmack und rauche nun Caporal: Das hat etwas Militärisches, und meiner Pfeife bekommt es sehr.

Hin und wieder genehmige ich mir eine Havanna; Zigaretten jedoch mag ich weniger, sie sind so kurzlebig. Meine Pfeifen dagegen werden mich überleben. Ich hüte sie alle: meine Lieblinge, die Bruyèrepfeifen; aber auch meine Meerschaumpfeifen, die kleinen Schönheiten; und die aus Kirschbaumholz, aus Ton, aus Maiskolben – jede hat etwas Besonderes. Da sind gerade, gebogene, leichte, schwere, schlichte und kunstvoll verzierte Pfeifen. Für mich sind sie alle Kunstwerke. Und ich liebe sie alle, pflege sie, reinige und poliere sie. Eine Pfeife ist eine Freundin, um die man sich gut kümmern muß.

Ich sagte *Kunstwerke* und stehe dazu – zudem handelt es sich hier um hohe Handwerkskunst. Ich bin glücklich, mit diesen Worten ein wunderbares Buch eröffnen zu dürfen, das sich ihrer würdig erweist, würdig auch ihrer langen Geschichte und ihrer psychologischen und soziologischen Aspekte. Zusammen mit Fachleuten darf ich die »besten Arbeiter Frankreichs« mit der Würdigung ihrer Meisterwerke krönen – in dem beruhigenden Wissen, daß auch die Nachfolge dieser großen Künstler gesichert ist. Für mich gehen hier meine beiden großen Leidenschaften, das Buch und die Pfeife, eine geistige Verbindung ein. Lasset uns die Friedenspfeife rauchen!

Und welch heitere innere Ruhe schenkt uns die Pfeife in einem Zeitalter der Hast und der Hektik! Siebenmal ziehen, bevor man das Wort ergreift, und alles Harsche ist getilgt. Mein seelisches und geistiges Wohlergehen verdanke ich dieser Muße, dieser graublaue Rauch ist meine Inspiration. Das wahre Glück! Ich werde beim Blättern in diesem schönen Buch Pfeife rauchen und mich dabei rundherum zufrieden fühlen. Möge es Ihnen ebenso ergehen, verehrter Leser und Seelenverwandter!

Robert Sabatier

DER GEIST DER PFEIFE

Gemütlichkeit mit einem »guten Pfeifchen« (vorherige Doppelseite). Die Pfeife, die die Kreativität und die Fantasie beflügelt, war stets ein vertrauter Begleiter von Malern, Dichtern und Schriftstellern. Bei Gustave Courbet wurde sie in seinen Selbstporträts zu einem Hauptelement (Mitte: »L'homme à la pipe« – Mann mit Pfeife).

Stopfen Sie Ihre Pfeife und stecken Sie sie an, und all Ihre Sinne und Ihr Geist sind mit dem aufsteigenden blauen Rauch plötzlich geschärft. Und fragen Sie sich: Gibt es für Sie und ebenso für Nichtraucher eigentlich irgend etwas, was so vorbehaltlos und so unmittelbar einen derart subtilen Genuß, ein solches Wohlbehagen und eine so vollkommene innere Ruhe hervorruft wie die Pfeife? Sicherlich wird Ihre Antwort, wenn Sie Ihre Pfeife zu Ende geraucht haben, »nein« lauten. Es geht eben nichts über ein »gutes Pfeifchen« ... Welches Bild könnte einem vollkommen Unbedarften eine Vorstellung davon vermitteln, was dieser Ausdruck für den Pfeifenfreund bedeutet? Vielleicht das Bild eines ruhigen, gemütlichen Zimmers mit gedämpfter Beleuchtung, in dem ein Mann in einem hohen, altmodischen Sessel träumerisch in ein Kaminfeuer blickt, in einer Hand ein Kognakglas, in der anderen die Pfeife, aus der ein wenig Rauch aufsteigt. Damit wäre bereits die besondere Atmosphäre angedeutet, die, ob nun in privater Abgeschiedenheit oder in der Öffentlichkeit, bei der Arbeit, im Zug oder auf der Straße, den Pfeifenraucher umgibt. Im Gegensatz zum Zigarettenraucher kostet er sein Vergnügen langsam aus, er raucht in kleinen Zügen und nimmt dabei nicht nur den Rauch in sich auf, sondern auch eine innere Gelassenheit. Und das ist noch nicht alles: Welch vollkommene Zufriedenheit liegt darin, wenn dieser Mann zärtlich seine Pfeife liebkost – sowohl mit den Augen, denn die Harmonie ihrer Form und Farbe hat ihn von Anfang an fasziniert, als auch mit den Fingern, denn ihr natürliches, lebendiges Material, die feine Struktur seiner Bruyère oder seiner Meerschaumpfeife und vor allem ihre sanfte Wärme fühlen sich einfach köstlich an. Dazu kommen noch das würzige Aroma des Tabaks, das schon die Nase umschmeichelt, ehe er überhaupt angezündet ist, und seine sehr unterschiedlichen Duftrichtungen, wenn er erst einmal brennt: zum Beispiel Kakao-, Rum- oder Vanillearoma, der Geruch herbstlichen Unterholzes, ein Hauch von regennasser Erde, ein paar Gewürze aus einem orientalischen Basar. Und schließlich rundet sich das Bild des Genusses mit der Empfindung der Geschmacksnerven, wenn dieser sanfte, warme Rauch auf sie trifft, der sich in seinen Aromavarianten mit nichts vergleichen läßt und den kostbarsten Weinen, Tees und Schokoladen durchaus ebenbürtig ist.

Wer noch niemals Pfeife geraucht hat oder, schlimmer, wer noch nie eine Pfeife richtig geraucht hat, kann nun erahnen, was ihm entgeht: ein voller Genuß, bei dem zumindest vier der fünf Sinne angesprochen werden – und der Geist dazu.

Wegen ihrer zahlreichen Eigenschaften und Bedeutungen ist die Pfeife ein besonderes und einzigartiges Objekt in der Geschichte der Menschheit. In einem Lexikon mag sie schlicht als ein Instrument zum Rauchen von Tabak bezeichnet werden, doch hat sie zweifellos etwas an sich, was über das Alltägliche ihrer Benutzung hinausgeht, etwas Geheimnisvolles, Magisches, Religiöses. In ihr vereinen sich Erde und Luft, Feuer und Wasser. Der Pfeifenraucher liebkost und beschützt sie, und dafür hat sie ihm viel zu geben. Dieses besondere Wesen der Pfeife erklärt vielleicht, weshalb viele Maler und Schriftsteller in ihrer Darstellung dieser Passion ausgerechnet einen Raucher zeigten, der gerade nicht rauchte.

Man lese zum Beispiel *Voyages avec ma pipe* (Reisen mit meiner Pfeife), eine 1920 erschienene Sammlung von Reiseerzählungen, deren Autor Léon Werth seit einigen Jahren in Frankreich wieder viel gelesen wird – und dem Saint-Exupéry seinen *Kleinen Prinzen* widmete. In diesem Werk, in dem uns Werth, manchmal nur im Traum, von der Bretagne über Paris und Holland bis nach Honduras führt, erscheint die Pfeife des Autors fast nie. Dieses Nichterwähnen der Pfeife in dem gesamten Buch, das ihre offensichtliche Anwesenheit doch im Titel dokumentiert, gibt uns einen wertvollen Hinweis. Ebenso, wie Werth es ablehnt, über seine Pfeife zu sprechen – er schreibt: »... alles sehen, ohne gesehen zu werden« –, möchte er sie auch nicht zeigen. Denn sie ist ihm ein so eng verbundener Reisegefährte, daß sie beide eins sind. Mehr als ein Gegenstand der Sinnesfreude, ist sie ein vertrauter Begleiter mit geheimnisvollen Kräften, der Schlüssel, der dem verzauberten Reisenden die Welt erschließt.

Man betrachte einmal das Gemälde *Le Souffleur à la Pipe,* das Georges de La Tour wahrscheinlich im Jahr 1648 malte. Es ist bekannt, daß bei La Tour weltliche Szenen im allgemei-

Der Schriftsteller Jean de la Varende wurde meist in seinem Landsitz in der Normandie bei einem gemütlichen Pfeifchen für seine Romane inspiriert, die alle vom vergangenen Glanz dieser Region, von ihren katholischen und royalistischen Traditionen handeln (rechte Seite, 1943 fotografiert von Robert Doisneau).

Guillaume Apollinaire – hier um 1911 im Atelier seines Freundes Picasso (links) – und der Bildhauer Ossip Zadkine – 1926 in seinem Atelier in Paris von A. Kertèsz fotografiert (rechts) – waren entschieden moderne Künstler, Zeugen ihrer Zeit.

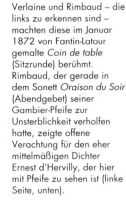

Courbet, *Autoportrait au chien noir* (Selbstporträt mit schwarzem Hund) von 1842 oder die Metamorphose des Pinsels in die Pfeife (linke Seite, oben).

Verlaine und Rimbaud – die links zu erkennen sind – machten diese im Januar 1872 von Fantin-Latour gemalte *Coin de table* (Sitzrunde) berühmt. Rimbaud, der gerade in dem Sonett *Oraison du Soir* (Abendgebet) seiner Gambier-Pfeife zur Unsterblichkeit verholfen hatte, zeigte offene Verachtung für den eher mittelmäßigen Dichter Ernest d'Hervilly, der hier mit Pfeife zu sehen ist (linke Seite, unten).

nen vom Tageslicht beschienen sind, während Szenen mit religiösem Gehalt von dem Schein einer Kerze beleuchtet werden. Der Pfeifenraucher hätte demnach eigentlich – ebenso wie ein Musiker, ein Kartenspieler oder eine Wahrsagerin – bei Tageslicht dargestellt werden müssen. La Tour jedoch wählte die Nacht. Er wollte offensichtlich nicht das einfache Vergnügen eines »Gourmets« zeigen, das sich auf dem Niveau des Genießens eines guten Essens bewegt. Und so versetzen die Pfeife und die sie umgebende Zeremonie den Raucher in die Welt des Heiligen. Und die Pfeife ist nicht nur der einfache Tongegenstand in der Hand des Rauchenden, sie ist auch das Hauchen auf die Glut und die Flamme, die aus dem glimmenden Scheit steigt, und der Schein dieser Flamme. Sie ist auch die Ruhe und Stille der Nacht, die im Dunkeln des Bildes erahnbar ist, der feierliche Ernst des Rauchers in vollkommener Hingabe an seine Zeremonie und seine Geborgenheit. Die Flamme beleuchtet nur den jungen Mann und seine Pfeife. In diesem Augenblick sind sie völlig allein auf der Welt, von Geheimnis umgeben. Diese vollkommene Welt eines friedvollen Glücks kann durch nichts und durch niemanden gestört werden.

La Tour erfaßte das Wesentliche: den Zauber, den Ritus, die Intimität und den Genuß. Betrachten wir nun *Courbet au chien noir*, das Selbstporträt eines genialen Malers, der damals erst dreiundzwanzig Jahre zählte. Zwei Jahrhunderte waren verstrichen, die Malerei hatte sich weiterentwickelt, und Courbet fühlte sich nicht vom Mystischen beflügelt wie La Tour. Und dennoch... Der stolze junge Mann bringt, nicht ohne eine gewisse Arroganz, seine eigene Welt des Genusses zum Ausdruck, aus der er uns ganz deutlich ausschließt. Courbet scheint zu sagen: »Hier sehen Sie alles, was ich liebe, und mehr brauche ich nicht. Zuallererst natürlich mich selbst, denn ich bin ein hochbegabter, romantischer, schöner junger Mann mit großer Zukunft. Dann, ohne besondere Rangfolge, die Landschaft mit ihren Blumen, meinen Stock, um sie zu durchstreifen, meine Mappe, um sie zu malen, meinen Hund, um mich zu begleiten, und meine Pfeife...« Und wozu sollte nun wohl seine Pfeife dienen? Sie scheint nicht zu brennen, ebenso wie bei La Tour, und wird entfernt vom Mund des Rauchers gehalten. Wieder ist hier die banale Funktion des Gegenstandes nicht von Bedeutung. Sehen Sie sie sich genau an, in diesem Augenblick, in dem uns der Maler durch den Spiegel seines Selbstporträts mustert, in dem er also gerade malt: Er hält sie wie einen Pinsel. Sie ist der Pinsel. Sie ist sogar mehr als ein Pinsel, denn ihre Rolle ist es nicht, Tabak zu verbrennen und Genuß zu bereiten, sondern – durch ihre geheimnisvolle magische Kraft jedem Pinsel überlegen – als Mittler zwischen dem Maler und seinem Gemälde zu dienen. Und plötzlich haben die Welt La Tours und die Welt Courbets etwas gemein: den Zauber des Geheimnisvollen einer Pfeife in der Abgeschiedenheit einer ganz persönlichen Welt. Wie die Pfeife sind auch die anderen Gegenstände und der Hund Dinge, die man nicht aus der Hand gibt, sie gehören nur zu einem einzigen Menschen. Und die auf sonderbare Weise in einen Pinsel verwandelte Pfeife, ob sie nun erloschen ist oder nicht, verleiht dem Maler seine künstlerische Schaffenskraft.

Zahllose pfeiferauchende Künstler, Philosophen und Wissenschaftler haben diesen kreativen Einfluß ihrer Pfeife beschrieben. »Wer Pfeife raucht, braucht nicht zu denken«, schrieb Schopenhauer lapidar. Er wollte damit sagen, daß beim Pfeiferauchen die Gedanken wie von selbst kommen, eine Vorstellung, die hinsichtlich der Formen und Farben bereits bei Courbet zu finden ist. Gegen Ende des 19. Jahrhunderts, als die Versuchung durch die Zigarette bereits vorhanden war, ließ Mallarmé, der ihr erlegen war, wie in einem schönen Porträt von Manet zu sehen ist, seiner von ihm in Stich gelassenen Pfeife Gerechtigkeit angedeihen. Nur sie allein vermochte es, ihn seiner Arbeit wieder nahezubringen und zugleich Erinnerungen und Träume in ihm zu wecken, ohne die ein Dichter nicht sein kann: »Träumend von einem langen, schönen, winterlichen Arbeitsabend, fand ich gestern meine Pfeife. Fort mit den Zigaretten und all den kindlichen Vergnügungen eines Sommers, sie sind Vergangenheit, Blätter im Wind; herbei meine würdevolle Pfeife, nun in der Hand eines ernsthaften Mannes, der in Ruhe rauchen möchte, um besser arbeiten zu können. Doch welche Überraschung barg die so schmählich Verlassene: Kaum tat ich den ersten Zug, da vergaß ich die großen Aufgaben, und tief bewegt,

»La Tour legt weniger Wert auf den wirkungsvollen Eindruck des Antlitzes, das durch aufflammendes Licht kurz aus der Dunkelheit aufscheint, sondern er betont die wie in der Zeit erstarrte Konfrontation eines Profils mit einer Flamme.« Jacques Thuillier, Georges de La Tour (links: *Le Souffleur à la pipe*). Jeder auf seine Art: Daumier liebte die Karikatur. Doch wenn er auch die Übertreibungen der Nikotinsucht ins Lächerliche zog, enthielt doch die Ermahnung des Rauchers an seinen Sohn ein Körnchen Wahrheit: »Rauche, rauche, rauche! Nur durch die Pfeife unterscheidet sich der Mensch vom Tier!« (unten).

Wer vermöchte zu sagen, welchen Anteil die Pfeife an der Entwicklung der Theorie Carl Gustav Jungs über das kollektive Unbewußte hatte? Der Schweizer Psychiater war einst ein Schüler Freuds. In einem unterschieden sich die beiden Wissenschaftler: Anders als Jung entschloß sich Freud eines Tages, von der Pfeife zur Zigarre zu wechseln (oben).

verzaubert sog ich den vergangenen Winter, der nun aufs neue erwachte, in mich ein.« So hat es Mallarmé erlebt: ernsthaft und bedächtig noch in dem Moment, da er seine Pfeife nahm, wie es der »Souffleur« von La Tour war, jedoch – nach dem ersten Zug – berückt von dem Zauber seiner Pfeife, wie Proust es von dem seiner *madeleine* war, und gerührt, wie man es dem »Souffleur« auch nachsagen wird: Die Pfeife bietet ihre Freuden und ihren Zauber nur unter der Bedingung, geachtet zu werden.

Woher rührt nun diese geheimnisvolle Kraft der Pfeife, die Kreativität zu beflügeln, die gleichermaßen bezeugt wird durch Apollinaire wie Rimbaud, Mark Twain wie Günter Grass, Van Gogh wie Manet, Newton wie Einstein? Oder auch nur ihre Fähigkeit, die Gedanken frei zu machen für die Lösung von Rätseln, wie es die drei berühmtesten Detektive der Literatur und des Kinos, Sherlock Holmes, Philip Marlowe und Kommissar Maigret trefflich bewiesen haben? Woher kommt es, daß sie die Tätigkeit des Geistes beflügelt, ohne daß es dabei auf den Tabak ankäme? Diesmal gibt uns Baudelaire (Courbet zeigt ihn in einem Porträt mit der Pfeife zwischen den Zähnen) Auskunft. In seinem berühmten Sonett läßt er die Pfeife in direkter Rede erzählen. Sie stellt sich als die Pfeife eines Schriftstellers vor, die ihm über jeden Schmerz, jede Seelenqual und jede Ermüdung des Geistes hinweghelfe. Wenig später »antwortet« die Pfeife des Dichters Tristan Corbière im gleichen Ton: Sie sei die Pfeife eines Dichters, die ihn wie eine Amme nähre und einlulle. Baudelaire und Corbière beschreiben hier ein Phänomen: Die Pfeife beflügelt den Geist, indem sie ihn von seiner Ermüdung heilt, und sie lindert des Rauchers Schmerzen, indem sie seine Seele beruhigt. – »Die Pfeife ist für die gepeinigte Seele wie die Liebkosung einer Mutter für ihr leidendes Kind«, lautet

ein indisches Sprichwort. Die Pfeife ist Balsam, Labsal für die Seele. Neu belebt, mit frischen Kräften kann der Geist sich wieder entfalten.

Doch woher kommen nun diese therapeutischen und energiespendenden Fähigkeiten der Pfeife? Die Antwort auf diese Frage lag für Sigmund Freud, der Pfeifen- und Zigarrenraucher war, sicherlich auf der Hand. Ein anderer französischer Dichter, Francis Jammes, hatte es erahnt und so ausgedrückt: »Ich rauche eine Pfeife, so braun wie die Brust einer kleinen Negerin.« Noch näher an der Wahrheit wäre er wohl gewesen, hätte er geschrieben, daß er an ihr sog wie an der Mutterbrust. Wie die Psychologie besagt und Dichter erahnen, hat die Pfeife im Mund des Rauchers eine beruhigende und tröstende Wirkung – wie die Mutterbrust oder auch der Schnuller, den man dem Säugling in den Mund steckt, wenn er weint, oder der eigene Daumen, den er sich selbst in den Mund schiebt. Und jeder von uns – selbst ein Bismarck oder MacArthur, die mit der Pfeife im Mund Kriege planten, ja sogar ein Stalin! – braucht dieses Gefühl der Sicherheit, das dem Kind noch durch den Körperkontakt mit der Mutter geschenkt wurde. Der britische Verhaltensforscher Desmond Morris hat daran einmal humorvoll erinnert: »Es wäre schwierig, einen Geschäftsmann, der an seiner kalten Pfeife saugt oder an der Zigarette zieht, davon zu überzeugen, daß er in Wirklichkeit gerade einen kleinen persönlichen Trost sucht, und zwar in einer sophistischen Version des Babyschnullers.«

Bei dieser Interpretation stellt sich nun eine Frage: Warum rauchen Frauen, von wenigen Ausnahmen abgesehen, keine Pfeife? Es scheint, daß Frauen sowohl aus symbolischen wie auch aus historischen Gründen die Zigarette als Ersatz für die Mutterbrust bevorzugen. Im Gegensatz zum Schnupftabak, der im 16. Jahrhundert

Mark Twain – hier in seinem Haus in Hartford (Connecticut), 1903 – hatte eine bestimmte Vorstellung von Gemütlichkeit: ein Schaukelstuhl und eine Pfeife (er liebte die Peterson). So machte er auch die Figur des Tom Sawyer zu einem eingefleischten Pfeifenraucher (rechte Seite).

Da die Pfeife die Geruhsamkeit, das Nachdenken und das Sich-Bescheiden fördert, heißt es oft, daß es unter Pfeifenrauchern keine großen Verbrecher gibt. Die bekannteste Ausnahme von der Regel stellt Stalin dar – aber war es nicht schon ein Verbrechen, nie seine Dunhill zu reinigen und den gesamten Kreml zu verpesten? (links)

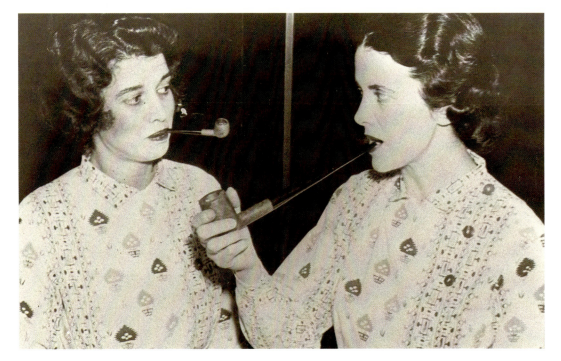

Die Frauen, die diesen Schritt wagen, werden bald ebenso sachkundige und begeisterte Raucher wie die Männer. Meist bevorzugen sie zierliche Pfeifen – speziell für Damen entworfen, um besser zu ihrer weiblichen Erscheinung zu passen. So etwa in den Dreißigern die Fabrikantentochter Louisa Wilke mit ihrer Schwester Anna, die ihrerseits dagegen ein besonders langes Modell raucht (links).

Das Vorurteil, daß Pfeiferauchen unweiblich sei, hält sich zäh. Es nötigt manche Raucherinnen sogar dazu, so zu tun, als kauften sie eine Pfeife für ihren Gatten ... Dies wurde schon früh von George Sand bekämpft, die lange Zeit Pfeife rauchte, bevor sie zur Zigarette überging. Gegen 1835 ließ sich George Sand sogar von Musset in einer kleinen Zeichnung als Pfeifenraucherin verewigen (unten).

sowohl bei den Herren als auch bei den Damen der vornehmen Gesellschaft rasch in Mode kam, war die Pfeife für lange Zeit überwiegend in den Kreisen von Seeleuten und Soldaten zu Hause. Bald wurde sie dann – wie die populäre holländische Bildkunst seit dem 17. Jahrhundert bezeugt – auch als ein Phallussymbol gesehen, ein ständiger Quell anzüglicher und frivoler Anspielungen. Aus diesem Grunde wohl assoziiert man sie so hartnäckig mit ausschließlich männlicher Geselligkeit, wie sie zum Beispiel in Kasernen, Offizierskasinos und Schenken herrscht, in die nur wenige Frauen einzubrechen wagen, jene, die sich von dem typischen Bild der Frau als dem schwachen Geschlecht befreien wollten und wollen. Die berühmteste Vertreterin dieser Bestrebung war die französische Schriftstellerin George Sand, die Pfeife und Zigarre rauchte. In dieser Pose ist sie uns auch in einer kleinen Zeichnung von Musset, die gegen 1835 entstand, überliefert. Es ist nicht bekannt, ob dieser besondere Grund auch für die äußerst willensstarke Marquise de Pompadour, die Lieblingsmätresse von Ludwig XV., galt, die dreihundert Pfeifen besaß und leidenschaftlich gerne rauchte, oder gar für die sehr zarte Künstlerin Elisabeth Vigée-Lebrun, die sich in einem Selbstporträt mit einer Tonpfeife vor einer von Sachkenntnis zeugenden Pfeifentasche darstellte. In der bäuerlichen Welt, in der die Frauen schon immer ebenso schwere Arbeiten verrichteten wie die Männer, ist die Assoziation der Pfeife mit Männlichkeit zweifellos am wenigsten verbreitet. Noch vor kurzem sah man in der Bretagne, dem Land der Seeleute und Bauern, pfeiferauchende Frauen, und man findet sie auch heute noch, zum Beispiel im Schweizer Wallis ... Auch Goethes Köchin, wohl eine robuste Frau vom Lande, war eine eingefleischte Raucherin, und ihr Herr konnte ihr das nicht verzeihen: »Sie zeigte sich ständig halsstarrig, widerspenstig und heimtückisch und machte mir das Leben zur Qual...«, schrieb dieser Feind des Tabakrauchens in seinem »Empfehlungsbrief«, den er für ihre Abreise bereithielt. Die Köchin zerriß den Brief und rächte sich, indem sie, kaum war ihr Herr zu seinem täglichen Spaziergang aufgebrochen, in dessen Arbeitszimmer eine Pfeife nach der anderen rauchte.

Wie dem auch sei, heute besteht für Frauen, die gern Pfeife rauchen möchten,

Die alten Tonpfeifenformen mit dem langen, schlanken Rohr und dem leicht geneigten Kopf wirken äußerst graziös und stehen besonders den Damen sehr gut (rechte Seite). Ob nun Seeleute oder Bauern, die Bretonen waren von jeher ohne Unterschied des Geschlechts große Pfeifenraucher (links).

Hätte Hemingway, der selbst Pfeife rauchte, seinem berühmtesten Helden während dessen Kampfes mit dem Schwertfisch eine Verschnaufpause gegönnt, dann hätte jener zweifellos ausgesehen wie dieser *Alte Mann und das Meer* des französischen Fotografen Edouard Boubat (linke Seite).

Der Fotograf Herbert List, ein großer Reisender, Kunstliebhaber und Gemäldesammler, mußte einfach Pfeifenraucher sein (links). Wie Hut und Stock unabdingbar zur Komik Charlie Chaplins gehören, ist bei Jacques Tati in *Die Ferien des Monsieur Hulot* die Pfeife das I-Tüpfelchen in seiner bizarren Erscheinung (unten).

gewiß kein Grund mehr zur Befürchtung, sie könnten dabei etwas von ihrer Weiblichkeit einbüßen, denn Häuser wie Dunhill oder Butz-Choquin bieten auch zierliche Modelle speziell für Damen an.

Somit wäre nun dieser wohltuende Zauber der Pfeife auf die Logik des Unterbewußtseins reduziert, die aber gleichermaßen auch auf die Zigarre und die Zigarette zutrifft. Das Besondere der Pfeife liegt jedoch darin, daß sie ein Gegenstand für sich ist. Durch die Schönheit ihrer Formgebung und ihres Materials, durch ihre manchmal ausgesprochen komplizierte Handhabung und ihre Langlebigkeit hat sie viel mehr zu geben.

Im Unterschied zu einem Zigarrenraucher und erst recht zu einem Zigarettenraucher, bei denen das Im-Mund-Halten und Ziehen im Vordergrund stehen, findet ein Pfeifenliebhaber fast ebensoviel Vergnügen daran, seine Pfeife zu berühren und sie zu betrachten, wie am Rauchen selbst. Auch unangezündet, ja selbst ungestopft liegt sie tröstlich in der Hand. Ihre Form allein – der kompakt griffige Kopf an dem schlanken Stiel – bietet eine Ausgewogenheit, die den Geist befriedigt. Und für die Künstlerseele im Raucher ist sie ein begnadetes kleines Meisterwerk, das sein Herz erfreut. Auch ihr Material spielt hier eine wichtige Rolle, vor allem, wenn es natür-lich ist, wie bei einer Bruyère, die in ihrer schönen Maserung praktisch ihre ganze Lebensgeschichte darbietet.

Zweifellos aber unterscheidet sich die Pfeife von allem anderen Rauchwerk am deutlichsten durch die eindrucksvolle Zeremonie, die sie umgibt. Das Pfeiferauchen erfordert Wissen, das sich jeder Anwärter erst einmal erwerben muß. Manche Hersteller liefern mit jeder ihrer Pfeifen eine Gebrauchsanweisung. Zwischen Pfeife und Schnuller liegt alles, was den Menschen von seinem Urzustand sowie vom Tier unterscheidet: Wissen, Kultiviertheit, Zivilisiertheit. Die Pfeife ist dem Menschen eigen.

Steht nun ihr Niedergang zu befürchten? Er setzte nach dem Ersten Weltkrieg ein, als sich die Zigarette überall durchsetzte, und beschleunigte sich in den letzten zwanzig Jahren, als ließe uns unsere moderne Lebensweise immer weniger Spielraum für die Zeremonie des Pfeiferauchens. Während die Pfeife in den Künsten lange Zeit

DER GEIST DER PFEIFE

Dänemark, im Winter 1819: *Der Richter Jacob Wilder* genießt einen friedvollen Lebensabend, an seiner Pfeife wie ein großer Säugling mehr saugend als rauchend ... Ein Gemälde von Johann August Krafft, Maler der deutschen Schule (1798–1829) (rechte Seite).

Die bis ins 19. Jahrhundert recht weit verbreiteten Pfeifen mit extrem langem Rohr boten, außer dem sanften, leichten Rauch, einen unbestreitbaren Vorteil: Da es meist unmöglich war, sie alleine anzuzünden, förderten sie das gesellige Beisammensein der Raucher; wie zum Beispiel das der *Dänischen Künstler in Rom*, gemalt 1837 von Constantin Hansen (rechts). »Wenn man es recht bedenkt, ist Liebe etwas sehr Prosaisches, verglichen mit dem Geistigen einer Tabakspfeife.« – Radikale Ansicht der Gebrüder Goncourt, die sie in ihrem *Journal* ausdrückten. Und wer weiß, in welchen geistigen Höhen Jules de Goncourt in dieser gemütlichen Zurückgezogenheit schwebt, in der ihn hier eine Zeichnung im *Journal de l'Art* zeigt? (unten)

ein beliebtes Darstellungsobjekt war, ist sie heute aus der Malerei, der Literatur, dem Kino fast ganz verschwunden. Sie scheint in vergleichbarer Weise vom Desinteresse betroffen zu sein wie das Lesen, und in gewisser Hinsicht sind sich diese beiden Tätigkeiten ähnlich: Beide verlangen eine eigene Aktivität und damit eine gewisse Anstrengung. Und vielleicht bedürfen sie beide auch des Lichts, das bei La Tour zu sehen war: der Atmosphäre des Geheimnisvollen, der Ruhe, des Für-sich-Seins, und vor allem der »Flamme« der Leidenschaft.

Doch besteht auch kein Grund, die Dinge allzu schwarz zu sehen. Ebenso wie das Buch wird auch die Pfeife in diesem Zeitalter der kurzlebigen Fetische nicht untergehen, schon allein deshalb nicht, weil sie dem Menschen schon seit jeher etwas ganz Besonderes gibt, etwas, was ihm das Leben in der Gesellschaft leichter macht: Demjenigen, der sich von den Ungewißheiten und der Gewalt in der Welt bedroht fühlt, schenkt sie den Trost des In-sich-Gekehrtseins und des Traums; und demjenigen, der sich einsam und allein fühlt, schenkt sie durch die Zeremonie, die mit ihr verbunden ist und die er immer mit anderen teilen kann, den Trost geselligen Beisammenseins. In aller Welt pflegen passionierte Pfeifenraucher zusammenzukommen, um ihrer Lieblingsbeschäftigung gemeinschaftlich zu frönen.

Diese beiden menschlichen Grundbedürfnisse, die Sehnsucht, sich der Welt zu öffnen, und der Wunsch, Schutz vor ihr zu suchen, vereinen sich in jedem Menschen. Jeder von uns ist bestrebt, zwischen diesen beiden Polen einen Platz im Leben zu finden, und es sieht auch beim Heraufziehen des dritten Jahrtausends nicht danach aus, als sollten wir uns in dieser Hinsicht so bald ändern ...

DIE GE-SCHICHTE DER PFEIFE

»In Ägypten«, erzählt der französische Naturforscher und Bildungsreisende Sonnini gegen 1780, »besteht der gewöhnliche Zeitvertreib darin, zu rauchen und Kaffee zu trinken. Von früh bis spät hat man die Pfeife im Mund: zu Hause, bei anderen, auf der Straße, zu Pferde [...] Die Pfeifen haben ein außerordentlich langes Rohr aus unterschiedlichem, meist wohlriechendem Holz. Ich habe eines aus Jasminholz behalten, das länger ist als sechs Fuß [...] Die Pfeifen aus einfacherem Holz sind in einen Seidenstoff eingehüllt und mit Goldfäden umwickelt [...] Das Mundstück besteht aus Bernstein, dessen sanfter, süßer Duft den scharfen Tabakgeschmack mildert.« Linke Seite: *Der Tabakpfeifenverkäufer im maurischen Café*, von Georg Ferdinand Waldmüller (1793–1865).

Am Anfang war das Feuer. Wenn auch nicht bekannt ist, wo und wann die erste Pfeife überhaupt existierte, so ist doch sicher, daß sie aus einer sehr alten, vielleicht sogar prähistorischen Vorstellung hervorgegangen ist, deren Grundlage das Einatmen des Rauchs von einem Feuer war. Bereits in der griechischen Mythologie gab es diese Geschichte: Epimetheus, angetan von dem wohlriechenden Rauch des Feuers, das sein Bruder Prometheus den Göttern geraubt hatte, begann, den Rauch durch einen Strohhalm zu inhalieren. Die beiden Titanen wurden bestraft – und die gesamte Menschheit mit ihnen –, da sie sich ein Gut angeeignet hatten, das den Göttern vorbehalten war.

Man kann sich diese allerersten, längst im Dunkel der Geschichte verschwundenen Pfeifen gut vorstellen. Die Natur ist voller Dinge, die sich ohne große Bearbeitung zum Einziehen von Rauch anbieten: ein Strohhalm, ein einfaches, zusammengerolltes Blatt, ein ausgehöhlter Knochen, ein Schilfrohr, in einen hohlen Kern gesteckt ... Die ersten zuverlässigen Zeugnisse, niedergeschrieben oder aus archäologischen Funden erschlossen, führen uns zu unseren pfeiferauchenden Vorfahren in historische Zeiten zurück.

VOR DER ZEIT DES TABAKANBAUS

Die Historiker sind sich zumindest über einen Punkt einig, der auch dem Pfeifenraucher Stoff zum Nachdenken bietet: In den meisten alten Zivilisationen war der Rauch – aus einem Wunder entstanden und gen Himmel aufsteigend, Verbindung zwischen den Menschen und den Göttern herstellend – stets mit religiösen Zeremonien verknüpft. So drückten sich bestimmte göttliche Weissagungen, wie zum Beispiel das Orakel von Delphi, mit Hilfe von Räucherwerk aus. Zuerst waren diese rituellen und oft berauschenden Dämpfe nur in der Gewalt von Priestern, Zauberern und Schamanen, die durch göttliche Eingebungen die Kraft verspürten, in die Zukunft zu blicken, zu leiten und zu führen, die Seele zu reinigen und zu heilen. An einigen wenigen, verborgenen Orten in der Welt, im Amazonasgebiet zum Beispiel, haben sich solche Bräuche bis heute erhalten. Sie sind sogar noch in den Weihrauch-Reinigungszeremonien christlicher Kirchen zu erkennen. Das erste schriftliche Zeugnis von derartigen Räucherzeremonien stammt von Herodot aus dem 5. Jahrhundert vor unserer Zeitrechnung, der von der Verwendung von Hanf bei den Skythen erzählt. Der aufsteigende Rauch von Samenkörnern, die auf heiße Steine geworfen wurden, entlockte »Freudenschreie«. Archäologische Funde in Skythengräbern ergänzen dies und lassen sogar auf ein Begräbnisritual schließen, das viel bedeutsamer war als das einfache Vergnügen am Berauschtsein: Durch den Rauch des Hanfs in Ekstase versetzt, führte der Priester die Seele des Verstorbenen ins Jenseits.

Vom religiösen Sinn zu den heiligenden Kräften des Rauchs von Pflanzen war es nur ein Schritt, den die Griechen sehr früh ausführten. Bereits im 5. Jahrhundert v. Chr. verschrieb Hippokrates, der Ahnherr der wissenschaftlichen Medizin, gegen bestimmte gynäkologische Leiden die Behandlung mit Rauch. Die Römer inhalierten zur Heilung ihrer häufigsten Krankheiten – von der einfachen Erkältung bis zur Impotenz – den Rauch vieler verschiedener Pflanzen, wie zum Beispiel von Hanf, Huflattich, Lavendel, Bilsenkraut, Oregano, Thymian, Minze, Eisenkraut, und es ist bekannt, daß sie dazu zuweilen Gegenstände benutzten. Meistens handelte es sich dabei um ein einfaches Schilfrohr. Sie verwendeten jedoch auch ausgehöhlte Knochen und manchen Beschreibungen zufolge sogar richtige Pfeifen mit Tonkopf. Diese beiden Rauchwerkzeuge sind die ersten »historischen« Pfeifen, die von Archäologen gefunden wurden. Erstere stammen von Ausgrabungen in Yorkshire: Die römischen Legionäre scheinen den Kelten das Rauchen mit Knochen beigebracht zu haben. Letztere wurden zu Beginn unseres Jahrhunderts in Schottland und Irland entdeckt – Tonpfeifen, die von ihren Erfindern wegen ihrer geringen Größe *elfin pipes* (Feenpfeifen) genannt wurden; ihr Kopf ähnelt dem der chinesischen Opiumpfeifen. Manche Archäologen bestreiten jedoch heute eine so alte Datierung, auch bei den Pfeifen aus Eisen, die im Jura oder in Burgund gefunden wurden und die man als galloromanische bezeichnet hat. Tonpfeifen, die aus dem Zeitalter der Römer zu stammen scheinen, wurden auch in Spanien entdeckt. Und schließlich wurden im

Köstliches, wundersames Kraut oder schnödes Laster? Als der Tabak die Alte Welt eroberte, löste er sehr widersprüchliche und gegensätzliche Gefühle der Hedonisten und der heuchlerischen Tugendwächter aus. Diese *Allegorie der Raucher* (Holland, 17. Jahrhundert) war nicht dazu angetan, sie zu versöhnen (unten).

In diesem friedlichen *Hinterhof zu Delft*, gemalt von Pieter de Hooch (1629–1688), genießt ein Bürger einen Augenblick der Entspannung. Einige Dutzend Kilometer entfernt werden in den Manufakturen von Gouda Millionen von Tonpfeifen hergestellt, die in ganz Europa begehrt sind (Seite 24–25).

DIE GESCHICHTE DER PFEIFE

Laufe von Ausgrabungen bei Senèmes, in der Nähe von Vaison-la-Romaine (Provence) einige Öllampen gefunden, auf denen Personen abgebildet sind, die in der Hand etwas halten, was wie eine lange Pfeife aussieht.

Keine dieser Pfeifen, die zu Anfang dieses Jahrhunderts gefunden wurden, konnte bisher eindeutig der europäischen Antike zugeordnet werden. Man hat im Gegenteil an den meisten von ihnen offensichtliche Spuren späterer Bearbeitungstechniken entdeckt. Außerdem gibt es keinerlei – auch keinen schriftlichen – Hinweis auf eine Verwendung der Pfeife in Europa während des gesamten Mittelalters. Daraus ziehen Historiker heute den Schluß, daß die Pfeife in der Alten Welt bis zum 16. Jahrhundert gar nicht bekannt war.

Wir wissen auch, daß bei Kulturen in anderen Teilen der Welt sehr früh schon der Gebrauch der Pfeife bekannt war. Die ersten Afrikaforscher brachten unter anderem höchst zierlich geformte Exemplare aus Kupfer, Holz und Eisen mit zurück, die von einer sehr alten Pfeifenkultur auf diesem Kontinent zeugen. Es läßt jedoch nichts darauf schließen, daß sie schon vor Beginn des 16. Jahrhunderts existierten, als in Verbindung mit dem Sklavenhandel der Tabak die Westküste Afrikas erreichte. In Indien rauchten manche Stämme auf eine erstaunliche Weise: Es wurde ein Loch in die Erde gegraben und mit Kräutern oder wohlriechenden Blättern gefüllt; sobald diese mit Glut in Brand gesteckt waren, wurde das Loch mit ein wenig Erde bedeckt, und der mehr oder weniger eingeschlossene Rauch wurde gemeinsam mit Hilfe von Schilfrohren eingesogen. Diese Technik hielt sich über Jahrhunderte hinweg – zum großen Erstaunen einiger Frontsoldaten im Ersten Weltkrieg, die eines Tages zusammen mit indischen Soldaten in einem Schützengraben lagen und sahen, wie diese ein Loch gruben und auf ihre überlieferte Weise zu rauchen begannen.

DIE ERSTEN TABAKSPFEIFEN

Die wahren Vorfahren des heutigen Pfeifenrauchers waren zweifellos die Indianer. Bis gegen Ende des 15. Jahrhunderts waren sie tatsächlich auf der ganzen Welt die einzigen, die um den Rauchgenuß einer sonst unbekannten Pflanze wußten: Manche von ihnen nannten diese Pflanze *petun*, andere nannten sie *tabaco*. Es wird später noch von der Herkunft dieser Pflanze die Rede sein, die heute auf allen Kontinenten verbreitet ist. Ihre Verwendung ist bei den Indianern seit mehreren Jahrtausenden belegt. Bei Ausgrabungen auf der Halbinsel Yucatán wurde zusammen mit einigen etwa fünfzehntausend Jahre alten Gegenständen Pollen der Tabakpflanze gefunden. Die Verwendung der Pfeife in Amerika vor Kolumbus scheint durch eine der ältesten bekannten Darstellungen dieses Motivs bewiesen zu sein: Ein Flachrelief an einem Maya-Tempel aus dem 6. Jahrhundert, der in Palenque in Mexiko steht, zeigt einen Priester in feierlicher Kleidung, im Mund ein langes Rohr, aus dem dichter Rauch aufsteigt.

Es wurden mehrere Pfeifen aus präkolumbianischer Zeit auch in Mittelamerika und im Mississippi-Tal gefunden. Sie sind aus rotem Steatit oder aus einer Schieferart, als Skulptur geformt oder mit verschiedenen Motiven bemalt, meist Vögeln, Reptilien oder Menschenköpfen. Auch hier war das Rauchen wieder im wesentlichen religiös begründet. Die Maya-Priester stießen während bestimmter Rituale Rauch in die vier Himmelsrichtungen aus. Bei den nordamerikanischen Indianern sagte man dem aus hölzernen oder steinernen Kalumets eingesogenen Tabakrauch Zauberkräfte nach. Durch ihn schenkten die Götter Heilung, Stärke, um den Feind zu besiegen, und schließlich Frieden. Doch vollzogen wohl auch die Indianer den Übergang von den religiösen Sitten hin zum viel menschlicheren Rauchgenuß aus purem Vergnügen. Auf eine große Anzahl solcher Liebhaber scheinen die europäischen Seefahrer gegen Ende des 15. Jahrhunderts gestoßen zu sein. Europa sollte ihnen bald nacheifern.

DIE EROBERUNG EUROPAS

Am 15. Oktober 1492, drei Tage, nachdem er mit seiner Karavelle *La Pinta* vor der Insel Gunahani im Archipel der Bahamas Anker geworfen hatte,

Die ältesten Pfeifen wurden auf dem amerikanischen Kontinent gefunden. Diese mit religiösen Motiven bemalten präkolumbianischen Tonpfeifen stammen aus Mexiko (oben) und aus Kolumbien (rechts). Die Eskimo-Pfeife (unten) zeugt ebenfalls von alten Sitten und Gebräuchen in Nordamerika. Sie hat einen Kopf aus Zinn und ein langes Rohr aus zwei Holzstücken, die mit Bändern aus Seehundleder zusammengefügt sind.

»Mit dieser geweihten Pfeife geht ihr über die Erde (...) Der Kopf dieser Pfeife ist aus rotem Stein; er ist die Erde. Der junge Bison, der in den Stein geritzt ist und zur Mitte blickt, stellt die vierbeinigen Wesen dar, die auf der Mutter Erde leben. Das Rohr ist aus Holz, es steht für alles, was auf der Erde wächst. Und die zwölf Federn, die dort herabhängen, wo das Rohr in den Kopf gesteckt ist, gehören dem Gefleckten Adler, und sie stellen den Adler und alle geflügelten Lebewesen des Himmels dar. Alle Lebewesen des Universums sind in dieser Pfeife, und sie rauchen mit euch, um Wakan Tanka, dem großen Geist, zuzurufen. Wenn ihr mit dieser Pfeife betet, dann betet ihr für alle Dinge des Universums, und alle Dinge des Universums beten mit euch.« Black Elk, Weiser der Sioux Oglalas (rechte Seite: Rocky Bear, Sioux, Omaha, 1899).

»Getrocknete Kräuter, in ein bestimmtes, ebenfalls trockenes Blatt eingewickelt (...) an einem Ende setzten sie es in Brand, am anderen Ende saugten sie und atmeten den Rauch ein (...) Sie nannten es *tabaccos*.« So beschrieb Las Casas, ein Reisebegleiter Christoph Kolumbus', den seltsamen Brauch der Indianer. André Thévet stellte diesen in seiner *Cosmographie universelle* (1575) eindrucksvoll dar: *Indianer auf der Jagd, rauchend* (linke Seite, oben). In Afrika gab es die ersten Tabakpflanzen in der ersten Hälfte des 15. Jahrhunderts an der Westküste, sie wurden von den Portugiesen eingeführt. Ihre Verbreitung war eng mit dem »Dreieckshandel« verknüpft, bei dem afrikanische Sklaven in Amerika gegen Handelsware eingetauscht wurden, die dann in Europa wieder verkauft wurde. Ein finsteres Gewerbe, das in dieser idyllischen Vision Afrikas, wie sie Teil einer *Allegorie der vier Kontinente* ist (linke Seite, unten), nicht erscheint.

Der Franziskanermönch André Thévet (1504–1592) führte eigentlich den Tabak in Frankreich ein (links). In seinem Garten in Angoulême kultivierte der große Reisende und Kosmograph des Königs seit 1556 einige Tabakpflanzen, die er aus Brasilien mitgebracht hatte.

entdeckte Christoph Kolumbus mit der Neuen Welt gleichzeitig auch den Tabak. An jenem Tag vermerkte der Genuese in seinem Tagebuch, daß einer seiner Männer einem Eingeborenen begegnet sei, der in seinem Boot »große, getrocknete Blätter, die ihm kostbar zu sein schienen«, mit sich geführt habe. Zum erstenmal in der Geschichte hatte der weiße Mann den Gott Tabak erblickt. Bald stießen Kolumbus' Schiffe auch auf die Insel San Fernando – heute Kuba. Dort begegneten den Seeleuten, die auf Erkundung geschickt waren, Indianer beiderlei Geschlechts, die herumwanderten »mit einem kleinen, glimmenden Stab, aus einer Pflanze gemacht, deren Duft sie einatmeten, wie es ihr Brauch war«.

Einer dieser Seeleute hieß Rodrigo de Jerez. Fasziniert von diesem seltsamen Tun, das er nicht verstehen konnte, verschaffte er sich einen dieser kleinen »Stäbe« und versuchte es selbst. Offenbar war er begeistert, denn er tauschte einige dieser Blätter gegen mitgebrachten Ramsch ein und nahm sie mit nach Spanien. Rodrigo de Jerez war damit der erste Europäer, der Tabak rauchte, doch wurde er auch dessen erstes Opfer, denn die kirchlichen und weltlichen Machthaber hielten diese Pflanze für Teufelswerk und verfolgten sie seit ihrem Erscheinen in der Alten Welt. So wurde der Seemann 1498, als er von einer seiner Fahrten in die Neue Welt zurückgekehrt war, in einer Straße von Barcelona verhaftet, als er sein Lieblingskraut rauchte. Er wurde von der Inquisition als vom Teufel besessener Zauberer verurteilt, da er wie der Teufel persönlich Rauch aus Nase und Mund ausstieß, und für zehn Jahre in einen finsteren Kerker geworfen.

Dieses strenge Urteil entmutigte jedoch die Liebhaber des Tabaks nicht; ganz im Gegenteil nahm ihre Zahl, zuerst unter den spanischen und portugiesischen Seeleuten, immer mehr zu. Offensichtlich kümmerten sie die Urteile einiger fanatischer Mönche gegen dieses »unerhörte« Vergnügen, dieses »Laster« wenig. Der Tabakgenuß trat in Europa seit Beginn des 16. Jahrhunderts einen unglaublichen Siegeszug an. Von verschiedenen Historikern wurden ebensoviele Namen von Männern genannt, die »offiziell« den Tabak in der Alten Welt eingeführt hätten, wie zum Beispiel der spanische Mönch Ramon Pane, Cortez, Hernandez de Toledo, Flamand Damien de Goes usw. Von Wichtigkeit ist jedoch eigentlich nur, daß jedes Schiff bei seiner Rückkehr aus der Neuen Welt einige Ballen Tabak und vor allem Samenkörner der kostbaren Pflanze mit sich führte, die dann zunächst in Spanien und Portugal angebaut wurde.

Wenn man einer alten Geschichte Glauben schenken will, so war es Jean Nicot, Botschafter des französischen Königs Franz II. am portugiesischen Hof, der im Jahre 1560 den Tabak als erster nach Frankreich brachte. Nachdem er die Pflanze in Lissabon entdeckt hatte und ihrer heilenden Kräfte beim Tabakschnupfen gewahr wurde, soll er einige Maß an die Mutter des Königs, Katharina von Medici, die sehr an Migräne litt, gesandt haben. Ein Schreiben, das Jean Nicot am 26. April 1560 an den Kardinal von Lothringen richtete, gibt Aufschluß über seine wahre Rolle in der Geschichte des Tabaks in Frankreich. Er berichtet darin über die Existenz und die Heilkräfte einer Pflanze, die angeblich bestimmte Hautgeschwüre, darunter das *Noli me tangere*, heilen sollte. »Ich habe ein indianisches Kraut entdeckt, das wunderbare und erprobte Heilkraft besitzt gegen *Noli me tangere*, gegen die Fisteln, die bei den Ärzten als unheilbar gelten, und gegen Traurigsein. Sobald der Samen reif ist, schicke ich davon an Euren Gärtner in Marmoustier – und auch die Pflanze höchstselbst in einem Faß mit Anweisung, wie sie zu pflanzen und zu pflegen sei, ganz so wie ich es mit den Orangenbäumen tat.«

Wie dem auch sei, Katharina von Medici hatte jedenfalls eines Tages Gelegenheit, dieses »indianische Kraut« zu schnupfen, und es tat ihr gut, woraufhin sie das Rezept an ihre Umgebung weitergab. Wenig später schnupfte man am ganzen Hof. Damit war dieser Mode Tür und Tor geöffnet. Man nannte das Wundermittel »Königinnenkraut«. Zehn Jahre später verknüpfte der Botaniker Jean Liébault den Botschafter Nicot für immer mit der Welt des Tabaks, indem er die neue Pflanze nach diesem benannte: *Nicotiana*, woraus gegen Anfang des 19. Jahrhunderts das in reinem Zustand tödliche Nikotin gewonnen werden konnte.

Worin auch immer die Ursache für die plötzliche Tabakbegeisterung lag, die Tabakpflanze kam in Wahrheit doch zum allerersten Mal durch einen Franziskanermönch mit Namen André Thévet nach Frankreich. Der große Reisende und Botaniker war in Brasilien von den schönen Blüten der Tabakpflanze verzaubert worden. 1556 brachte er die Pflanze mit nach Frankreich, nannte sie *Angoulmoisine,* zu Ehren seiner Geburtsstadt

DIE GESCHICHTE DER PFEIFE

Angoulême, und hegte und pflegte sie seitdem in seinem Garten. Doch war zumindest der Genuß des Tabaks in Frankreich auch schon früher bekannt. Pierre Grignon, Kartograph und Seefahrer aus Dieppe, der auch die *Perle de la Cosmographie* verfaßte, schrieb bereits 1525: »Gestern traf ich einen alten Matrosen und leerte mit ihm einen Humpen Wein. Als wir so tranken, zog er mit einemmal ein Ding aus weißem Ton aus der Tasche, das ich zuerst für ein Schreibzeug hielt; man hätte glauben können, es sei ein Tintenfaß mit einem langen Rohr; er füllte das dicke Ende mit braunen Blättern, die er zuvor in der Hand brach, steckte es mit einem glimmenden Span in Brand und stieß, mit dem Rohr im Mund, Rauch aus, was mich sehr verwunderte. Er erzählte mir, die Portugiesen hätten ihn dies gelehrt und sie selbst hätten es von den Indianern in Mexiko. Er nannte es ›Schmauchen‹ und meinte, es schärfe den Verstand und verschaffe angenehme Gedanken.«

Von der zweiten Hälfte des 16. Jahrhunderts an wurde der Ruf der Tabakpflanze als nahezu wundersames Heilmittel zum Motor für ihre fast unglaubliche Verbreitung. Nachdem ihre Dämpfe es vermocht hatten, die Migräneanfälle von Katharina von Medici zu lindern, eroberte sie mit faszinierender Geschwindigkeit zunächst ganz Frankreich. Die Ärzte verordneten diese Pflanze als Heilkraut, dem man heilende Kräfte gegen nahezu jedes Übel, vom einfachen Schwindel über Hauterkrankungen bis zur Pest, zuschrieb. Von Paris aus griff diese noch höchst kostspielige Mode – die Tabakeinfuhr und der in Europa entstehende Tabakanbau konnten die Nachfrage nicht befriedigen – auf alle Fürstenhöfe in Europa und dann auch auf die Königshäuser im Mittleren und Fernen Orient über.

Es ist nicht dokumentiert, in welchem Maße die Pfeife bei dieser allgemeinen »Tabacomanie« eine Rolle spielte. Man praktizierte in jener Zeit den Tabakkonsum auf alle nur vorstellbaren Arten und Weisen: Er wurde fein gemahlen durch ein Röhrchen geschnupft, gerollt oder in einem Pfeifchen geraucht, als Kautabak gekaut und von Apothekern zu entsetzlichen Mixturen zusammengebraut. Doch scheint es, daß der Gebrauch der Pfeife, ebenso wie ihr aus dem lateinischen *pipa* (Röhre, Schilfrohr) abgeleiteter Name, erst zu Beginn des 17. Jahrhunderts, als die ersten Fabriken entstanden, an Bedeutung gewann. Und dies geschah in England.

Es ist nicht bekannt, warum der Pfeife zuerst in England ein solcher Erfolg zuteil wurde. Von englischen Matrosen, die auf ihren Reisen die Tonpfeifen der nordamerikanischen Indianer kennengelernt hatten, nach England mitgebracht, war ihr Gebrauch gegen Ende des 16. Jahrhunderts dort rasch angestiegen. Unter den Entdeckern der Neuen Welt war Sir Walter Raleigh, der Dichter, Seefahrer und Günstling von Königin Elisabeth, einer der größten Förderer des Tabaks und der Pfeife in seinem Heimatland. Als eingefleischter Pfeifenraucher führte er ihren Gebrauch bei Hofe ein und rief damit diese Mode bei der Aristokratie ins Leben. In wenigen Jahren war das »Trinken des Rauchs«, wie man es damals nannte, zu einem Grundbestandteil des Savoir-vivre geworden, und in der Elite Englands wurde es üblich, sich von einem erfahrenen Lehrer in der Kunst des Pfeiferauchens unterrichten zu lassen. Böse Zungen behaupteten, daß Raleigh, der ebenso Geschäftsmann wie Höfling war, diese Mode nur gefördert hätte, um mehr Gewinn aus der Tabakplantage zu ziehen, die er 1580 in Irland gegründet hatte – und die tatsächlich so einträglich war, daß er fünf Jahre später in Nordamerika eine Tabakkolonie gründete, die er Virginia nannte. Dieser Name, den er zu Ehren seiner Königin wählte – auch die »jungfräuliche Königin« genannt, weil sie kinderlos blieb –, sollte in der Geschichte des Tabaks noch höchste Berühmtheit erlangen. Doch mußte der Pionier des Pfeiferauchens anfänglich auch manchen Auswuchs des Unverständnisses in seiner Umgebung ertragen. So berichtet eine Anekdote, daß er eines Tages vor seiner Haustür gemütlich eine Pfeife rauchte, als einer seiner getreuen Diener, der ihn von Rauch umgeben sah, ihn in Gefahr glaubte und ihm einen großen Kübel Wasser über den Kopf goß ... Doch sollten die wirklichen Schwierigkeiten für Sir Walter Raleigh erst beginnen. Wegen eines vermeintlichen Komplotts wurde er von 1603 bis 1616 im Tower eingekerkert, als Jakob I. den Thron bestieg. Schließlich kam er wieder frei und wurde dann als Führer einer Expedition zum Orinoko eingesetzt, wo er mit seinen Angriffen gegen spanische Kolonisten eine ernste diplomatische Krise zwischen England und Spanien auslöste. Bei seiner Rückkehr wurde er sofort gefangengesetzt und zum Tode verurteilt. Wie alle Engländer wissen, erstieg dieser bedeutende Mann 1618 die Stufen des Schafotts und rauchte dabei eine wunderbare indianische Pfeife aus schönstem Ahornholz – heute gehört sie oder eine Kopie von ihr zur Dunhill-Sammlung.

Zu dieser Zeit rauchten bereits alle Engländer von ge-

Zu Ehren des großen Wegbereiters der Pfeife, Sir Walter Raleighs, gab ein englischer Tabakhersteller einem seiner Produkte den Namen Myrtle Grove. Auf seinem Landsitz Myrtle Grove geschah es, als der Begründer Virginias in Ruhe seine Pfeife schmauchte, daß ihn sein Diener, der ihn in Feuersgefahr glaubte, mit einem Wasserschwall überschüttete (rechts).

In den deutschsprachigen Ländern wurden während des gesamten 17. Jahrhunderts heftige Kampagnen gegen den Tabak geführt. 1653 wurde in Dresden das Rauchen von Tabak verboten, 1656 sogar in ganz Bayern und 1661 in Bern. Bei dieser Karikatur über das schändliche Pfeiferauchen ist zu sehen, daß der Tabak geflochten verkauft wurde. Er war in dieser Art bis ins 19. Jahrhundert beliebt (rechte Seite, oben). Meist wurde nur der übertriebene Tabakgenuß verdammt, wie in dieser Gravur von 1630, die ein Pamphlet mit dem Titel *Der deutsche Tabakraucher* zeigt (rechte Seite, unten).

Crafft, Tugent und würckung des hochnutzbarlichen Tabac, durchs A.B.C. gezogen, sein gröblich.

Der best Tabac der ist hie feil,
Kompt herbey kauff jeder ein theil.

Ich brauch Tabac und befinds gut,
Trücknet die fluß reinigt das blut.

Wann ich gleich hab Bier oder Wein,
Muß Tabac doch getruncken sein.

Mann sagt zu viel sey ungesundt,
Das merk ich jetzt zu dieser stundt.

Mein Naß die ist verstopffet seer,
Brauch Schnupff Tabac daß ich sie leer.

Der Schnupff Tabac purgiret gut,
Verzeiht, wann was entfahren thut.

Außbündige, Alamodo Bauchpurgation, Causirt, Durchlauff, Effectuirt Fartzen, Groltzen, Husten, Jurren, Kotzen, Lufft in hosen, Murmeln im leibe, Niesten, Operirt, Purgirt, Qualificirt, Rotz, Schnupffen, Speyen, Tabac Vertreibt Wittigkeit, Xantho Yn Zähnen.

»Ein Holländer ohne Pfeife ist schlicht unvorstellbar, so wie etwa eine Stadt ohne Häuser, eine Bühnenszene ohne Schauspieler, ein Frühling ohne Blumen. Sollte man einem Holländer die Pfeife oder den Tabak rauben, so blieben ihm die Freudenhimmel der Seele verschlossen.« (Schotel, *Maatschappelijke Leven*). Rechts: Gemälde von Max Gaisser (etwa 1700), *In einer holländischen Taverne*. Rechte Seite: *Eingeschlafener Mann,* von Wybrand Hendriks (1744–1831).

sellschaftlichem Rang Pfeife, ohne Unterschied des Geschlechts – oder des Alters, wenn man jenem französischen Reisebericht vom Anfang des 17. Jahrhunderts Glauben schenken will, den Alfred Dunhill zitiert: »Wenn die Kinder zur Schule aufbrechen, nehmen sie in der Schulmappe eine Pfeife mit, die ihre Mutter ihnen am Morgen sorgfältig gestopft hat und die ihnen als Frühstück dient. Zur gewohnten Stunde legen alle die Bücher weg und füllen aufs neue ihre Pfeifen, und der Lehrer raucht mit ihnen und lehrt sie die Pfeife richtig zu halten und zu stopfen, so daß sie von zartester Jugend an an das Rauchen gewöhnt und überzeugt sind, daß der Tabak für den Erhalt der Gesundheit lebensnotwendig sei.« Wohin die Mode so führt: Die Londoner drängten sich am Ende des 16. Jahrhunderts in den ersten Rauchsalons, den *smoking parties,* um dort die Kunst des Rauchens zu erlernen. Dieser naive Glaube an die heilenden Kräfte des Tabaks führte zu Exzessen, die Wasser auf die Mühlen der Tabakfeinde waren.

Deren berühmtester war kein anderer als Jakob I. In einem energischen Pamphlet, das 1604 mit dem Titel *Counterblaste to Tobacco* (»Gegen den Tabak«) anonym veröffentlicht wurde, empörte sich der König über eine Gepflogenheit, die von Barbaren übernommen und eine Gefahr für die Gesellschaft sei, der Gesundheit schade und schließlich nur den Handel Spaniens vorantreibe. Dieser Kampfansage schlossen sich immer mehr Wissenschaftler und Ärzte an, wie etwa jener batavische Hygieniker, der 1611 erklärte, daß »der Tabak den Menschen zu einem stinkenden Tier mache, das geschwächt werde und jeder Verderbtheit anheimfalle«. Eine Kampfansage der Moralapostel, die in einer Welt, in der nur Arbeit und militärische Zucht etwas galten, jeglicher Träumerei und Unbeschwertheit die Existenzberechtigung absprachen. Dieser Kampf war jedoch angesichts der ungebremsten Tabakbegeisterung auf dem Alten Kontinent von vorneherein verloren. In Japan, wo die Portugiesen den Tabak eingeführt hatten, beschlossen die Shogune 1609, das Rauchen zu verbieten, jedoch vergeblich. Im türkischen Reich erließ der Sultan 1605 ein absolutes Rauchverbot. Die Strafe im Fall eines Verstoßes war hart: Dem Sünder wurden die Nasenflügel durchbohrt, und er wurde auf Eselsrücken durch die Straßen geführt und dem Gespött der Leute ausgesetzt, im Wiederholungsfalle drohte der Tod. In Rußland riskierte ein Raucher zu jener Zeit die peinlichsten Foltern, wie zum Beispiel das Abschneiden der Nase. Doch all diese Strafandrohungen konnten nicht verhindern, daß sich das Tabakrauchen weiter ausbreitete.

In England mußte sich der König dieser Entwicklung beugen. Er machte bald das Beste für sich daraus, indem er eine Steuer auf den Tabak erhob, der in immer beträchtlicheren Mengen (1620 waren es vierzigtausend Pfund) aus den amerikanischen Kolonien nach England verschifft wurde. Um des Staatshaushaltes willen konnte man schon einige Abstriche von der Moral machen. Einige Jahre später tat es ihm Richelieu in Frankreich nach und erhob in einem Erlaß vom 17. November 1629 eine Einfuhrsteuer von dreißig Sous pro Pfund Tabak. Als Antwort auf diese Maßnahme entwickelte sich bald ein blühender Schmuggel, der bis gegen Ende des 19. Jahrhunderts gedieh.

DIE HERRSCHAFT VON GOUDA

Der stetig anwachsende Tabakverbrauch, begünstigt noch durch eine Senkung der Preise, die durch neue lokale Tabakkulturen erzwungen wurde, warf gegen Ende des 16. Jahrhunderts in England ein neues Problem auf: Es herrschte Mangel an Pfeifen. Die Raucher verwendeten damals indianische Tonpfeifen, die nur in geringen Mengen hergestellt wurden und vor allem sehr zerbrechlich waren. Bald deckte die Einfuhr an Pfeifen den Bedarf nicht mehr. Die Situation schrie förmlich danach, Pfeifenfabriken in Europa zu gründen.

Die erste entstand 1575 in der Stadt Broseley, Shropshire. Es wurden dort Pfeifen aus Ton hergestellt, deren faßförmiger Kopf es erlaubte, sie aufrecht auf den Tisch zu stellen – eine äußerst schätzenswerte Eigenschaft bei einer Pfeife, deren Material schon nach zwei oder drei Zügen brennend heiß wird. Mit diesen sogenannten »Reliefpfeifen« erlangte die Manufaktur von Broseley im ganzen Königreich sehr rasch große Berühmtheit. Im Jahre 1600 gab es in London und in den meisten Hafenstädten des Landes bereits einige blühende kleine Manufakturen. Und im Jahre 1619 ersuchten die Hersteller, die sich in einer »ehrenwerten Gesellschaft der Pfeifenfabrikanten und Tabakmischer« zusammengeschlossen hat-

Seitdem es sie in Europa gab, war die Pfeife mit ihrer sexuellen Symbolik, die manche in ihrer besonderen Formgebung entdecken wollten, stets Gegenstand für anzügliche Scherze. Dafür eignete sich die Welt der Tavernen und Spelunken ganz vorzüglich, wie sie der holländische Maler Jan Steen (1626–1679) mit Vorliebe darstellte. Linke Seite: *In schlechter Gesellschaft*.

In dieser *Gasthausstube* hat Jan Steen, der selbst Gastwirt war, sich selbst dargestellt: Der ausgelassene Mensch in der Mitte ist ein Selbstporträt. Was den im Vordergrund sitzenden Raucher betrifft, so kündigen seine Bewegung und sein Blick mehr als deutlich an, was sich dort gleich abspielen wird (links).

ten, Jakob I. um ein Privileg. Dieser jedoch zeigte sich trotz seiner – mit Hilfe der Tabaksteuer – vervielfachten Einnahmen nicht versöhnlicher. Er lehnte das Ersuchen ab.

Offensichtlich waren diese Feindseligkeit des Souveräns und die Politik der Verfolgung von Katholiken und Puritanern der Grund für den Niedergang des Pfeifenbaus in England. Unter den Katholiken, die zu Beginn des 17. Jahrhunderts nach Holland flohen, ließen sich einige Handwerker der Pfeifenbaukunst in Gouda nieder. Diese kleine Stadt in der Nähe von Rotterdam und Delft war bereits seit dem Mittelalter für die Güte ihrer Töpferwaren bekannt, die sie dem besonders fein gearteten Lehm im Flußbett der Ijssel verdankte. Alle dieser Handwerker folgten dem Beispiel eines Vorreiters, des englischen Pfeifenmachers William Baernelts, aus dem ein paar Jahre nach seiner Niederlassung in Holland Willem Barentsz wurde. Er gründete 1617 die erste Pfeifenmanufaktur von Gouda. Zu Ehren der Tudors gab er ihr den Namen *Die gekrönte Rose*, und seine Unternehmung stellte sich sofort als großer Erfolg heraus. Einen weiteren Aufschwung erlebte er, nachdem 1630 in der Umgebung von Utrecht und Geldern mit den ersten Tabakpflanzungen begonnen wurde und daraufhin der Tabakverbrauch stark anstieg.

Das Aufblühen des Städtchens Gouda, das sich in weniger als zehn Jahren zum Zentrum des Pfeifenbaus in Europa entwickeln sollte und damit den Niedergang der englischen Manufakturen

Seit dem 18. Jahrhundert wurden die holländischen Pfeifen, die bisher sehr schlicht gehalten waren, mit den unterschiedlichsten Verzierungen versehen: Blumen, Szenen aus der Mythologie oder der Erotik, manche tragen Bilder und Sprüche zu Ehren der Dynastie von Oranien (oben). Viele damalige Maler verstanden es, die Feinheit und Eleganz der holländischen Pfeifen als vertraute Gegenstände des Alltags wirkungsvoll einzusetzen. In dem Stilleben *Pfeifen und Trinkkrug* von Chardin wird die Ausgewogenheit der Komposition durch die Diagonalen der Pfeifen betont (rechts).

besiegelte, gründete sich auf eine stillschweigende Übereinkunft zwischen den englischen Pfeifenmachern und den alteingesessenen Töpfern von Gouda. Letztere hatten mit einer starken Konkurrenz im Lande und außerhalb zu kämpfen, und sie sahen zunächst keinen Ausweg aus der Misere. Daher empfingen sie diese Einwanderer, deren Tätigkeit ihnen neue Hoffnung für ihr eigenes Gewerbe bot, mit offenen Armen. Die friedliche Koexistenz der beiden Gemeinschaften war durch eine Art ungeschriebenen Vertrag geregelt: Die Pfeifenmacher bewahrten das Monopol für die Techniken des Pfeifenbaus, die sie in England gelernt hatten, dafür mußten sie aber ihre Produkte bei den holländischen Töpfern brennen lassen. Dieser liebenswürdige Pakt, der Reichtum für alle brachte, hielt bis gegen Ende der 30er Jahre des 17. Jahrhunderts. Inzwischen war einigen Holländern klargeworden, wie einträglich das Pfeifenbaugewerbe war. Sie eigneten sich die englischen Herstellungstechniken an und begannen ohne Zögern, sie in ihren eigenen Werkstätten anzuwenden und den Markt mit originalgetreuen Nachahmungen zu überschwemmen. 1641 verlangten die holländischen Pfeifenmacher, die nun den englischen zahlenmäßig überlegen waren, von der Stadtregierung von Gouda, sie zu einer eigenen Gilde zu erklären und ihnen ein Herstellungsmonopol zuzuerkennen, das natürlich die Konkurrenten aus der Fremde ausschließen sollte. Es heißt, daß die Frauen der englischen Fabrikanten damals die Stadtväter mit flammenden Protesten zur Vernunft gebracht hätten. Man verschob die Entscheidung über die neue Gilde und ordnete eine Regelung an, die für alle Pfeifenmacher galt und neben anderen Verpflichtungen auch von ihnen verlangte, ihr Markenzeichen in jede hergestellte Pfeife zu gravieren. Zwanzig Jahre später entstand dann die Gilde der Pfeifenmacher zu Gouda, die ohne Ansehen der Herkunft alle umschloß. Sie bot Arbeit und Brot für mehr als fünfzehntausend Menschen, etwa die Hälfte aller Arbeitskräfte in der Stadt.

In der Mitte des 17. Jahrhunderts waren die Tonpfeifen von Gouda und seiner Umgebung bereits in ganz Europa verbreitet, es gab sogar schon einige Imitationen. Die Pfeifen waren damals noch bar jeder Verzierung, die Pfeifenmacher bemühten sich um schlichte, relativ wenig voneinander abweichende Formen: Ihre Pfeifen hatten

Der holländische Maler und Rembrandt-Schüler Gerard Dou (1613–1675), der eine besondere Schwäche für Licht-Schatten-Wirkungen hatte, setzte seine Pfeife in den Mittelpunkt seines Selbstporträts (rechte Seite).

Bis ins 18. Jahrhundert hinein wurden in der Grafschaft Staffordshire, England, vollkommen außergewöhnliche Pfeifen aus Steingut hergestellt, die sogenannten »serpentines«. Sie waren praktisch nicht zu rauchen, sondern eher als Wandschmuck gedacht (unten). Verschiedene Tonpfeifenformen holländischer Machart bei Hajenius in Amsterdam, deren Verzierung im Art-déco-Stil seit 1914 vollkommen erhalten geblieben ist (Mitte unten).

einen kleinen Kopf, der im rechten Winkel oder schräg zum Rohr geneigt war, mit oder ohne Absatz, um sie aufrecht abzulegen, und waren mehr oder weniger lang (zwischen 10 und 24 Zentimeter); die *Gouwenaar,* eine der längsten, war bei den holländischen Rauchern am beliebtesten. Erst im 18. Jahrhundert begannen die Pfeifenmacher von Gouda, ihre Produkte kunstvoller zu gestalten. Jeder dachte sich seine eigenen Muster und Verzierungen aus, und die Gilde achtete darauf, daß nicht imitiert wurde. So entstanden lackierte oder polierte Pfeifen mit den fantasievollsten Motiven (von schlichten Blumen bis zu den gewagtesten Sternen – oder auch einfach Sinnsprüche oder royalistische Sprüche), deren Herstellung mit Hilfe von Kupferformen gelang, die oft äußerst fein graviert waren. Bei den sogenannten *doorrooker*-Pfeifen, die lange Zeit sehr in Mode waren, wurden die Ziermotive mit Hilfe von Emaille angebracht: Sie blieben beim Brennen weiß, während die übrige Pfeife nachdunkelte. Als sich der Tabakimport und auch der Tabakanbau im eigenen Land immer mehr ausdehnten, und die Tabakpreise sanken, gingen die Pfeifenmacher von Gouda dazu über, die Köpfe größer zu formen. Diese Veränderung machte es notwendig, die Qualität des verwendeten Materials noch zu verbessern, damit die Pfeifen schöner und auch weniger zerbrechlich würden. Man erreichte dieses Ziel, indem man durch zusätzliches Waschen einen vollkommen reinen Lehm erhielt, der bald in der ganzen Welt Berühmtheit erlangte. So wurden bestimmte Pfeifen zu echten Luxusgegenständen, die manchmal ein ganzes Leben mit einem Siegel versahen, wie zum Beispiel die »Hochzeitspfeifen«, die die Hauptrolle bei einem netten alten Brauch spielten: Wenn ein Freier seine Angebetete heiraten wollte, dann besuchte er sie mit der Pfeife im Mund und bat sie um Feuer; wenn sie ihm dieses bereitwillig reichte, dann galt dies als ein vielversprechendes Zeichen; bat sie ihn beim nächstenmal, selbst einige Züge machen zu dürfen, dann bedeutete das, daß sie in die Ehe einwilligte, und das Verlöbnis konnte öffentlich bekanntgegeben werden. Diese krude Symbolik der Pfeife begegnet einem auch in zahlreichen holländischen Gemälden und Stichen aus jener Zeit, wo die Pfeife und ihr Rauch recht unmittelbar mit sehr anzüglichen Situationen verknüpft sind.

In England, wo sich die Tradition der ersten Pfeifenmanufakturen erhalten hatte,

Die Gewohnheit des Rauchens ist »widerlich anzusehen, abstoßend für die Nase, gefährlich für das Gehirn, ungesund für die Lunge: Das Rauchen verbreitet so abscheuliche Ausdünstungen, als kämen sie aus den Tiefen der Hölle.« Das 1604 von *Jakob I.* veröffentlicht Pamphlet gegen den Tabak, *Counterblast to tobacco,* hatte keinerlei Wirkung auf seine Untertanen. Die Pfeife eroberte rasch sämtliche Gesellschaftsschichten, auch die Frauen ... und vielfach sogar Kinder. Die englische Malerei bezeugt dies. Hier werden sowohl Kirchenmänner wie auch Aristokraten als zufriedene Pfeifenraucher dargestellt: *To crown the feast,* von George Goddwin Kilburne (Mitte oben), und *A quiet drink,* von Jean Hegesippe Vetter (rechte Seite).

Einzig Jean Bart, der »Korsar des Königs«, durfte seine Pfeife in Gegenwart Ludwigs XIV. rauchen, der den Tabakgeruch verabscheute (rechts). Die Schwiegertochter des Königs und ihre Gesellschaftsdamen waren von diesem Privileg ausgeschlossen und beschworen daher den Zorn des Königs herauf, als er sie einmal beim Pfeiferauchen ertappte. Die Gravur *La Charmante Tabagie* (Der Damenrauchsalon) – von N. Arnoult – spielt wohl auf diese Begebenheit an. Sie wird von einem Vierzeiler kommentiert: An einem gar köstlichen Ort / Charmantester Weiblichkeit Hort / Wer streckte da nicht seine Waffen auch / Trunken von Wein, von Liebe und Schmauch? (unten)

und hier besonders in der Grafschaft Staffordshire, betätigten sich in jener Zeit Pfeifenmacher in wahrhaft künstlerischer Weise. Unter allen möglichen außergewöhnlichen Tonpfeifen war ihre berühmteste »Erfindung« die *serpentine*, deren Rohr sich in den verwirrendsten Windungen ineinanderschlang und eine Länge von mehreren Metern erreichen konnte. Meist waren diese Pfeifen auch in sehr lebhaften Farben bemalt. Ganz offensichtlich dachten die Pfeifenmacher in Staffordshire bei diesen nur äußerst schwer zu rauchenden und unmöglich zu reinigenden Pfeifen weniger an die praktische Funktion als an ihre ästhetische Bedeutung, zum Beispiel als Zierde für Rauchsalons. Damit wurden zum erstenmal Pfeifen als reine Kunstwerke geschaffen.

Den Höhepunkt seiner Bedeutung erlebte Gouda Mitte des 18. Jahrhunderts. Die in immer größeren Mengen hergestellten und immer schöneren Pfeifen wurden in alle Länder Europas und selbst nach Amerika exportiert. Um sich besser gegen die Konkurrenz im eigenen Land und im Ausland, die Pfeifen zu niedrigeren Preisen anbot, behaupten zu können, betonten die Hersteller in Gouda die besondere Qualität ihrer Produkte und garantierten mit einem doppelten Gütesiegel für deren Echtheit: Jede Pfeife trug das Markenzeichen des Herstellers sowie das Wappen der Stadt eingraviert. Zu ihrem Pech war auch die Konkurrenz nicht faul. 1740 erwirkten alle Pfeifenmacher in Holland die Genehmigung, das Wappenzeichen von Gouda führen zu dürfen, um ihren Export zu stützen. Doch endete die Vorherrschaft von Gouda schließlich: Der Pfeifenbau blühte in den anderen Ländern auf, wo man sich bald von dem anfänglichen Imitieren der holländischen Meister emanzipierte.

FRANZÖSISCHE TONPFEIFEN

Die ersten französischen Pfeifenmacher ließen sich zu Beginn des 17. Jahrhunderts in Flandern, nahe bei Holland,

insbesondere Gouda nieder und begannen zunächst, die dortigen Produkte zu kopieren. Dünkirchen, das als Freihafen der Durchgangsort für die Tabakimporte aus Amerika war, wurde zum ersten Zentrum der französischen Pfeifenherstellung. Bald schon wurden in vielen französischen Städten – von Saint-Malo über Nîmes, Onnaing, Saint-Omer, Rennes und Montereau bis Marseille – weitere Pfeifenfabriken gegründet. Doch konzentrierte sich nach und nach die Herstellung von Tonpfeifen – die einzige Art von Pfeifen, die die Franzosen bis in die zweite Hälfte des 19. Jahrhunderts hinein benutzten – auf den Norden des Landes. Im 19. Jahrhundert teilten sich im wesentlichen zwei große Firmen den Markt: die Fabrik Fiolet in Saint-Omer bei Calais, die pro Jahr mehrere zehn Millionen Pfeifen herstellte, und vor allem die berühmte Firma Gambier, die 1780 in Givet in den Ardennen gegründet wurde und bald bei allen Pfeifenrauchern in Europa bekannt war. Der Dichter Arthur Rimbaud verewigte diese sehr beliebte Pfeife in dem ersten Vierzeiler seines Sonetts *Oraison du Soir* (Abendgebet, 1871). Er beschreibt sich darin selbst mit siebzehn Jahren, wie er an einem Tisch in einer von Pfeifenrauch erfüllten Wirtsstube sitzt: »Ich sah mich sitzen, wie einen Engel in luftiger Höh', / In der Faust den Krug Bier zur Feier, / Und zwischen den Zähnen war meine Gambier, / Die Luft schwer mit unfaßbarem Schleier.«

Die große Spezialität der Firma Gambier, die hunderttausend Pfeifen pro Tag herstellte und in ihrem Katalog mehr als zweitausend verschiedene Modelle anbot, waren Pfeifen, die Nachbildungen berühmter Persönlichkeiten oder unterschiedlicher Gegenstände darstellten. In dieser Hinsicht bot der Katalog von Gambier einen bemerkenswerten Überblick über die Kultur des französischen Volks im 19. Jahrhundert: geschichtliche und zeitgenössische Persönlichkeiten wie Napoleon, Gambetta oder Victor Hugo, aber auch Romanfiguren und Sinnbil-

Im 19. Jahrhundert boten die Kataloge der Firmen Fiolet und Gambier Tausende verschiedener Tonpfeifen an, von der einfachen *néogène*, sozusagen einer »Steinzeitpfeife«, bis zu den kunstvollen Stücken. Diese kostbaren historischen Dokumente zeugen oft auch von der damaligen Kreativität in der Werbung: Mit wieviel Fantasie pries Gambier hier doch seine Pfeifen aus *terre endosmoïde*, aus »endosmotischem Ton« an, der poröser war als normaler gebrannter Lehm (rechte Seite).

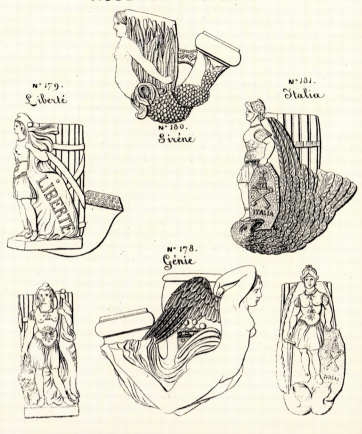
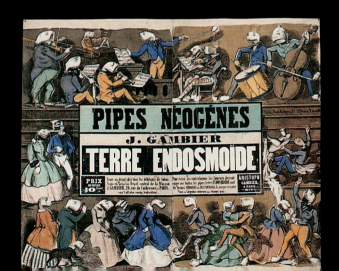

Wenn Napoleon Bonaparte auch selbst nicht rauchte, so achtete er doch darauf, daß seine Soldaten stets mit Tabak und mit Pfeifen versorgt waren. Die Pfeife war für sie nicht nur eine tröstliche Wohltat, sondern half auch gegen das Einschlafen, einen der schlimmsten Feinde des Soldaten im Felde. Linke Seite: *Le Grenadier de la Garde,* von N. T. Charlet. »Mein Kriegsname ist die Tulpe / Ich bin, wie man sieht, ein hübscher Kerl / Wenn ich, in der einen Hand die Pfeife, / In der anderen ein Fläschchen trag' / Die Taschen wohl gefüllt mit Übeln / Die uns Krieg und Tod nur bringen / Dann glaub' ich wohl, bei einem Gläschen / Mit meinen Freunden Vergessen zu finden.« *Die Tulpe,* Lithographie aus dem 17. Jahrhundert (oben Mitte).

der befanden sich da in Gesellschaft eines Froschs, eines Fisches, verschiedener Ausführungen von Totenköpfen und sogar eines Nachttopfs. Wer wollte, konnte für wenig Geld auch Pfeifen in etwas deftigerem Stil erwerben, zum Beispiel in Form von nackten Frauen oder auch nur hübschen Beinen in verführerischen Schnürstiefelchen – Exemplare, die nur in reinen Männergesellschaften kursierten. Die am meisten begehrte Pfeife jedoch nannte sich »Jacob«. Diese oft von anderen Firmen mit Namensgebungen wie »Grand Jacob« oder »Bon Jacob« imitierte Pfeifenform zeigte das freundliche Gesicht eines bärtigen Greises mit orientalischem Turban, von dem heute nicht sicher ist, ob er den Zuaven Henri Jacob darstellen sollte, der seinerzeit für seine heilenden Kräfte berühmt war, oder den biblischen Erzvater, der auch den Namen Israel trug. Der lange Bart dieses mysteriösen Jacob erklärt zweifellos die besondere Beliebtheit dieser Pfeife: Da der Pfeifenkopf nur hinter dem Gesicht ausgehöhlt war, wurde auch nur dieser Teil beim Rauchen heiß. Der Bart blieb kalt, so daß der Raucher die Pfeife bequem halten konnte, ohne sich die Finger zu verbrennen.

Im Frankreich jener Tage, das sich praktisch ständig im Kriegszustand befand, war die Pfeife für die Soldaten zur wichtigsten Quelle des Trostes geworden. Wenn auch Ludwig XIV. den Tabakgeruch verabscheute und seine Verwendung am Hofe untersagte, so sorgte er doch dafür, daß seine Soldaten zur Aufrechterhaltung ihrer Moral während endloser Wachzeiten in den Feldlagern oder Kasernen immer mit Pfeifen und Rauchwerk versorgt waren. Das Verbot, am Hofe zu rauchen, kannte nur eine Ausnahme: Als der kühne Seefahrer Jean Bart (nach dem eine der bekanntesten französischen Tabaksorten benannt ist), Korsar des Königs und leidenschaftlicher Raucher, in Versailles auf seine Audienz warten mußte, konnte er nicht umhin, sich seine Pfeife anzuzünden. Ludwig XIV., der ihn so vorfand, verstand dies nicht als Anmaßung, sondern verzieh seinem Helden, was er bei anderen niemals geduldet hätte. Die Gattin seines Sohnes und ihre Hofdamen mußten letzteres erfahren, nachdem sie sich von der Schweizergarde Pfeifen ausgeliehen hatten und, vom Sonnenkönig beim Rauchen ertappt, dessen Zorn heraufbeschworen.

Zwei Jahrhunderte später war die Pfeife zu einem der gebräuchlichsten Gegenstände des täglichen Lebens geworden. Viele Frauen hatten ihre Hemmungen überwunden und rauchten Pfeife, womit sie dem Beispiel der Prinzessin von Metternich folgten, deren Busenfreundin Eugenie sogar mit der Pfeife im Munde Klavier spielte. Schankwirte stellten für ihre Gäste Pfeifen und Tabak bereit und richteten an den Wänden Pfeifenständer ein, in denen die Stammgäste ihr eigenes »Kalumet« deponieren konnten. Unter den erwerbslosen Tagelöhnern fanden sich einige besonders schlaue, die sich darauf verlegten, als »Einraucher von Pfeifen« ihr Brot zu verdienen. Dank jener und unter Opferung einer kleinen Summe Geldes konnte es sich der empfindliche Raucher ersparen, bei einer neuen Pfeife selbst die ersten Züge tun zu müssen, die für seinen sensiblen Gaumen zu scharf schienen.

Viele berühmte Marschälle des Kaiserreichs – wie Murat, Kléber und Lasalle – waren überzeugte Raucher. Napoleon selbst allerdings, wiewohl er ganz wie Ludwig XIV. auf die Versorgung seiner Truppen mit Pfeifen und Tabak achtete, bevorzugte das Schnupfen. Seine Beziehung zur Pfeife war eher kurz und dramatisch, wie sein getreuer Diener Constant in seinen Memoiren schrieb, die in einem Pfeifenführer von Pierre Sabbagh zitiert werden. »Der Kaiser äußerte nur ein einziges Mal den Wunsch, eine Pfeife zu rauchen. Der persische Botschafter hatte Seiner Majestät eine wunderbare Pfeife im orientalischen Stil zum Geschenk gemacht. Eines Tages gedachte er, sie zu versuchen, und ließ alle dazu nötigen Vorbereitungen treffen.« Es gelang dem Kaiser nicht, sie in Brand zu stecken, und Constant mußte dies an seiner Stelle tun. Und: »Kaum hatte er einen Zug getan, da geriet ihm der Rauch, den er bei seinem hastigen Herumwandern im Palais nicht wieder aus dem Munde ausstoßen konnte, statt dessen in die Kehle und kam ihm zur Nase

Die Kriegszüge Napoleons hinterließen eine große Zahl von Invaliden, die von ihrem Halbsold ein kümmerliches Leben fristeten und doch glücklich waren, daß sie noch nicht »den Löffel abgegeben« – bzw. in französischer Spielart: »die Pfeife zerbrochen« – hatten. Es heißt, daß dieser Ausdruck auf den damaligen Schlachtfeldern entstanden sei: Wenn einem Verletzten, dem eine Gliedmaße amputiert werden mußte, die Pfeife, die er zwischen den Zähnen hielt, herabfiel und zerbrach, wußte man, daß er tot war. Gegen 1850 richtete sich ein Werbeblättchen für Jean-Nicot-Pfeifen an die alten Krieger (unten).

Einige französische Tonpfeifen aus dem 19. Jahrhundert, deren beliebteste die »Jacob« war: Durch den langen Bart konnte man sie am Kopf halten, ohne sich die Finger zu verbrennen. Auch der Totenkopf war ein oft hergestelltes Modell (links).

Friedrich Wilhelm I. gründete das *Tabakskollegium*. Tagtäglich wurden dort wichtige politische Themen diskutiert, bis man es schließlich sogar das »Tabakparlament« nannte. Ein Gemälde von 1737, das Georg Lisiewski zugeschrieben wird, stellt eines dieser Treffen dar, bevor die zerstörerische Wirkung des Biers eingetreten ist (rechts).

Ein »Bouquet« aus Tonpfeifen schmückt dieses Tabakladenschild (Frankreich, Mitte des 19. Jahrhunderts).

und bei den Augen wieder heraus. Sobald er wieder zu Atem gekommen war, rief er aus: ›Aus meinen Augen damit, welch scheußlicher Gestank! Welche Schweinerei! Mir dreht sich der Magen um.‹ Es war ihm mehr als eine Stunde lang übel, und seitdem lehnte er strikt einen Genuß ab, der, wie er sagte, nur ein ›Zeitvertreib für Faulenzer‹ sei.«

VOM »TABAKSKOLLEGIUM« IN PREUSSEN …

Die einst unbestrittene Vorherrschaft Goudas fand nicht allein durch die Konkurrenz aus Frankreich ein Ende. In etwas geringerem Ausmaß trug auch die Pfeifenherstellung in England, die niemals völlig zum Erliegen gekommen war, und in Preußen, das seine Fabriken in Stettin und Königsberg ab 1744 durch Einführung einer Zollabgabe auf holländische Pfeifen schützte, zu diesem Niedergang bei.

In Preußen existierte damals eine ganz besondere Begeisterung für die Pfeife, was hauptsächlich den beiden ersten preußischen Königen zu verdanken war, die beide leidenschaftliche Pfeifenraucher waren und auch eine Vorliebe für das gesellige Beisammensein hatten, das durch die Pfeife so gemütlich gestaltet wurde. Friedrich I., der erst Kurfürst von Brandenburg war, bevor er 1701 König in Preußen wurde, liebte rauschende Feste und war sehr verschwenderisch. Als eingefleischter Raucher führte er am Hofe die »ehrwürdigen Pfeifenabende« ein. Friedrich Wilhelm I. war wie sein Vater ein großer Raucher, im Gegensatz zu diesem jedoch maßvoll, sparsam und von militärischem Wesen – er wurde der Soldatenkönig genannt. Der Sohn führte die Rauchabende seines Vaters fort, indem er das berühmte *Tabakskollegium* gründete. Bei dieser Art von Raucherklub versammelte der König allabendlich seine Vertrauten um sich, Offiziere, Minister und Berater sowie mehr oder weniger regelmäßige Gäste, die er um ihrer guten Laune, ihrer geistigen Brillanz und Redegewandtheit und um ihrer großen Kenntnisse willen einlud. Die Rauchsalons, die der König für sein *Tabakskollegium* in den Schlössern von Berlin, Potsdam und Königswusterhausen einrichten ließ, entsprachen seinem Sinn für Sparsamkeit. Ohne besondere Zeremonie ließ sich die Gesellschaft auf schlichten Holzstühlen um eine lange Tafel herum nieder, auf der sich nur das Notwendige befand: die Tabakvorräte und einige Bierkrüge. Wurde jemand vom Heißhunger überfallen, so konnte er diesen im angrenzenden Raum stillen, wo ein anspruchsloses Buffet mit etwas kaltem Fleisch und einer Menge Butterbrote bereitstand. In absolutem Kontrast zu diesem spartanischen Aspekt des *Tabakskollegiums* stand jedoch der lockere und herzliche Ton der Konversation,

DIE GESCHICHTE DER PFEIFE

Stets hat die Malerei Zeugnis von der Entwicklungsgeschichte der Pfeife abgelegt. Mit der Entstehung des Porzellans gegen 1700 war den wirklichen Künstlern unter den Pfeifenmachern ebenso wie den Malern ein neues Betätigungsfeld ihres Talents eröffnet. Dieses Stilleben der Porzellanpfeife mit Utensilien des Malers August Holmberg stammt aus dem Jahre 1890 (links).

Im 18. Jahrhundert tauchten neue Materialien auf, mit denen man die Nachteile der traditionellen Pfeifen aus Ton überwinden konnte. Begüterte Offiziere hielten sich mit Vorliebe Pfeifen aus Silber, die beim Transport nicht zerbrechen konnten. Meist waren sie sogar mit einem Deckel oder »Funkenschutz« versehen, was zudem den Vorteil bot, daß es das Brennen des Tabaks verlangsamte (unten und rechts).

für den nicht zuletzt die durch den Tabak und den Gerstensaft erzeugte Hochstimmung verantwortlich war. Man durfte dort frei von der Leber weg reden, vorausgesetzt, es ging um höhere Angelegenheiten, die das Königreich betrafen: Moral, Politik, Ökonomie oder Theologie. Einige Stunden und einige Liter Bier später hatten sich Moral und Politik in den Rauchschwaden der Pfeifen aufgelöst. Spät in der Nacht ähnelte das *Tabakskollegium* mehr dem Treiben in einem Wachlokal als einem vornehmen Kreis von Edelleuten: Die Scherze wurden derb, manch einer landete unter dem Tisch, und die bis zur Weißglut erhitzten Pfeifen zersprangen zu Dutzenden… Friedrich II., der ein sensibleres Gemüt hatte als sein Vater, mit dem er etliche Male aneinandergeraten war, zog das Schnupfen dem Rauchen vor und schloß das *Tabakskollegium,* sobald er im Jahre 1740 die Thronfolge angetreten hatte.

… BIS ZU DEN ULMER PFEIFEN

Als ein weiterer Meilenstein in der Geschichte der Pfeife erwies sich der blühende Pfeifenhandel, der von der Stadt Köln ausging. Die erste Manufaktur für Tonpfeifen war dort 1628 gegründet worden. Die Kölner Händler kauften ihre Pfeifen bei den Pfeifenmachern der kleinen Stadt Höhr. Diese waren ursprünglich auf Keramik spezialisiert, begannen jedoch dann, mit äußerst geringen Kosten die holländischen Pfeifen zu kopieren. Bald konnte man fast überall in Europa auf den Märkten zu bescheidenen Preisen Pfeifen erstehen, die sehr an die Pfeifen von Gouda erinnerten, jedoch aus Köln kamen. Und diese Pfeifenmacher aus Höhr waren es auch, die den Pfeifenbau im 17. Jahrhundert mit einer fantastischen Erfindung revolutionierten: die Pfeife mit abnehmbarem Rohr. Aus Ton war nur noch der Kopf, während das Rohr aus Kirschbaumholz gefertigt war. Mit dem Niedergang von Gouda endete aber auch die Blütezeit der Tonpfeife. Außer in Frankreich, wo sich diese billige, aber allzu zerbrechliche Pfeife bis zum Ersten Weltkrieg hartnäckig behauptete, setzten sich allmählich Pfeifen aus soliderem Material durch.

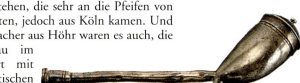

Wiederum waren es zunächst Soldaten, Landsknechte und Musketiere, die seit Beginn des 17. Jahrhunderts danach trachteten, ihre Pfeifen aus Ton durch andere zu ersetzen, die solide genug wären, um im Stiefelschaft auch Ritte und Kampfgetümmel zu überstehen. So entstanden Pfeifen aus Eisen, manchmal »Musketierpfeifen« genannt, die von den Heeresschmieden in Nachbildung der

Die Schriftsteller Erckmann und Chatrian, Verfasser der *Contes et Romans populaires*, rauchten mit Begeisterung Porzellanpfeifen (rechts). Die Porzellanpfeifen fanden vor allem in den deutschsprachigen Ländern viele Anhänger, wie diese Gravur aus dem Jahre 1866 zeigt. Sie wurden eigentlich von allen, ohne Ansehen des Alters oder der Gesellschaftsschicht, sehr geschätzt (unten).

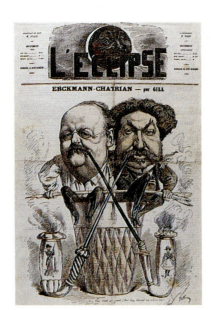

üblichen Tonpfeifen hergestellt wurden. Leider hatten sie den Nachteil, daß sie nach ein paar Zügen glühend heiß wurden, so daß man sie nach wenigen Minuten aus der Hand legen mußte. Diesem Mangel wurde teilweise durch den Bau von kunstvolleren Pfeifen abgeholfen, begüterte Offiziere ließen sich sogar welche aus Silber machen. Dabei wurde der Kopf mit einem perforierten Deckel versehen, wodurch sie langsamer abbrannte. Eine Zeitlang waren Pfeifen aus Silber in wohlhabenden Gesellschaftskreisen als Zeichen besonderer Vornehmheit äußerst beliebt, und manches Exemplar war, kunstvoll ziseliert und mit kostbaren Steinen besetzt, ein wahres Meisterwerk der Goldschmiedearbeit.

Als es in Europa schließlich gelang, Porzellan herzustellen, das bisher ausschließlich aus China importiert werden mußte, glaubte man, endlich das ideale Material für Pfeifen gefunden zu haben. Die Geheimnisse der Herstellung von Porzellan wurden 1700 in Sachsen von dem Alchimisten Johann Friedrich Böttger entdeckt und zehn Jahre später in einer ersten Manufaktur in Meißen angewendet. Von Anfang an stellte man dort Pfeifenköpfe aus Porzellan her. Die Fabrikanten nutzten die Erfindung der Pfeifenmacher von Höhr – das abnehmbare Rohr – und stellten das Rohr und das Mundstück aus verschiedenen Materialien her, da sie entdeckt hatten, daß der Rauch sich so auf einer angenehmeren Temperatur halten ließ. Nach mehreren Versuchen entschied man sich für bestimmte Hölzer, wie zum Beispiel Wildkirsche für das Rohr, und Horn, Hirschgeweih oder Ambra für das Mundstück.

Außer in Frankreich schlug die Porzellanpfeife ihre Konkurrenten rasch aus dem Felde. Sie war hitzebeständiger als die Tonpfeife, und ihr größter Nachteil, die mangelnde Porosität, wurde durch Anbringen einer Wassertasche oder eines »Abgusses« unten am Kopf ausgeglichen. Vor allem aber bot das Porzellan alle Freiheiten der Formgebung und Dekoration, denn mit der relativ leicht zu verarbeitenden Porzellanmasse waren der Fantasie der Pfeifenmacher Tür und Tor geöffnet. Es entstanden Pfeifen in überwältigender Vielfalt, die einen von schlichter Form, aber wunderbar verziert, andere wiederum als Skulpturen gearbeitet – Meisterwerke der Porzellankunst. Die Meißner Manufaktur war von Anfang an für diese Art von Pfeifen berühmt. 1740 gewann sie mit Johann Gottlieb Ehder ihren wohl erfindungsreichsten Künstler, dessen Kreativität und Kunstfertigkeit keine Grenzen kannten. Seine Pfeifen zeigten unter anderem den Kopf eines Mohren oder eines Japaners, das Antlitz einer Frau oder einen Satyr. Es wurden dann während des gesamten 18. Jahrhunderts noch zahlreiche Porzellanmanufakturen gegründet, von denen die in Wien, in Berlin und in Kassel auch Pfeifen in ihrem Katalog führten.

Zu Beginn des 19. Jahrhunderts wuchs die Begeisterung für die Porzellanpfeife besonders in Deutschland schier ins Unermeßliche. Kein Soldat, kein Student, kein Bürger, der nicht seine mehr oder weniger kunstvoll verzierte Pfeife

Diese Kommode für Raucher stand um 1820 in einem Wiener Kaffeehaus. Die langen, schwer zu transportierenden Porzellanpfeifen wurden den Gästen leihweise angeboten, so daß diese nur ihren Tabak mitbringen mußten (rechte Seite).

In der Geschichte der Pfeife wird das 19. Jahrhundert stets als das fantasievollste verzeichnet sein. Nie konnte der Pfeifenraucher aus einem größeren Angebot an Pfeifen der verschiedensten Materialien auswählen, doch diese Vielfalt war im nächsten Jahrhundert bereits wieder verschwunden. Dieser Dompteur, gezeichnet 1888 von Christian Wilhelm Allers, trieb die Liebe zu seinen Elefanten so weit, daß er eine als Elefant geformte Pfeife rauchte (linke Seite, oben). Zur gleichen Zeit entstanden in Italien und in England Pfeifen aus Glas, die vor allem zur Dekoration gedacht waren. Die abgebildete wurde gegen 1800 in Nailsea in England geblasen (linke Seite, unten).

geraucht hätte. Neben den großen Manufakturen widmeten sich auch viele kleine Kunsthandwerker dem Geschäft der Verzierung von Pfeifen, allen voran die *Hausmaler,* die, dem steigenden Bedarf nachkommend, Pfeifen »nach Maß« bemalten. So konnte jeder Raucher für wenig Geld seine Pfeife nach persönlichem Wunsch verzieren lassen. Manche verlangten ihr eigenes Konterfei, andere brachten ihren Beruf zum Ausdruck, indem sie ein Emblem oder ein Werkzeug aufmalen ließen, wieder andere erwiesen berühmten Zeitgenossen auf ihrer Pfeife die Ehre. Die von den *Hausmalern* gefertigten Zierbilder waren von unendlicher Vielfalt, und natürlich waren auch solche dabei, die man aus Gründen der Moral vor den Augen der Kinder verbergen mußte... Die deutsche Welle der Begeisterung für diese Art von Pfeifen breitete sich mit der Entstehung von Porzellanmanufakturen auch im übrigen Europa aus. In Frankreich bot die berühmte Manufaktur von Sèvres dem Raucher mehrere Pfeifenformen an, die meisten davon geschmückt mit einem Bild Napoleons.

Noch bevor ein neues, noch geeigneteres Material auf dem Markt war, genügten Ton, Metall und Porzellan den Pfeifenmachern Europas schon nicht mehr. Ihre Kreativität schuf stets neue, immer originellere Pfeifen, die oft traditionelle Elemente des regionalen Kunsthandwerks aufgriffen und eigentlich mehr der Dekoration dienten: Pfeifen aus Elfenbein wurden höchst kunstvoll in Dieppe geschnitzt, wo dieses seltene und wertvolle Material schon seit dem 16. Jahrhundert aus Afrika eingeführt wurde; in Venedig, das für seine Glaskunst berühmt war, schufen kühne Glasbläser wunderschöne Pfeifen, die leider so zerbrechlich waren, daß sie nicht geraucht werden konnten;

Viele der in der Manufaktur von Sèvres gefertigten Porzellanpfeifen zeigen ein Bild von Napoleon in der Schlacht (oben). Eine deutsche Erfindung aus dem 17. Jahrhundert kam den Porzellanpfeifen zugute: Kopf und Rohr werden in zwei Teilen angefertigt. Das abnehmbare Rohr, meist aus Kirschbaumholz, mildert die Schärfe, die der Rauch bei nichtporösen Köpfen hat. In der Mitte: Die kleinen deutschen Nippfiguren aus Porzellan, die von 1860 stammen, können sogar zum Rauchen verwendet werden. Einzige ernsthafte Konkurrenz zu den Porzellanpfeifen sind die Ulmer Pfeifen, die kunstvoll aus Ulmenholz oder Erlenholz geschnitzt und mit einem Silberdeckel versehen sind. *Am Fenster,* von H. G. Jentzsch (1862) (unten).

In der Schweiz geht die Tradition nicht unter! Es werden dort noch heute wunderschöne Pfeifen aus Holz im alten Stil gefertigt (links) … die auf den Almen noch sehr geschätzt werden, wie dieser Senner beweist, an dem die modernen Zeiten spurlos vorbeigegangen sind (rechte Seite).

Kleine Pfeife für große Raucher: Dieser nur sieben Zentimeter hohe, aus Holz geschnitzte Pfeifenkopf ist ein Doppelkopf, der mit ziseliertem Kupfer umkleidet ist. Es handelt sich wahrscheinlich um eine ungarische Pfeife aus dem 19. Jahrhundert (rechts).

italienische Bildhauer schufen sogar Pfeifenköpfe aus grünem Marmor … Unter all diesen Materialien, an denen man sich versuchte, nahm jedoch das Holz, das überall zu einem günstigen Preis erhältlich war, den weitaus größten Platz ein.

Holz ist ein Material, aus dem jeder, der auch nur über ein wenig Geschicklichkeit und Geduld verfügt, eine Pfeife schnitzen kann, und ganz sicher entstanden auf dem Alten Kontinent die ersten Pfeifen aus Holz, sobald der Tabak hier eingeführt worden war. Eines der ältesten, in Deutschland gefundenen Exemplare besteht aus Eichenholz, ist mit einem menschlichen Profil verziert und wird um das Jahr 1600 datiert. Sicherlich hat man viele Sorten Holz ausprobiert, doch erwiesen sich nur die härtesten Hölzer, auch wenn sie schwieriger zu bearbeiten waren, als zufriedenstellend, da sie langsamer anbrannten, als der Tabak sich verbrauchte. Zu ihnen gehören Eichenholz, Buchenholz, Kirschbaumholz und vor allem das Holz des Vogelkirschbaums, das in Ungarn und Österreich noch heute

verwendet wird. Zur Vermeidung des unangenehmen Geschmacks, den das anbrennende Holz dem Tabak verleiht, wurde die Tabakkammer manchmal mit Gips oder Schamotte ausgekleidet. Diese Holzpfeifen kannten kein industrielles Wachstum. Nur die Pfeifen, die ab 1650 in Ulm und Umgebung gefertigt wurden, verzeichneten aufgrund ihrer Eleganz auch im übrigen Europa einen gewissen Erfolg. Ihre Köpfe waren aus Ulmenholz, Erlenholz und, seltener, aus Nußholz oder Buchsbaumholz gemacht und zeigten eine wunderschöne Maserung. Zumeist waren sie mit Silberbeschlägen verziert und mit einem Deckel und einem Kettchen versehen, das den Kopf mit dem Rohr verband. Der Deckel bot, abgesehen davon, daß er den Brand verlangsamte, noch weitere Vorteile: Er schützte den glimmenden Tabak im Freien vor Regen und Wind und verhinderte auch Brände. In Bayerns Wäldern zum Beispiel, wo Rauchen strikt verboten war, waren einzig und allein Pfeifen mit Deckel erlaubt.

DIE BRUYERE

Alle diese Pfeifen aus Holz litten unter dem gleichen Mangel: Der Kopf brannte mehr oder weniger mit dem Tabak mit und veränderte den Geschmack des Rauchs. Erst als die Bruyèrepfeife entstanden war, konnte sich der Pfeifenraucher endgültig mit dem Holz als Pfeifenmaterial anfreunden. Das Bruyèreholz – genauer gesagt: das Holz des Stumpfes der mittelmeerischen Baumheide, des verdickten Teils zwischen Wurzel und Stamm – zeichnet sich vor allem durch äußerste Widerstandsfähigkeit gegen Hitze und Feuer aus, wodurch Aroma und Geschmack des Tabaks gut erhalten bleiben.

Der »Erfinder« dieses für die Pfeife idealen Holzes hat weder ein Patent angemeldet, noch wurde er jemals offiziell identifiziert. Die geheimnisvolle Entstehung der Bruyèrepfeife gab natürlich Raum für etliche mehr oder weniger wahrscheinliche Geschichten, deren einzige Gemeinsamkeit nicht zu leugnen ist: Entdeckt wurde die besondere Eignung des Bruyèreholzes in Südfrankreich, und in dem Städtchen Saint-Claude im Herzen des Juras entwickelte sich der Bau der Bruyèrepfeife. Die amüsanteste und natürlich am wenigsten glaubhafte Anekdote erzählt, ein französischer Pfeifenmacher, der sich über die Verbannung Napoleons nicht trösten konnte, habe sich 1821, im Todesjahr des Kaisers, auf eine Pilgerreise nach Korsika begeben. Eines Tages zerbrach seine Pfeife, und kurz darauf begegnete er einem Schäfer, der ihm aus einem Bruyèrestumpf eine Pfeife schnitzte, natürlich mit dem Bildnis Napoleons als Zier. Überwältigt von der Qualität des Holzes und dem Aroma des Rauchs, nahm der Pfeifenmacher eine ganze Menge dieser Stümpfe mit zurück in seine Heimat im Jura und beglückte damit fortan die Raucher in seiner Umgebung. Es gibt auch glaubwürdigere Geschichten, wie etwa die über einen Holzdrechsler namens David aus der Gegend von Saint-Claude, der auf dem Markt von Beaucaire durch einen Holzhändler von den Qualitäten des Bruyèreholzes erfuhr, oder die durch Genauigkeit bestechende Geschichte eines damaligen Ladenbesitzers aus Saint-Claude, der von André Paul Bastien in seinem wunderschönen Buch La Pipe (Die Pfeife) zitiert wird: »Es geschah in den ersten Tagen des Oktobers 1858. Ein Reisender mit überschwenglichem Gehabe und starkem südlichen Akzent stellte sich in den Verkaufsräumen der Firma Gay sen. vor [...] Er unterbreitete ein Angebot für seine Buchsbaumwurzeln, die man auch »Knollen« nennt und die die Firma in großen Mengen zur Herstellung von Tabakdosen erwarb. Nachdem er eine Bestellung über zehntausend Kilo, zu liefern im November, aufgenommen und über Regen, Sonnenschein und Ernten im Süden geplaudert hatte, zog dieser Herr Taffanel, so hieß er nämlich, mit geheimnisvoller Miene ein kleines Stück Holz aus seiner Tasche, das wie ein Löschhorn sechseckig ausgeschnitten war, an seiner flachen Seite ganz ausgehölt war und an der schmalen Seite ein kleines Loch hatte, in dem ein Bambusrohr als Mundstück steckte. ›Dies ist eine Pfeife‹, sagte er, ›aus der einer meiner Freunde, ein Schäfer aus meinem Dorf, mehr als ein ganzes Jahr lang Tabak geraucht hat, wie er mir versicherte. Und Sie sehen, sie ist nicht verbrannt und nicht schlechter geworden. Sie ist aus Bruyèreholz geschnitten, das dem Buchsbaumholz ähnelt und das in unserer Gegend im Überfluß zur Verfügung steht.‹ Ende Oktober hatte sich die Firma Gay von der unvergleichlichen Qualität des Bruyèreholzes überzeugt und bereits eine beachtliche Anzahl von Pfeifen in ihrer Fabrik herstellen lassen, die sie sofort nach Paris, in den Norden von Frankreich und nach Belgien sandte.«

Eine letzte Geschichte sei noch erwähnt, die die Entstehung der ersten Bruyèrepfeifen einem Vorfahren eines Pfeifenmachers aus dem Var zuschreibt: Der Bauer Ulysse Courrieu soll ab 1802 auf den Rat eines Schäfers hin einige dieser Wunderpfeifen geschnitzt haben. Als sein Name über seine Heimat hinaus bekannt wurde, beschloß der Bauer, sich ganz dem Pfeifenbau zu widmen und den Ackerbau aufzugeben.

Die Tatsache, daß das Bruyèreholz, das nur in der Mittelmeerregion wild wächst, ausgerechnet in Saint-Claude im Pfeifenbau Verwendung fand, verdankt sich keineswegs dem Zufall. Die Bearbeitung von Holz und der Handel mit Holzprodukten waren in dieser Stadt bereits seit dem 7. Jahrhundert fest verwurzelt. Saint-Claude wurde um die Abtei von Saint-Oyand herumgebaut, wo Claude, Bischof von Besançon, seine letzten Tage verbrachte. Die Mönche von Saint-Oyand nutzten die Energie zweier Wildbäche und trieben dort

Das Beizen von Köpfen in einer New Yorker Bruyère-Pfeifenfabrik in den dreißiger Jahren (rechts). Das Erscheinen der Bruyère bedeutete eine Wende in der Geschichte der Pfeife. Seit dem Ende des 19. Jahrhunderts wird der allergrößte Teil der Pfeifen aus diesem reichlich vorhandenen, leichten und sehr hitzebeständigen Holz hergestellt.

Die Arbeiter der Fabrik Courrieu in Cogolin zu Anfang des Jahrhunderts. Der Gründer, Ulysse Courrieu, soll angeblich ab 1802 als erster Pfeifenmacher Bruyèreholz verwendet haben (rechte Seite, oben). Niemals gaben die Pfeifenmacher ihre Versuche auf, den Rauch kühler machen zu wollen. Um 1910 entwickelte der Pfeifenmacher Vincent Genod aus Saint-Claude zu diesem Zweck das »doppelte Rohr«. Es gehörte zu einer Bruyère mit dem eleganten, internationalen Namen »the Brindisi« (rechte Seite, unten).

DIE GESCHICHTE DER PFEIFE

Die kunstvoll aus diesem höchst seltenen Mineral geschnittenen Meerschaumpfeifen waren für viele Pfeifenraucher unerschwinglich. Manche, wahre Meisterwerke der Pfeifenschnitzkunst, waren gar nicht zum Rauchen gedacht. So zum Beispiel dieser fantastische Pfeifenkopf aus Meerschaum, der aus dem Jahr 1871 stammt und die Hochzeit von Prinzessin Louise, Tochter der Königin Victoria, mit dem Marquis von Lorne darstellt. Heute thront er in einer Ausstellungsvitrine bei Dunhill in London (oben). Der englische Premierminister Harold Wilson eröffnet in London 1971 die Ausstellung »Raucher durch alle Zeitalter«. Diese für diese Gelegenheit hergestellte, gigantische Meerschaumpfeife war nicht schwer zu tragen, sie würde auch auf Wasser schwimmen (unten).

das Drechslerhandwerk voran. Als sich vier Jahrhunderte nach dem Tod des Bischofs, im 12. Jahrhundert, herausstellte, daß sich sein Leib auf wundersame Weise erhalten hatte, wurde Saint-Claude zur Pilgerstätte auf dem Weg nach Santiago de Compostela. Das war der Beginn eines bald stetig wachsenden Reichtums, der auch Bauern aus der ärmlichen Umgebung anzog. Es entstanden immer mehr Werkstätten, die für die Pilger in großer Zahl Figuren und Gegenstände des christlichen Glaubens aus Holz herstellten. Als in Frankreich der Tabak in der zweiten Hälfte des 16. Jahrhunderts immer mehr Anklang fand, begannen die Kunsthandwerker, auch Tabakdosen herzustellen.

Ein Jahrhundert später hatte sich ihr Ruf in ganz Europa verbreitet, und sie stellten für deutsche und österreichische Pfeifenmacher Rohre aus Buchsbaumholz, Horn, Ambra und sogar aus Elfenbein her. Gegen 1750 schließlich begann man in Saint-Claude, selbst ganze Pfeifen herzustellen, meist aus dem beliebten Buchsbaumholz. Und so arbeitete sich dieses kleine Städtchen im Jura zu einem der weltweit bedeutendsten Zentren des Pfeifenbaus empor.

Seit ihrer »Entdeckung« hatte die Bruyèrepfeife alle anderen Pfeifen auf den Rang von bloßen Kuriositäten zurückgestuft; ihre Produktion stieg stetig an, bis sie in den zwanziger Jahren unseres Jahrhunderts etwa dreißig Millionen Pfeifen pro Jahr erreichte. Die Wirtschaftskrise der dreißiger Jahre und die Verbreitung der Zigarette leiteten schließlich einen unerbittlichen Niedergang ein: 1970 wurden in Saint-Claude nur noch zwei Millionen Pfeifen pro Jahr hergestellt, heute sind es nur noch 700 000.

DER LUXUS AUS MEERSCHAUM

Mehr als ein Jahrhundert, bevor in Frankreich die erste Bruyèrepfeife das Licht der Welt erblickte, entstand in Ungarn eine Pfeife, von der alle Pfeifenkenner entzückt waren: die Meerschaumpfeife, die einzige, die von der Bruyère nie in den Schatten gestellt wurde. Wenn man der Legende Glauben schenken mag, dann wurde die Meerschaumpfeife 1723 aus einem reinen Zufall heraus in dem kleinen Laden eines Schusters namens Karel Kovacs in Budapest erschaffen. Ein Graf Andrássy soll damals von einer Reise in die Türkei ein Gesteinsstück von seltsamer Art, weiß und sehr leicht, mitgebracht haben. Dem Grafen, der von diesem eigenartigen Mineral fasziniert war, kam der Gedanke, sich daraus eine Pfeife machen zu lassen. Er vertraute es seinem Schuster Kovacs an, der in müßigen Stunden schöne Pfeifen aus Holz zu schnitzen pflegte. Dieser machte aus dem Stein des Grafen zwei Pfeifen und entschloß sich frech, eine davon selbst zu behalten. Zuerst glaubte er, sie verdorben zu haben, da er an ihr mit seinem von Schusterpech verschmutzten Händen gearbeitet hatte und sie davon gelbe Flecken bekommen hatte. Er reinigte also sorgfältig seine Hände, bevor er die Pfeife des Grafen in Angriff nahm; doch stellte er, als er seine eigene rauchte, überrascht fest, daß sie durch das Pech eine schöne goldene Patina erhalten hatte. Er fabrizierte dann noch viele andere Meerschaumpfeifen und benutzte dabei Wachs statt Pech, um eine bessere Wirkung zu erzielen. Graf Andrássy

»Königlich«, »göttlich«, aber auch zerbrechlich. Seitdem es sie gab, wurden Meerschaumpfeifen zum Schutz vor Stößen in einer Hülle geliefert. Diese wurden von den Pfeifenmachern selbst nach Maß angefertigt, um zu vermeiden, daß sie sich darin rieben (rechte Seite).

selbst war entzückt von der Schönheit seiner Pfeife und zeigte sie in den besten Salons von Budapest herum, ja sogar am Hofe in Wien, so heißt es. Da überdies der Rauch schon vom ersten Zug an kühler und milder war als bei den Pfeifen aus Ton, Porzellan oder Holz, fand die Meerschaumpfeife sofort Anklang.

Die Bezeichnung »Meerschaum« gab man diesem Mineral aufgrund seiner Farbe und vor allem seiner Leichtigkeit, die es sogar auf Wasser schwimmen läßt. Die größten Vorkommen befinden sich in Anatolien und werden bereits seit etwa 1675 ausgebeutet, weshalb man wohl annehmen kann, daß die Türken die eigentlichen Erfinder der Meerschaumpfeife waren. Da dieses seltene und daher sehr teure Material bei den Adeligen in Europa auf so viel Begeisterung stieß, beschlossen die Türken, ihre gesamte Produktion zu exportieren. Von nun an stellte man Meerschaumpfeifen in Rußland, England, Frankreich, Deutschland und Österreich her, und Wien erwarb sich dabei einen besonderen Ruf.

Zu Anfang beschränkte man sich im wesentlichen darauf, die üblichen Formen der Pfeifen aus Ton oder Porzellan nachzuahmen. Da jedoch Meerschaum relativ leicht zu bearbeiten ist und eine fast beliebige Formgebung zuläßt, ließen die Pfeifenmacher ihrer Fantasie bald freien Lauf, und es entstanden, vor allem im 19. Jahrhundert, die schönsten und meisterhaftesten Zeugnisse der Pfeifenbaukunst. Versehen mit silbernen Deckeln und Rohren aus Ambra, waren diese kleinen Skulpturen, die in zierlichster und raffiniertester Formgebung die verschiedensten Motive darstellten – Büsten oder Köpfe bekannter Persönlichkeiten, Tierköpfe, Szenen aus der Mythologie und Jagdszenen – offensichtlich nicht für jedermann bestimmt. Den adeligen und großbürgerlichen Kreisen vorbehalten, wurden sie oft bei besonderen Anlässen als prachtvolles Geschenk überreicht.

Die große Begehrtheit, aber auch der sehr hohe Preis der Meerschaumpfeife brachten die Fabrikanten in Wien auf den Gedanken, auch die Abfälle, die beim Schneiden eines Blockes entstanden, zu verwerten. In der Presse wurden sie mit anderen Produkten vermischt und gemahlen, und aus dem so hergestellten Preßmeerschaum konnten wieder Pfeifen geschnitzt werden. Diese waren schwerer als die »echte« Meerschaumpfeife, aber auch weniger zerbrechlich und vor allem viel preiswerter und besaßen dabei praktisch die gleichen Eigenschaften. Mit diesen Pfeifen aus dem sogenannten »Wiener Meerschaum« kamen viele Pfeifenraucher schließlich doch noch in den Genuß des mildesten Rauchs, den es gab.

ZUKUNFTS-AUSSICHTEN

Die Vorherrschaft der Bruyèrepfeife begann in der zweiten Hälfte des 19. Jahrhunderts und dauert noch an. Heute stellt sie weltweit nahezu das gesamte Angebot an Pfeifen, und viele Pfeifenmacher sowohl in Italien als auch in Deutschland oder Dänemark trachten danach, die aus der Vergangenheit überkommenen Formen zu modernisieren. Allen voran sei hier die berühmte Pfeife genannt, die von Ferdinand Alexander Porsche – eigentlich durch seine Autos bekannt – entworfen wurde und von der deutschen Firma Oldenkott, die erst kürzlich ihre Pforten schließen mußte, auf den Markt gebracht wurde. Ihr Aluminiumkopf, der rundherum gerippt ist und auf einem Unterteil aus Bruyèreholz sitzt, erinnert an das Kühlungssystem von Rennwagenmotoren. Was die zeitgenössische Pfeifenproduktion betrifft, so folgt auf die Bruyèrepfeife mit großem Abstand die Meerschaumpfeife, die aufgrund der Seltenheit ihres Materials immer eine teure Pfeife bleiben wird. Die hohe Kunst ihrer Verarbeitung wird außerdem durch einen im Jahre 1961 gefaßten Beschluß der türkischen Regierung bedroht, keine ganzen Rohmaterialblöcke mehr zu exportieren und so die eigene Serienherstellung zu fördern. Neben diesen beiden Pfeifen findet der Pfeifenraucher, der von Zeit zu Zeit seine Gewohnheit ändern möchte, Pfeifen aus Ton, die nach alter Tradition in Gouda, aber auch in Deutschland, Belgien und Frankreich hergestellt werden, sowie Pfeifen aus Maiskolben, die 1869 von einem Farmer in Missouri erfunden wurden, sich in den Vereinigten Staaten rasch verbreiteten und seit dem Ende des Zweiten Weltkriegs auch nach Europa importiert werden.

In den letzten zwanzig Jahren hat man sich zunehmend von der Pfeife abgewandt, und ihre Produktionsziffern fallen unaufhörlich. Dies betrifft vor allem die Serienprodukte, während die Pfeifen der Spitzenklasse sogar wieder auf wachsende Nachfrage stoßen. Gleichzeitig steigt das Durchschnittsalter der Pfeifenraucher, wie eine Studie aus Frankreich kürzlich ergab: Inzwischen sind 90

Die »Porsche«. Anfang der achtziger Jahre von Siegfried Ebner im Planungsbüro von Ferdinand Alexander Porsche entworfen, spiegelt diese Pfeife deutlich die Konstruktionstechnik des Automobilbaus wider. Die Kühlrippen aus Aluminium verhinderten, daß sich der Kopf aus Bruyère erhitzte, und sorgten auf diese Weise für einen kühleren Rauch. Man sprach viel über sie, doch wurde sie selten geraucht. Sie wird heute nicht mehr hergestellt (linke Seite).
Ferdinand Alexander Porsche (unten).

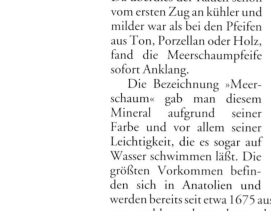

Die Pfeife aus Maiskolben erfreut sich in den Vereinigten Staaten großer Beliebtheit. Ein seltenes Format, das hier General Mac Arthur im Januar 1945 bei einer Offensive gegen die Japaner auf den Philippinen rauchte (links).

In einem Park von Peking: der alte Mann, die Pfeife und der Vogel, fotografiert 1985 von Thomas Hoepker (rechte Seite).

Von den ersten Einwohnern Hongkongs abstammend, hat diese alte Frau noch das traditionelle äußere Erscheinungsbild und die Gebräuche bewahrt. Die Pfeife mit Kopf aus Metall gab es in China jedoch erst gegen Ende des 19. Jahrhunderts. Bis dahin waren die meisten Pfeifen rein aus Bambus gemacht (oben).
Gérard d'Abboville, von der Zunft der Pfeifenbaumeister von Saint-Claude zum »Pfeifenraucher des Jahres 1992« geweiht, hier in einer Karikatur (unten). Natürlich wäre er nie ohne seine Pfeife über den Pazifik gerudert!

Prozent der Pfeifenraucher älter als 35 Jahre. Die Kampagnen gegen das Rauchen, die in fast allen höher entwickelten Ländern der Welt geführt wurden, scheinen an diesem Niedergang nicht schuld zu sein – bis heute haben sie den gigantischen Zigarettenmarkt nicht spürbar eindämmen können (nur in den Vereinigten Staaten ist seit zehn Jahren ein Verkaufsrückgang von etwa zweieinhalb Prozent pro Jahr zu verzeichnen, während die Verkaufszahlen in Europa stagnieren und in China sogar ansteigen). Eigentlich sollten diese Kampagnen sich sogar günstig für die Pfeife auswirken, da mehrere Studien gezeigt haben, daß die Pfeife weniger schädlich ist als die Zigarette – ein Vorteil, den die Pfeifenhersteller bisher offenbar noch nicht recht zu nutzen verstanden. Doch stoßen diese auf ein noch tiefergreifendes Problem: In einer Welt, in der seit zwanzig Jahren praktisch nur noch Dinge wie Geldverdienen und berufliches Fortkommen zählen, in der alles immer schneller und effektiver sein soll und in der sich Fertig- und Wegwerfprodukte durchgesetzt haben, hat die Pfeife mit ihrem Anspruch auf innere Ruhe und heitere Gelassenheit, auf Nachdenklichkeit und Träume ihre Existenzberechtigung verloren.

Doch sollten Pfeifenmacher und Pfeifenliebhaber die Hoffnung nicht aufgeben. Ökonomen und Soziologen prophezeien heute eine unumgängliche Entwicklung unserer »postindustriellen« Gesellschaft hin zu weniger Arbeit und zu mehr Freiheit für die persönliche Entfaltung des einzelnen. Erste Anzeichen – wie etwa die Mode des *New Age* oder der Gedanke des *Time-sharing* – kündigen bereits eine mentale Weiterentwicklung an, bei der die Zielvorstellung vom dynamischen, ständig unter Streß stehenden Unternehmer verblaßt. Wenn es Pfeifenherstellern und -händlern gelingt, sich darauf einzustellen, dann ist die Zukunft der Pfeife gesichert.

DIE GEBURT EINER PFEIFE

Ob es sich nun um eine schöne Bruyèrepfeife handelt, deren Holz zwischen unseren Fingern weiterlebt, um eine leichte und seidenweiche Meerschaumpfeife oder einfach um eine Tonpfeife – keiner ist leicht anzusehen, wie viele verschiedene Arbeitsgänge und wieviel Sorgfalt in ihr stecken. Zu ihrer Fertigung ist eine große Anzahl spezieller, kunsthandwerklicher Techniken vonnöten, die über Jahrhunderte hinweg entwickelt und geduldig von Generation zu Generation übertragen und verbessert wurden. Die Pfeifenmacher, Meister dieses fachlichen Könnens, haben nicht nur den stetig wachsenden Qualitätsansprüchen des Rauchers zu genügen, sondern auch der Nachfrage nach großer Auswahl. Der Pfeifenraucher von heute besitzt nämlich stets mehrere Exemplare, viele sogar Dutzende, Pfeifen aus allen möglichen Materialien, in allen Formen, Ausstattungen und Qualitäten. Wenn man also umfassend zeigen wollte, daß im Königreich der Pfeife keine Eintönigkeit herrscht, so müßte man 1001 Entstehungsgeschichten erzählen.

DIE BRUYEREPFEIFE

In einem Talwinkel des französischen Jura, am Zusammenfluß der Bienne und des Tacon, deren schäumende Kraft die Maschinen der Handwerker lange Zeit angetrieben hat, liegt das Städtchen Saint-Claude, das seit eineinhalb Jahrhunderten zu Recht den Titel des bedeutendsten Pfeifenzentrums der Welt trägt. Nirgendwo sonst gibt es einen Ort, an dem man sich in diesem Ausmaße dem Pfeifenbau widmet. Um 1850 begannen die Handwerker von Saint-Claude, die bereits seit einem Jahrtausend das Drechslerhandwerk vom Vater auf den Sohn weitergegeben hatten, mit der Herstellung von Pfeifen aus Bruyèreholz. Heute stellen die sieben Handwerksbetriebe, die sich zu der Zunft der Pfeifenbaumeister von Saint-Claude zusammengeschlossen haben, pro Jahr siebenhunderttausend Pfeifen her, die die Namen von zwölf verschiedenen Marken tragen: »Bontemps«, »Butz-Choquin«, »Chacom«, »Chap«, »Ewa«, »Genod«, »Graco«, »Jeantet«, »Jean Lacroix«, »Claude Romain«, »Ropp« und »Vuillard«. Damit decken sie den französischen Markt fast vollständig ab und exportieren mehr als die Hälfte ihrer Produktion in die ganze Welt, von Kanada bis Japan.

Der Besucher sollte Saint-Claude am Abend und von oben kommend – zum Beispiel von der Route départementale 69 aus – entdecken, wenn es sich dem entzückten Auge wie ein Sinnbild seiner Bestimmung darbietet: Die Lichter der Stadt am Grunde der runden, dunklen Talwände erscheinen wie die rötliche Glut in einem Pfeifenkopf. – Und wenn man dann tagsüber die Stadt durchstreift, durch ihre Geschäftsstraßen oder ihre zum Wasser abfallenden Gäßchen schlendert, die Brücken überquert und die am Wasser gelegenen Häuser betrachtet, so entdeckt man sofort die Anzeichen ihrer besonderen Berufung. Anzeichen, die oft schon fast zerstört sind und von der früheren Blüte des Pfeifenbaugewerbes zeugen: große, stillgelegte Trocknungsanlagen für die Ebauchons, Fassaden mit verblaßten Namensschildern längst stillgelegter Fabriken, die ihre beste Zeit in den zwanziger Jahren erlebten, als sie, achtzig an der Zahl, mehr als dreißig Millionen Pfeifen pro Jahr herstellten. Andere Anzeichen deuten auf eine sehr lebendige Tradition hin, die nicht nur eine leidenschaftliche Berufung und ein großes Können, sondern auch Geduld und Beharrlichkeit bezeugen. Wenn man sieht, welche Hochachtung der Pfeife hier entgegengebracht wird – die »größte Pfeife der Welt«, von Pfadfindern aus Holz hergestellt, thront wie eine Schutzgöttin auf einem Platz in der Innenstadt – und wenn man die Schaufenster der Läden betrachtet, dann wird einem sehr schnell klar, daß trotz der heutigen Krise, die nicht die erste ist, in Saint-Claude die Pfeife noch lebt und daß ihre Hersteller sie niemals gegen die Zigarette eintauschen würden.

Abgesehen von der Arbeit der drei Pfeifenschnitzer, die es in Saint-Claude heute noch gibt und deren Spezialität Tiere und Porträts berühmter Persönlichkeiten oder ihrer Kunden sind, abgesehen auch von einigen Stücken der Spitzenklasse, darunter die für die Firmen Cuty Fort und Butz-Choquin hergestellten *freehands*, werden hier hauptsächlich die üblichen Pfeifenformen der Bruyèrepfeife in Serien hergestellt. Doch ist dies nicht im Sinne einer modernen, automatisierten Produktion zu verstehen. Zum

Bei Philippe Bargiel, Chef des Hauses Sommer, von dem er einige Reliquien aufbewahrt hat, sind die Werkzeuge eines Meerschaum-Bildhauers zu sehen; von oben nach unten: ein Körner, ein Hohlbohrer, ein Drechslermesser, ein Meißel, ein Hohlmeißel und ein Gewindeschneider (vorhergehende Doppelseite).
Ein Arbeiter der Firma Courrieu, gegen Ende des letzten Jahrhunderts. Die Drehbank wird durch ein Fußpedal betätigt. In der Werkstätte von Charles Courrieu in Cagolin im Südosten Frankreichs ist eine solche vollkommen aus Holz bestehende Drehbank noch heute in Betrieb (rechts).

Bei den industriellen Pfeifenherstellern werden die meisten Pfeifenköpfe nach einigen Grundformen in Serie gefertigt. In einer Fabrik der Firmengruppe Cuty Fort in Saint-Claude (rechte Seite) wie auch anderswo ergibt die originalgetreue Nachbildung nach Schablonen klassischer Formen je nach der Qualität des Bruyèreholzes Exemplare mit sehr unterschiedlichen Preisen.

Mit sieben großen Pfeifenfabriken, die heute etwa 700 000 Stück pro Jahr herstellen, ist Saint-Claude, im Herzen des französischen Jura gelegen, weltweit das Hauptzentrum der Pfeife (rechts). Gegen Ende des letzten Jahrhunderts gab es in Saint-Claude noch 66 Pfeifenmacher, die insgesamt 1600 Männer, 500 Frauen und 200 Kinder beschäftigten. Das Schleifen der Pfeifen, eine Arbeit, die viel Fingerspitzengefühl erfordert, wurde schon immer Frauen anvertraut, die ein Jahr Ausbildung erhielten (unten).

einen haben die Fabriken den bescheidenen Rahmen ihrer alten Gebäude aus der Jahrhundertwende nicht verlassen, wo in ein oder zwei Stockwerken an kaum modernisierten Maschinen nur eine kleine Anzahl von Arbeitern beschäftigt ist. Die meisten liegen noch am Flußufer, der einstigen Energiequelle für ihre Maschinen. Das größte Unternehmen, genauer die Unternehmensgruppe Berrod-Regad, die fünf Marken herstellt, darunter die berühmte Butz-Choquin, produziert mit etwas weniger als hundert Mitarbeitern 400 000 Pfeifen pro Jahr. Die heutigen Pfeifenbaumeister sind zum überwiegenden Teil Söhne und Enkel von Pfeifenbaumeistern, und so kennzeichnen noch immer althergebrachte Verfahren, erprobte Techniken und Familientraditionen den Pfeifenbau von Saint-Claude. Zum anderen werden so viele verschiedene Pfeifenformen hergestellt, daß eine laufende Serie selten mehr als ein paar hundert Exemplare umfaßt. Der Pfeifenraucher sollte wissen, daß die Pfeifen aus Saint-Claude Produkte eher traditioneller Handwerkskunst als moderner, automatisierter Technik sind. Das Bruyèreholz ist ein natürliches, empfindliches Material, das diese Qualitätsgarantie erfordert.

In diesem oft kalten und verschneiten Gebirge also entsteht der überwiegende Teil der Bruyèrepfeifen. Man muß jedoch mehr als tausend Kilometer Luftlinie nach Süden reisen, in eine sonnige Gegend mit trockenem Klima – um an den Anfang der Geschichte zu gelangen.

Das Bruyèreholz. Das für die Pfeifenköpfe verwendete Bruyèreholz wächst nur in mediterranem Klima. Es handelt sich um eine baumartige Variante des Heidekrauts, von den Botanikern *Erica arborea* genannt, die bei fünfhundert bis tausend Metern Höhe in der Macchia wächst und fünf bis sechs Meter hoch werden kann. Es werden weder der Stamm noch die Äste des Strauchs verwendet, sondern eine zwiebelförmige, mehr oder weniger dicke Verwachsung oder Verkrebsung, die sich in Bodenhöhe zwischen der Wurzel und dem Stamm befindet (und dies auch nicht bei jedem Strauch). Man nennt diesen Teil »Knolle« oder »Knorren«. Ein Strauch muß mindestens um die dreißig Jahre alt werden, damit seine Knolle die erforderliche

Die Schablonen der häufigsten Pfeifenformen des Hauses Courrieu (rechte Seite).

Eine Unregelmäßigkeit im Wachstum einer Pflanze: die Bruyèreknolle. Aus diesem Auswuchs zwischen Wurzel und Stamm des Strauchs werden Pfeifenköpfe geschnitten. Die Knolle muß mindestens 30 Jahre alt sein, um mehrere Ebauchons von guter Qualität zu ergeben. Diese werden dann in 50-Kilo-Säcken verpackt in die Fabriken versandt (linke Seite).

Mindestgröße erreicht, ungefähr die Größe eines Fußballs. Sie wiegt dann etwa drei Kilogramm. Die bis heute größte Knolle, zu Beginn des Jahrhunderts in Italien ausgegraben, wog dagegen etwa hundertzehn Kilogramm!

Unter allen Hölzern, die im Pfeifenbau verwendet werden, bietet die Bruyèreknolle unvergleichliche Vorzüge: ihre Härte, ihre unerreichte Feuerbeständigkeit und zugleich ihre Nachgiebigkeit dem Bearbeiter gegenüber – und, um allem die Krone aufzusetzen, ihre besondere Schönheit. Gut geschnittenes Bruyèreholz besitzt eine wunderschöne, harmonische Maserung, Spuren der Verästelungen, aus denen es sich gebildet hat: Sie ergeben die geflammte Maserung und das »Vogelauge«, nach deren reinster Abzeichnung der Pfeifenliebhaber an den Pfeifenköpfen sucht und die zu den Merkmalen gehören, die den Preis der Pfeife mitbestimmen.

Die *Erica arborea* wächst nur wild. Wird sie intensiv ausgebeutet, so erschöpfen sich ihre Bestände bald, und es zeigt sich, daß die produzierenden Länder sich turnusmäßig abwechseln müssen. In der ersten Hälfte dieses Jahrhunderts war Algerien, damals noch französische Kolonie, Hauptlieferant von Bruyèreholz für Saint-Claude. Nicht das Erschöpfen der algerischen Bestände, sondern die politischen und militärischen Ereignisse, die zur Unabhängigkeit dieses Landes führten, waren dann schließlich der Grund dafür, daß sich die Fabrikanten nach Marokko umorientierten. Noch heute stammt der größte Teil des in Saint-Claude verarbeiteten Bruyèreholzes von dort. Weitere Bestände gibt es in Spanien, Italien und Griechenland, doch sind sie kleiner und meist auch von minderer Qualität. Das korsische Bruyèreholz hingegen ist wunderschön und geschmeidig, doch wird es unglücklicherweise immer seltener. Die Firma Courrieu in Cogolin (Var) bezieht ihre Knollen zum Teil aus Gebirgsmassiven in der Provence. In Marokko werden die Bestände, die nun seit fünfunddreißig Jahren gerodet werden, bald erschöpft sein. Dafür hat in Algerien die Tatsache, daß die Wälder über dreißig Jahre lang vollkommen in Ruhe gelassen wurden, dazu geführt, daß sich dort wieder ein wahrer Schatz an Bruyèrebeständen bilden konnte, der gewissermaßen nur darauf wartet, ausgegraben zu werden. Jedoch erfordert die erste Bearbeitung der Knollen, die vor Ort geschehen muß, ein gewis-

Das Bruyère-Gesträuch (*Erica arborea*) wächst nur im Mittelmeerraum, in einer Höhe von 500 bis 1000 Metern – und nur wild. In Nordafrika blüht die Pflanze von Februar bis April und in Europa von März bis Mai (oben). Zu Anfang des Jahrhunderts bei Courrieu: Nach dem Ausgraben folgt der zweite von etwa fünfzig bis sechzig Arbeitsgängen, die zur Herstellung der Pfeife notwendig sind: das Säubern der Knollen, bei dem mit der Hacke Erdreste und haftende Steinchen entfernt werden. Diese Arbeit wird heute noch in der gleichen Weise ausgeführt wie damals (links).

Die Firma Courrieu verwendet noch immer Bruyèreholz von Gebirgsmassiven in der Provence, das wunderschön, aber auch rar ist (rechts).

ses Können – das die französischen Kolonialherren für sich behalten haben. Die Rückkehr Algeriens in die vorderste Reihe der Bruyèrelieferanten, die man heute wieder in Gang bringt, wird daher nicht ohne Probleme vonstatten gehen.

Der Ebauchon. Das Roden der Knollen geschieht im allgemeinen von November bis Mai. Sobald sie ausgegraben sind, werden sie, um das Holz vor Sprüngen zu bewahren, vor Sonne und Luft geschützt in Schuppen aufgehäuft und mehrere Monate lang ständig feucht gehalten. Dazu werden sie mit Erde oder mit Jutesäcken bedeckt und regelmäßig mit Wasser besprengt. Sobald sie gut durchgefeuchtet sind, wird die Knolle gesäubert, mit der Hacke von kleinen Steinchen, Erdresten und sonstigen Fremdkörpern befreit und schließlich in zwei Teile gespalten. Das Innerste ist nicht verwendbar und wird entfernt. Jede der Hälften wird mit der Kreissäge in mehrere kleine Holzstücke zerteilt, den Ebauchons genannten Kanteln, aus denen später jeweils ein Pfeifenkopf werden soll. Je nach der Bestellung des Pfeifenfabrikanten und je nachdem, ob das Holz Fehler enthält, geschieht dieses Zerschneiden in Ebauchons nach drei Grundmustern, die verschiedene Größen- und Qualitätskategorien ausmachen. Bei den »Plateaux«, die sehr selten sind, beläßt man die Borke der Knolle; die Plateaux sind dicke Scheiben, die aus Knollen mit einer Maserung von außergewöhnlicher Qualität gesägt werden; sie sind für die großen Pfeifen-Designer reserviert, die in reiner Handarbeit aus ihnen absolute Spitzenprodukte fertigen, Einzelmodelle, bei denen der obere Rand des Pfeifenkopfs oft noch die Borke der Knolle trägt. Diese Art von Pfeifen nennt man *freehand*. Die beiden anderen Kategorien der Ebauchons gehen in die normale Pfeifenherstellung ein: Sie sind entweder gerade (marseillaises) geschnitten, um gerade Pfeifen daraus zu machen, oder gebogen (relevées) geschnitten – für gebogene Pfeifen.

Nun wird deutlich, wie wichtig diese Arbeit ist. Je besser es der Arbeiter versteht, beim Zerschneiden die Qualität und vor allem die Maserung des Holzes zu berücksichtigen, desto schöner wird später die Pfeife sein. Doch gleichzeitig darf er auch den wirtschaftlichen Aspekt seiner Arbeit nicht vergessen: Zwar werden die Plateaux stückweise zu schwindelerregenden Preisen verkauft, doch die Ebauchons für die normalen Pfeifenformen gehen unverpackt und in drei Qualitätskategorien nach Gewicht auf den Markt. Es liegt also im Interesse des Betriebs, eine möglichst große Anzahl von Ebauchons herzustellen und Abfälle möglichst zu vermeiden. Und dennoch fallen bei jedem Kilogramm Ebauchons durchschnittlich vier Kilogramm nicht verwertbares Holz an – das höchstens als Brennstoff beim nächsten Arbeitsschritt dienen kann.

Nachdem die Ebauchons nach Pfeifenform,

Bei Dunhill in London: das Sortieren der Ebauchons. Diese Arbeit erfordert das Auge eines Fachmanns (rechte Seite).

Größe und Qualität sortiert worden sind, werden sie in großen Kupferkesseln über einem Feuer gekocht. Dies dient einerseits dazu, den Holzsaft herauszuholen, der beim Trocknen sonst Risse verursachen könnte, und andererseits dazu, sie mit einem Tannin zu tränken, das ihnen eine schöne braune Farbe verleiht. Dieser Bearbeitungsvorgang geschieht in zwei Stufen: Die Ebauchons werden in lauwarmes Wasser gelegt, das immer mehr erwärmt wird, schließlich läßt man sie sechs Stunden lang in dem kochenden Wasser. Dann wird das Feuer gelöscht, doch die Ebauchons bleiben noch mindestens zwölf Stunden lang im Wasser. Sodann werden sie auf Gitterrosten in überdachten Räumen für ungefähr einen Monat bei möglichst gleichmäßiger Raumtemperatur zum Trocknen gelagert. Sie gelten dann als »halbtrocken« und werden nochmals sortiert. Trotz der Behandlung in kochendem Wasser sind einige nach dieser ersten Trocknung gesprungen und müssen ausgesondert werden. Selten gibt es Ebauchons ohne jeden Fehler. Schließlich werden nur die verpackt und verschickt, deren Fehler so gering sind, daß sie die Qualität der Pfeife nicht beeinträchtigen oder bei der weiteren Bearbeitung korrigiert werden können.

Verpackungs- und zugleich Werteinheit für die Ebauchons ist der »Ballen« zu hundert Kilogramm. Heute werden die Stücke in »Halbballen« an die Pfeifenfabriken verschickt, in Säcken, die fünfzig Kilogramm Ebauchons der gleichen Größe enthalten. Da die Ebauchons von sehr unterschiedlichem Kaliber sein können, sind in den Halbballen zahlenmäßig entsprechend verschiedene Mengen Ebauchons enthalten. Ihre Anzahl steht zu Dutzenden auf dem Sack vermerkt und schwankt zwischen vierundzwanzig und hundertacht. Dieses Verfahren erklärt, warum die Größe der Pfeife eines der bestimmenden Merkmale für ihren Preis ist: Da jeder Ballen gleich viel kostet, unabhängig davon, wie viele Ebauchons er enthält, so entfällt, je größer die Ebauchons sind, ein um so größerer Preisanteil auf jeden einzelnen. Und wie auch immer die Fertigungsqualität der Pfeife sein mag, dieser Grundpreis, bei dem der teuerste ungefähr das Fünffache des billigsten ausmachen kann, muß in dem Verkaufspreis der Pfeife enthalten sein.

Serienfertigung. In Saint-Claude werden wir von Gérard Chapel, Sproß einer langen Reihe von Pfeifenmachern und Präsident des Pfeifenklubs der Stadt, in der Fabrik der Firmengruppe Berrog-Regad, einem weitläufigen Gebäude direkt am Ufer des Tacon, ins Dachgeschoß geführt. In großzügigen Mansardenräumen, die durch große, scheibenlose Fenster ständig durchlüftet werden, lagern die Halbballen aus vielen Herkunftsländern und warten auf die Phase vor der Fertigung, das Ende der Trocknung der Ebauchons. Je nach deren Qualität – d. h. meist auch je nach Herkunft – geschieht

Bei Cuty Fort inspiziert der Fabrikleiter Ebauchons aus Marokko, bevor sie getrocknet werden. Dieses Trocknen an der Luft auf Gitterrosten dauert etwa vier bis sechs Monate und wird nur mit den Ebauchons von höchster Qualität durchgeführt (rechte Seite).

Bei Cuty Fort in Saint-Claude: das Kalibrieren der Ebauchons, der zehnte Arbeitsschritt (rechts).

Ein Arbeiter bei W. Ø. Larsen in Kopenhagen skizziert den Pfeifenkopf auf einem Plateau, wobei er die geflammte Maserung bestmöglich zur Geltung bringt. Dieser Vorgang, der Serienherstellung vollkommen ausschließt, findet nur bei den großen Pfeifenbaumeistern statt (oben).
Franco Coppo, Meister im Hause Castello in Cantù bei Como, Italien, bei der Auswahl eines Plateaus. Aus diesen praktisch fehlerfreien Stücken der Knolle, die noch die Borke tragen, soll später ein besonderes Meisterwerk werden: eine vollkommen mit der Hand gefertigte Pfeife (unten).

das Trocknen auf natürliche oder auf künstliche Weise. Die Ebauchons aus Korsika mit ihrem schönen, geschmeidigen Holz dürfen zum Beispiel hier in frischer Luft auf Gitterrosten trocknen, wo sie regelmäßig mit der Gabel umgewendet werden. Durch dieses natürliche Trocknen, das vier bis sechs Monate dauert, werden alle Qualitäten des Holzes erhalten. Diese Methode, die viel Pflege, Platz und Zeit erfordert, ist natürlich kostenaufwendiger als das künstliche Trocknen, das in Saint-Claude kürzlich eingeführt wurde. So werden die meisten Ebauchons aus Marokko im Erdgeschoß der Fabrik in gut geschlossenen Räumen künstlich durch maschinell umgeblasene, heiße Luft getrocknet. Mit dieser zweiten Methode kann die Trocknungszeit auf vier oder fünf Wochen verkürzt werden, und es ist keine Pflege nötig, da die Ebauchons noch in ihren Originalverpackungen trocknen.

Kaum betritt man das »Herz« der Fabrik, die eigentliche Produktionsstätte, so ist man von Schwefelgeruch umgeben, der von den Mundstücken aus Ebonit herrührt, doch davon wird später die Rede sein. Die Ebauchons werden, sobald sie getrocknet sind, erneut sortiert. Beim Trocknen haben durchschnittlich acht Prozent der Ebauchons Sprünge bekommen und müssen ausgesondert werden. Die übrigen werden genau nach Größe in verschiedene Säcke sortiert. Ein sehr erfahrener Arbeiter, der Sortierer, der an einem Tisch mit einer Reihe von unterschiedlich kalibrierten Löchern sitzt, läßt sie durch diese Löcher auf eine kleine Klappe fallen, die einen Dutzendzähler auslöst. Auf diese Weise weiß der Fabrikant genau, wie viele Ebauchons derselben Größe er hat, wenn er eine Serie herstellen möchte.

Nun beginnt die eigentliche Fertigung im Krach der Maschinen: Da brummen Motoren und Absauggeräte, die über den Werkzeugen hängen, damit sich der feine Holzstaub nicht überall absetzt; es kreischen die Sägen und Fräsen, wenn sie das Holz berühren. Nach und nach schält sich die Pfeife aus ihrem Block, fügt sich zusammen, gewinnt Schönheit, wird verziert. Und dies in einer langen Reihe verschiedener Arbeitsschritte, die in Reihenfolge und Bedeutung unveränderbar sind.

Beim **Kalibrieren** wird die immer etwas ungleichmäßige Form der Ebauchons korrigiert. Mit der Kreissäge bearbeitet der Arbeiter die Winkel und Flächen, damit der Ebauchon streng rechtwinklig wird, so daß er präzise in die Formen der Maschinen paßt.

Beim **Vorformen** entsteht der Kopf der Pfeife mit der Tabakkammer. Der Ebauchon wird dabei gedreht, während zwei Schneidwerkzeuge

Eine Werkstatt der Firma Genod in Saint-Claude. Der Chef und seine drei Angestellten stellen hier 16 000 Pfeifen pro Jahr her. Die schönsten werden nur in Saint-Claude verkauft (rechte Seite, oben).
Der zwölfte Arbeitsschritt: das Vorformen. Auf der Drehbank entsteht der Pfeifenkopf, außen und innen gedreht (rechte Seite, Mitte und unten).

Tagtäglich werden etwa tausend Pfeifen in den Fabriken der Firmengruppe Cuty Fort hergestellt. Hier zwei Phasen des Formens: das Ausbohren des Inneren (oben) und das Nachmessen (Mitte). Nach dem Abdrehen, bei dem der Holm entsteht, das Fräsen (14. Arbeitsschritt): Es wird die Basis des Pfeifenkopfs rundgedreht, womit der Pfeifenkopf unten seine endgültige Form erhält (unten).

gleichzeitig die Kopfbohrung und die oberen zwei Drittel der Außenseite des Kopfs formen.

Beim **Abdrehen** wird der Holm geformt. Der Unterteil des Kopfs wird dabei zwischen zwei Klemmbacken gehalten, diesmal jedoch waagerecht. Der Teil des Ebauchons, aus dem der Holm entstehen soll, wird zweimal an einem Langhobel aus Stahl mit schnelldrehenden Schneidmessern gedreht.

Aus dem Ebauchon ist nun ein Rohling geworden. Der Holm ist geformt, der Kopf jedoch noch nicht ganz, da sein unterer Teil, mit dem er in den Klemmbacken steckt, noch nicht abgerundet ist. Beim **Fräsen** wird der größte Teil dieses unteren Teils entfernt. Der Pfeifenkopf wird auf ein kleines, konisches Spannfutter gesteckt, und sein unterer Teil wird an eine Fräse herangeführt, deren Eisen entsprechend der gewünschten Pfeifenform gebogen sind.

Die hinteren Ecken der Basis bilden eine kleine Nase, an die mit der Fräse nicht heranzukommen ist. Sie wird dann beim **Raspeln** entfernt, das bei besonderen Stücken noch immer per Hand mit einer Feile ausgeführt wird. Lange Zeit hatte man in Saint-Claude diese Handarbeit an unabhängige Arbeitskräfte vergeben, die sich alle in einem Dörfchen in der Nähe von Saint-Claude niedergelassen hatten. Es waren arme Bauern, die sich im Herbst die Stücke holten und sie im Frühjahr wieder zurückbrachten. Heute werden die normalen Pfeifenformen in Sechsergruppen an einem Pantographen geraspelt, das ist eine Maschine, an der die Werkzeuge parallel montiert sind und mittels eines Ab-

tasters eine vorlagegetreue Nachbildung produzieren (wie man es vom Schlüsseldienst her kennt, wo nach dieser Methode Zweitschlüssel nachgebildet werden).

Der nächste Arbeitsschritt, das **Ausfräsen** des Holms, ist sicherlich der problematischste von allen. Der Kopf wird auf ein Formstück aufgesteckt, dann wird der Holm an eine waagerecht wirkende Fräsmaschine herangeführt. Die Fräse, die ständig mit Talg geschmiert wird, muß absolut präzise in der Mitte am Grund der Kopfbohrung herauskommen. Die kleinste Abweichung hätte sofort unvermeidlich zur Folge, daß die Pfeife nicht mehr korrekt zieht.

Die Formgebung des Kopfs ist damit nahezu abgeschlossen. Bei den bisherigen Arbeitsgängen haben sich oft noch Fehler im Holz gezeigt, so daß wiederholt sortiert werden muß. Bei der **ersten Wahl** werden die fehlerlosen Pfeifenköpfe von den anderen, die kleine Löcher oder auch kleine Sprünge haben können, getrennt. Manche haben so viele Mängel, daß sie zum Ausschuß gehören; die anderen, deren Mängel korrigiert werden können, werden geschmirgelt und poliert. Sie stellen die **zweite Wahl** dar und werden noch mehrfach unterschieden.

Der folgende Arbeitsschritt, das **Sortieren**, besteht einfach darin, für die Serie, die hergestellt werden soll, Mundstücke und Köpfe mit gleicher Qualität zusammenzusuchen.

Das **Kitten** wird natürlich immer mit der Hand ausgeführt. Es sollen die kleinen Fehler im Holz, wie Löcher oder kleine Risse, ausgebessert werden. Zuerst werden sie mit einem kleinen Hohlbeitel

Der 16. Arbeitsschritt, das Raspeln, wird bei qualitativ hochwertigen Exemplaren vollständig mit der Hand ausgeführt: Die beim Fräsen an der Basis des Kopfes stehengelassenen Ecken werden mit einer Raspel beseitigt, die sich der Arbeiter selbst aus einem Feilenrohling gefertigt hat, wobei der Wirkwinkel der Riffelung speziell für das Bruyèreholz geeignet ist (rechte Seite).

Das Ausfräsen des Holms. Weicht die Bohrung nur einen Millimeter von der Mitte ab, so wandert der Pfeifenkopf in den Abfall (rechts). Bei Courrieu, das Schleifen der Pfeifenköpfe, eine der kniffeligsten Arbeiten (der 18. Arbeitsschritt), denn es darf keinerlei »Facette« zurückbleiben (unten).

etwas erweitert, dann werden sie gefüllt, indem mit einem Spachtel reichlich Kitt hineingedrückt wird; die Kittmasse besteht aus Fischleim, gemischt mit Alabasterpulver. Der überschüssige Kitt wird später beim Polieren entfernt.

Nach dem Formen enthalten die Innenwände der Kopfbohrung noch immer einige Holzfusseln. Beim **Ausreiben** wird die Kopfbohrung mit einem kleinen ölgetränkten und mit Bimskies bedeckten Filzstückchen ausgerieben, so daß sie ihren endgültigen Zustand und ihr endgültiges Aussehen erreicht.

Nun folgt das **zweite Fräsen** des Holms, bei dem im Holm die Bohrung ausgeführt wird, in die später der Zapfen des Mundstücks eingesteckt wird.

Beim **Zusammenbauen** erhält der Biß des Mundstücks seinen letzten Schliff, dann wird der Zapfen maschinell geformt, damit er genau in den Holm paßt. Diese beiden Präzisionsarbeiten werden am Drehautomaten mit einem Industriediamanten (oder dessen Ersatz) als Schneidinstrument ausgeführt, denn nur dieser kann so genau schneiden, daß ein perfektes Zusammenpassen des Pfeifenkopfs mit seinem Mundstück erzielt wird.

Den nächsten Arbeits- schritt nennt man **Bündigmachen**. Dabei werden der Holm und das Mundstück, deren Außendurchmesser verschieden sind, aneinander angeglichen. Dies geschieht am Drehautomaten, wo eine kleine Scheibe, die mit Glasleinwand bespannt ist, mit hoher Geschwindigkeit über die anzugleichenden Bereiche fährt.

Nun werden wir in einen anderen Saal geführt, wo zu unserer Überraschung nur Frauen arbeiten. Etwa zehn Arbeiterinnen vollführen hier eine der kniffeligsten Arbeiten in der gesamten Herstellungskette, das **Glattschleifen**, bei dem an Kopf und Mundstück alle Spuren, die möglicherweise von den Maschinen hinterlassen wurden, alle Kittreste und die letzten kleinen Unebenheiten beseitigt werden. Der Vorgang wird viermal wiederholt, wobei jedesmal eine feinkörnigere Glasleinwand auf den Drehautomaten gespannt ist. Diese Beseitigung der kleinen Fehler erfordert enorme Aufmerksamkeit und Sorgfalt, denn die Form der Pfeife darf dabei unter keinen Umständen verändert werden. Würde die Pfeife auch nur ein wenig zu lange mit ein und derselben Stelle gegen den Drehautomaten gedrückt, so könnte eine flache Delle entstehen, eine »Facette«, mit der die Pfeife ver-

Eine »Rhodesien«-Form zwischen Fräsen und Ausbohren. Der Holm ist noch nicht ausgebohrt, und die Ecken vom Fräsen stehen noch (rechte Seite).

Keine gute Pfeife ohne ein gutes Rohr! Die Endbearbeitung der Mundstücke, die meist in spezialisierten Betrieben geformt wurden, erfolgt immer beim Pfeifenhersteller selbst. Bei hochwertigen Stücken erfordert diese Arbeit großes Können. So zum Beispiel bei W. Ø. Larsen in Kopenhagen (linke Seite) und bei Dunhill in London (oben).

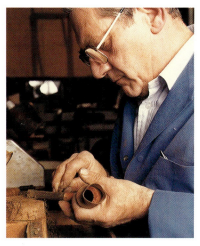

dorben wäre ... Aus diesem Grunde wird das Glattschleifen meist zarten Frauenhänden überantwortet; für die Ausbildung einer guten Schleiferin ist ein ganzes Jahr vonnöten.

Die Pfeife ist nun nahezu vollendet, und wir verlassen die Maschinensäle und kommen in ruhigere Räume. Bevor sie ihren letzten Schliff erhalten, werden die Pfeifen noch ein letztes Mal gemäß einem halben Dutzend sehr präziser Qualitätskriterien **sortiert**, unter anderem werden dabei die Zeichnung des Holzes, das Vorhandensein oder Nicht-Vorhandensein von Kittstellen, deren Anzahl und Position berücksichtigt. Die Klassifizierung nach **erster, zweiter, dritter Wahl** verlangt ein sicheres Auge und große Erfahrung. Man unterscheidet Kategorien von der äußerst seltenen Pfeife mit dem *straight grain*, der geraden Maserung, bei der die geflammten Linien vollkommen regelmäßig sind und die keinerlei Fehler aufweist, bis hin zu den Pfeifen mit mehreren Kittstellen, die man manchmal sogar in der Innenwandung der Kopfbohrung findet. Die oberste Kategorie bei den Pfeifen erster Wahl gibt es heute kaum noch: die Pfeife mit »Vogelaugen«, den *bird's eyes*, bei der fast der gesamte Kopf mit kleinen, runden Augen im Holz gezeichnet ist; da die Bruyèreknollen immer jünger aus dem Boden geholt werden, liefern sie nur noch selten ein solch schönes Holz. Die »gemischten Kategorien«, die sich in der Anzahl der Kittstellen unterscheiden, bieten jedoch dem Pfeifenraucher, dessen Mittel nicht unbeschränkt sind, durchaus ein gutes Verhältnis von Preis zu Qualität.

Die letzte Phase in der Herstellung der Bruyèrepfeifen ist die Endbearbeitung, das sogenannte Finish. Die schönsten Exemplare, die Pfeifen erster Wahl, behalten ihr natürliches Aussehen und bekommen nur eine Wachsbehandlung. Die anderen werden meist gebeizt. Es gibt unbegrenzt viele Kolorite, wobei die dunkleren den Vorteil – oder vielmehr den Nachteil – haben, daß Fehler und vor allem Kittstellen nicht mehr zu sehen sind. Das **Beizen** wird stets von Hand durchgeführt: auf das Holz wird zunächst eine Beize aufgebracht, dann wird das Holz mit einem Pinsel oder einem Bausch eingefärbt. Danach erfolgt ein leichtes Brennen über einer Flamme, das **Abflammen**, um die Farbe zu fixieren, und dann werden die Pfeifen an Brettern mit Nägeln aufgehängt, wo man sie vor einer Infrarotlampe trocknen läßt. Das **Aufhellen** der Pfeifen geschieht dann durch Polieren auf Filzrollen; dabei wird eventuell verlaufene Beize entfernt und die Beizung über den ganzen Kopf gleichmäßig gemacht. Manche Pfeifen sind so gebeizt, daß die Zeichnung des Holzes als Kontrast erscheint.

Diese gebeizten Pfeifen können nun gewachst oder lackiert werden. Das Wachsen stellt kein besonderes Problem dar. Das **Lackieren** dagegen erfordert, wie das Schleifen, die Geschicklichkeit eines Virtuosen. Der Lack, der mit etwas getränkter Baumwolle aufgetragen wird, trocknet nämlich auf dem Holz fast sofort und muß daher mit einer Bewegung, ohne abzusetzen, und mit gleichmäßiger Intensität auf dem ganzen Kopf verteilt werden. Jedes neue Ansetzen wäre zu sehen und würde die Pfeife verderben. Es muß auch darauf geachtet werden, daß kein Lack in die Kopfbohrung hineinläuft, da sonst die Pfeife nicht mehr zum Rauchen taugte. Da der obere Rand des Kopfes mitlackiert wird, ist dies eine äußerst knifflige Angelegenheit.

Bei manchen Bruyèrepfeifen weist das Holz aufgrund eines Siliziumüberschusses eine große Anzahl kleiner schwarzer Körner auf. Diese Pfeifen können einem **Sandstrahlen** unterzogen werden, wobei mit einer Spritzpistole unter Druck ein Strahl aus Sand und Glasstaub auf den Pfeifenkopf gerichtet wird, der das Holz angreift, die weichen Teile aushöhlt und die kleinen Körner freilegt. Die harten Stellen werden dadurch reliefartig hervorgehoben. Um die Werkstatt und die Lunge des Arbeiters vor Sand und Staub zu schützen, wird diese Arbeit heute in einem schützenden Glaskasten ausgeführt. Das Sandstrahlen bietet nicht nur den Vorteil,

Bei Dunhill wird der berühmte *white spot*, ein kleiner weißer Punkt, auf dem Mundstück angebracht, durch den man eine Dunhill-Pfeife auf den ersten Blick erkennen kann ... Der *white spot*, früher aus Elfenbein, besteht heute aus Kunstharz (links).

DIE GEBURT EINER PFEIFE

Der 35. Arbeitsschritt bei Cuty Fort: das Beizen von Pfeifen, das aus zwei Phasen besteht, dem Auftragen der Beize mit dem Pinsel und dem Abflammen über einer Petroleumflamme, um den Beizstoff zu fixieren (oben links und rechts). Das Museum von Gavirate besitzt mehr als dreitausend alte Stempel zum Kennzeichnen von Pfeifen, hergestellt von den Fratelli Rossi, der ältesten einschlägigen Firma in Italien (unten).

daß Pfeifen mit Fehlern noch »korrigiert« werden können, sondern diese sandgestrahlten, leichteren Pfeifen sind häufig auch von ausgezeichneter Qualität, da durch ihre unregelmäßige Oberfläche der Rauch kühler wird. Dennoch wird das Sandstrahlen immer seltener praktiziert.

Das **Guillochieren** ist heute praktisch ganz aufgegeben worden. Dabei handelte es sich um ein Ausfräsen von kleinen reliefartigen Verzierungen am Pfeifenkopf, wenn dieser zu viele Fehler aufwies. Löcher und Risse verschwanden dabei in den vielfältigen Ziermotiven. Diese langwierige Arbeit erzielte eine ähnliche Wirkung wie das Sandstrahlen, doch wurde sie gerade an den schlechteren und damit billigeren Pfeifen ausgeführt und widersprach damit jeder wirtschaftlichen Logik. Heute sind guillochierte Pfeifen, die es nur noch selten gibt, dagegen aus schönem Bruyèreholz, meist Werke italienischer Kunsthandwerker und preislich durchaus vergleichbar mit den *freehands*.

Alle Pfeifen, ob naturbelassen oder lackiert, werden abschließend noch einmal sehr sanft mit Waschleder oder Filzstreifen und mit einer Polierpaste poliert. Alle werden zum Schluß noch einmal **durchgeblasen**, wobei Mundstück und Holm mit Druckluft von Staubresten befreit werden.

Nun bleibt nur noch das **Stempeln**. In die Pfeifen werden die Herstellermarke, der Serienname, eventuell die Nummer der Pfeifenform und der Wahl sowie der Herstellungsort (»Saint-Claude« oder »France«) eingraviert. Diese Gravur wird auf dem Holm angebracht. In diesem letzten Stadium der Herstellung erhalten manche Pfeifen auch einen Ring, und die Mundstücke werden gegebenenfalls mit einem Kennzeichen versehen.

Die Pfeife wird nun ein letztes Mal von allen Seiten geprüft, mit einem Filz noch einmal abgewischt, damit sie schön glänzt, in einen eigenen Beutel verpackt und verschickt.

So entstehen mehr als neunzig Prozent der in der ganzen Welt verkauften Bruyèrepfeifen. Sie werden zum größten Teil in Saint-Claude gefertigt, doch gibt es auch noch Fabriken in Deutschland (Vauen), den Niederlanden (Hilson, Big Ben), Italien (Savinelli, Mastro de Paja, Lorenzo), Dänemark (Stanwell, Nording, Svendborg) und in Großbritannien und Irland (Dunhill, Peterson). Es sind maschinell hergestellte Serienprodukte, nichtsdestoweniger bilden sie ein breitgestreutes Angebot an Pfeifenformen von guter Qualität bei durchaus erschwinglichen Preisen.

Die Handgemachten. Diese Kostbarkeiten entstehen unter den genialen Händen freischaffender Pfeifen-Designer, wahrer Künstler. Die in lang-

Der Pfeifenmacher signiert stets sein Werk. Beim Stempeln, dem 46. Arbeitsschritt, wird das Herstellerzeichen, der Name der Pfeifenform, manchmal auch die Seriennummer und der Herstellungsort auf das Mundstück graviert. Heute wird das Stempeln maschinell ausgeführt, doch Dunhill bevorzugt noch die traditionelle Handarbeit, bei der ein sehr starker Druck mit dem Arm ausgeübt werden muß (rechte Seite).

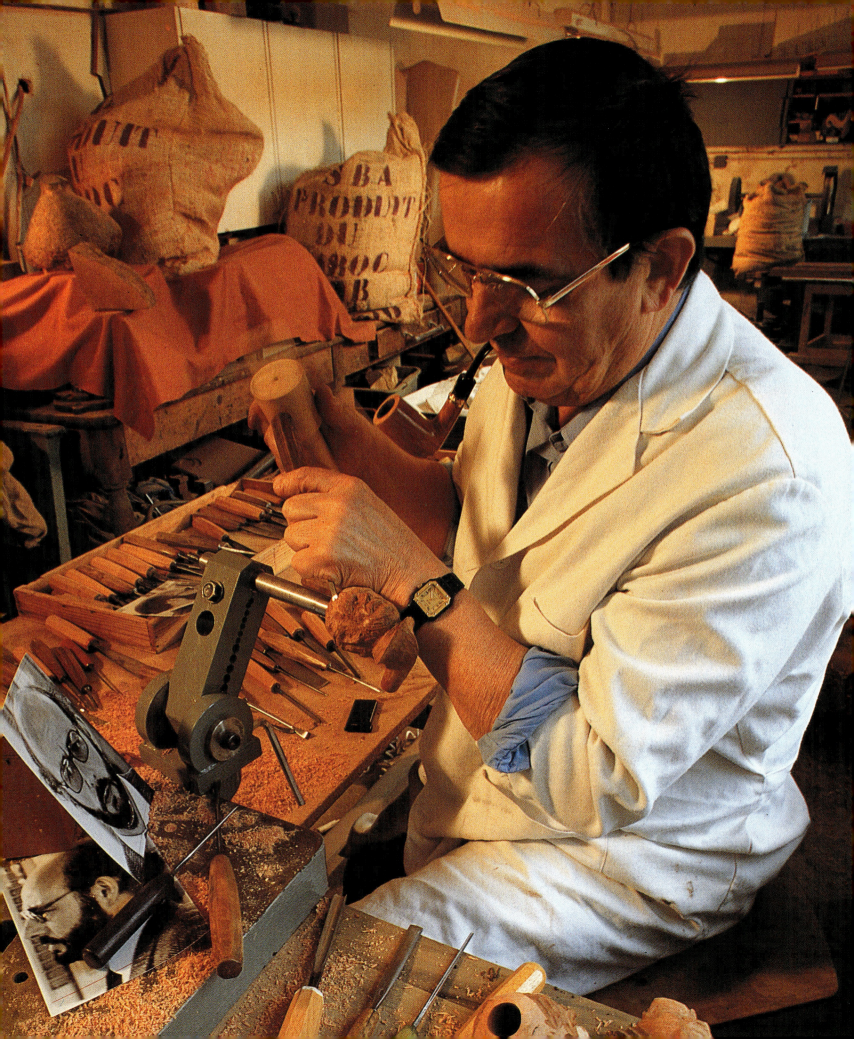

Der Pfeifen-Designer Paul Lanier in seiner Werkstatt in Saint-Claude. Diese Porträt-Pfeife erfordert mindestens eine Woche Arbeit und kostet mehr als zehntausend Francs (linke Seite).

wieriger Handarbeit aus dem schönsten Bruyèreholz modellierten Stücke, meist Einzelstücke, stellen die Krönung unter den Pfeifen dar und sind ihre hohen Preise durchaus wert. Manchmal sind sie »nach Maß«, d. h. nach Angaben des Kunden gefertigt. Ihre Herstellung vollzieht sich zwar in den gleichen Arbeitsschritten wie bei den normalen Pfeifen, doch unterscheidet sie sich wesentlich in den Arbeitsmethoden und den verwendeten Werkzeugen: Ein handwerklicher Pfeifenmacher arbeitet nur mit den Händen.

Diese Pfeifen-Designer teilen sich, was die Arbeitsmethoden betrifft, in zwei Kategorien: Die einen formen ihre Pfeifen mit der Hand, doch behelfen sie sich mit einer Drehbank; die anderen modellieren sie nur mit der Hand, daher rührt auch der Name für ihre Pfeifen: *freehand*. Der Unterschied ist wichtig, da nur die letzteren in der Lage sind, die Pfeife vollkommen in Einklang mit der Holzstruktur zu formen. Bei den »Drehern« beginnt die Herstellung damit, auf einer Seite des Ebauchons mit dem Fettstift die gewünschte Pfeifenform zu skizzieren. Diese wird dann mit der Bandsäge nach diesen Linien ausgesägt. Die nächsten Arbeitsschritte gleichen denen in der Serienherstellung, mit einem wichtigen Unterschied: Beim Vorformen und Abdrehen wird das sich drehende Stück nicht von einer Maschine bearbeitet, sondern mit einem Werkzeug in der Hand des Pfeifenmachers.

Für die anderen, die großen Künstler des Pfeifenbaus, die man auch die Meister des Pfeifenbaus nennt (heute meistens Italiener oder Dänen), beginnt die Arbeit bereits bei der Auswahl der Ebauchons. Diese werden aus Scheiben geschnitten und müssen von außergewöhnlicher Qualität sein. Die Bruyèreholz-Lieferanten wissen, welches die besten Stücke sind und wem sie sie zukommen lassen. Doch bei dem Preis und der Seltenheit solcher Ebauchons begeben sich die Meister oft lieber selbst an Ort und Stelle, um direkt in den Sägereien auszuwählen und dort selbst einzukaufen. Erfahrung und Fingerspitzengefühl vereinen sich hier bei der Beurteilung der Ebauchons. Und dennoch ergibt sich im Laufe der Fertigung ein ebenso hoher Prozentsatz an Ausschuß wie bei der Serienherstellung. Bruyèreholz ist unberechenbar. Die Kosten dieses Ausschusses gehen natürlich in den Preis jeder fertigen Pfeife mit ein, wie man überhaupt bei diesem Preis berücksichtigen muß, was alles in ihm steckt: Abgesehen von dem Zeitaufwand, den allein das Auswählen der Ebauchons kostet, sind für jede einzelne *freehand* etwa zehn Stunden Arbeit in der Werkstatt erforderlich.

Für diese Künstler gibt es keine vorher festgelegte Form der Pfeife; sie wird im Gegenteil durch den Ebauchon selbst bestimmt. Da sie ausschließlich mit der Hand und ohne Drehbank arbeiten, können sie sich ganz an die Struktur des Holzes halten und die Form danach gestalten, ob es kleine Fehler gibt, die zu umgehen oder mit der Feile zu entfernen sind. Eine *freehand*-Pfeife hat niemals Kittstellen. Im übrigen sind die Arbeitsschritte die gleichen wie oben: das Vorformen des Kopfs mit der Säge und der Feile, das Aushöhlen der Kopfbohrung mit einem Hohlbeitel oder einem kleinen Bohrer, das Ausfräsen des Holms, das Schmirgeln von Kopf und Mundstück, das Polieren usw.

Die Pfeifenschnitzer. Zu guter Letzt sollte noch eine andere Kategorie von Pfeifenbaukünstlern erwähnt werden: die Pfeifenschnitzer. Auch in Saint-Claude ist die Pfeifenschnitzkunst dank einiger begnadeter Künstler als Tradition noch erhalten. Hin und wieder werden dabei Pfeifenköpfe auch in kleinen Serien hergestellt (zum Beispiel bei Porträts berühmter Persönlichkeiten oder besonderer Tierköpfe). Der Pfeifenschnitzer fertigt dazu zuerst ein Modell an, und dieses wird dann mit Hilfe eines Pantographen sechsfach reproduziert. Diese nur grob geformten Stücke müssen dann mit der Hand noch fertiggestellt werden. Zur wahren Entfaltung kommt das künstlerische Talent der Pfeifenschnitzer natürlich vor allem bei den gänzlich von Hand gefertigten Einzelstücken. Den Motiven und Formen sind hier keine Grenzen gesetzt; es gibt dabei Exemplare von beeindruckenden Ausmaßen, wie zum Beispiel das im Tabakmuseum von Bergerac ausgestellte vierzig Zentimeter lange, geflügelte Untier mit Reißzähnen aus Elfenbein und Rubinen als Augen, dessen Modell sich in der Werkstatt von Roger Vinçent in Saint-Claude befindet. Ein anderer Pfeifenschnitzer von Saint-Claude, Paul Lanier, stellt vor allem Porträt-Pfeifen her, auch auf Bestellung. In diesen Pfeifen stecken etwa fünfzig Stunden Arbeit und das in einer Tradition von tausend Jahren gesammelte Wissen und Können.

Der Pfeifenschnitzer hat als Vorlage einige Fotografien des Motivs, nach denen er zunächst einen Entwurf aus Modelliermasse und danach ein Modell aus Holz formt, um sicherzugehen, daß dieses Motiv »machbar« ist, und um die Größe des benötigten Ebauchons zu bestimmen. Dann erst beginnt die Arbeit am Bruyèreholz selbst, eine Kleinstarbeit, die um so mühseliger und schwieriger ist, als die kleinste falsche Bewegung, vor allem gegen Ende zu, einige Tage Arbeit zunichte machen kann. Und bei dieser speziellen Arbeit muß auch das Ästhetische mit

Geschnitzte Bruyèrepfeifen sind Tradition in Saint-Claude. Der »Voltaire« von Houdon wurde zuerst gegen 1862 von dem Pfeifenmacher Henry Dalloz reproduziert. Seitdem ist er stets ein sehr beliebtes Motiv geblieben (unten).

dem Funktionalen verbunden werden, denn diese Pfeifen sollen auch zum Rauchen tauglich sein. Das Motiv, das sich über den Kopf und oft auch über den Holm hinzieht, darf auf keinen Fall das Ausbohren einer korrekten Kopfbohrung oder das präzise Ausfräsen des Holms beeinträchtigen.

DAS MUNDSTÜCK

Einige Pfeifenraucher sind der Meinung, daß bei einer guten Pfeife die Zugqualität, also zum Teil die Qualität des Mundstücks, wichtiger ist als die Qualität des Pfeifenkopfs. Darüber läßt sich streiten, doch steht sicherlich fest, daß ein schlechtes Mundstück auch den Geschmack der besten Pfeife zunichte machen kann. Wie beim Pfeifenkopf suchte man auch beim Mundstück lange nach dem idealen Material. Im Gegensatz zum Pfeifenkopf gilt für das Mundstück, daß es den Rauch um so leichter und angenehmer macht, je weniger porös es ist und je weniger Verbrennungsrückstände es daher aufnimmt.

Doch muß das Material trotz seiner Kompaktheit auch leicht sein. Das nahezu ideale Material wurde 1839 von Charles Goodyear zufällig erfunden, als er auf einem Ofen Gummi liegen ließ, das schmolz: vulkanisierter Kautschuk, auch Ebonit genannt, der sich leicht verarbeiten läßt, leicht und nicht porös ist, den Geschmack des Rauchs nicht verändert und obendrein auch noch preisgünstig ist. Seit mehr als einem halben Jahrhundert hat das Ebonit den Knochen, das Horn, das Kirschbaumholz und das Ambra als Material für das Mundstück abgelöst und findet sich heute an den weitaus meisten Bruyèrepfeifen wieder. Die Mundstücke aus Ebonit haben jedoch auch Nachteile: Sie sind nicht ganz bruchfest und haben einen ungünstigen Alterungsprozeß. Durch den Gebrauch und unter der Einwirkung von Licht und Feuchtigkeit verfärbt sich das Ebonit mit der Zeit, wird schließlich grün und beginnt, nach dem Schwefel zu schmecken, der in ihm enthalten ist. Es gibt andere Materialien, die in dieser Hinsicht besser sind, jedoch leider auch bedeutend teurer, wie zum Beispiel Kunstharz oder Cumberland (ebenfalls vulkanisierter Kautschuk, jedoch von besserer Qualität).

Das Mundstück aus Ebonit stellt also einen guten Kompromiß zwischen Preis und Qualität dar und bietet sich daher für die serienmäßig hergestellten Bruyèrepfeifen an. Bekanntlich wird bei der Vulkanisierung dem Kautschuk Schwefel zugeführt – daher der Schwefelgeruch in den Pfeifenfabriken, in denen ja auch das Mundstück noch bearbeitet wird. Bei der Herstellung wird zunächst gemahlener Schwefel mit geschmolzenem Kautschuk und ein wenig Kunststoff vermischt und dieses Gemisch durch Erhitzen zum Schmelzen gebracht. Die Schmelze wird dann für jedes zukünftige Mundstück in eine Gußform gefüllt, in der sich der Länge nach ein dünnes Stäbchen befindet, so daß der Rauchkanal freigelassen wird. Die Mundstücke werden vor dem völligen Erkalten aus den Formen gelöst, damit sich dieses Stäbchen noch entfernen läßt. Anschließend werden sie im Vulkanisierkessel wärmebehandelt. Bei 130 Grad Celsius löst der Dampf eine Reaktion des Schwefels aus, die bis zu einer Temperatur von 190 Grad Celsius fortgeführt wird. Dann ist die Masse zu Ebonit geworden, und die Mundstücke sind komplett vulkanisiert.

Alle Mundstücke werden zunächst in geraden Gußformen geformt. Die Mundstücke, die später gebogen sein sollen, müssen dazu wieder erhitzt und dann von Hand über Formen gebogen werden. Sie erhalten alle einen ersten Schliff, bevor sie in die Pfeifenfabriken geliefert werden, wo dann der Biß ausgearbeitet, der Zapfen gebildet und mit einem Gewinde versehen wird und das Mundstück noch mehrfach geschmirgelt sowie poliert wird.

Ein anderes Material, das bei Mundstücken, wenn auch selten, noch Verwendung findet, ist das Horn. Bis in die dreißiger Jahre, als dann die Kunststoffe aufkamen, hatten noch fünfundneunzig Prozent der Bruyèrepfeifen Mundstücke aus Horn, und heute sind die Meinungen geteilt. Manche behaupten, durch die Porosität des Horns würde der Rauch einer oft benutzten Pfeife bitter. Andere wieder verteidigen das Horn mit Vehemenz: Die schöne Marmorierung dieses Materials sollte jeden Pfeifenliebhaber begeistern, und es liege auch besonders angenehm im Mund, da es so weich sei, daß sogar der

Ein handgemachtes Mundstück des deutschen Pfeifenbaumeisters Rainer Barbi – mit seinen Initialen. Rainer Barbi wahrt das Geheimnis seiner speziell entwickelten Politurtechnik (rechts).

Die Werkstätten in Saint-Claude erscheinen zum Teil wie geheimnisvolle Laboratorien. Hier bei Chapuis-Comoy, einer seit 1825 bestehenden Firma (Pfeifen mit dem Namen Chacom): Ein Arbeiter ist dabei, Mundstücke in eine gebogene Form zu bringen. Die zuvor durch elektrische Bestrahlung auf 60 Grad Celsius erhitzten Mundstücke werden nun mit der Hand gebogen und dann in kaltem Wasser gekühlt, wobei sie wieder fest werden (rechte Seite).

Abdruck der Zähne auf dem Biß zu sehen sei. Bleibt noch zu erwähnen, daß die Mundstücke aus Horn im Preis höher liegen als die aus Ebonit und daß sich die Nachfrage nach ihnen relativ in Grenzen hält.

Der Herstellungsweg des Horns beginnt dort, wo die Rinder geschlachtet werden, in Schwarzafrika, Südafrika und Australien. Nach dem Schlachten der Rinder werden die Hörner am Kopf abgetrennt und so, wie sie sind, auf Brettergestelle im Freien zum Trocknen gelegt und den Fliegen zum Fraß überlassen. Diese stürzen sich auf das frische Horn und hinterlassen dann ihre Eier. Auch die Larven ernähren sich bis zu ihrer Verwandlung einen Monat lang von dem Horn. Auf diese Weise wird das Horn von allen weichen Bestandteilen befreit und danach gegen eine harte Fläche geschlagen, so daß der Rohstoff für das Mundstück herausfällt: der Knochen dieses Horns. Diese Knochen – aus denen nicht nur Mundstücke, sondern auch Knöpfe, Kämme und Griffe für Rasierpinsel und Messer hergestellt werden – werden dann in die ganze Welt zur Weiterverarbeitung verschickt.

Der erste Bearbeitungsschritt in der Herstellung der Mundstücke besteht darin, die Hörner geradezurichten. Sie müssen dazu durch Kochen weich gemacht werden, dann wird mit einem Brenner der Hauptnerv abgetötet, denn mit einem intakten Nerv würden die Hörner immer wieder in ihre alte Form zurückkehren, wie auch immer man sie bearbeitete. In einem kleinen Schraubstock wirkt man ihrer natürlichen Krümmung entgegen. Anschließend werden sie etwa zehn Tage lang getrocknet. Es werden dann nur die schönsten Exemplare ausgesucht, um aus ihnen die Mundstücke herzustellen. Dabei erhalten sie ihre Außenform in einer Maschine, der Rauchkanal jedoch wird mit der Hand ausgefräst. Das Verbreitern des Rauchkanals an der Mundstücköffnung wird mit einem seitwärts wirkenden Bohrer ausgeführt.

Schließlich sollen noch die Mundstücke aus »Ambrolith«, einem Kunstharz, erwähnt werden; sie sind nicht porös, äußerst dauerhaft und dazu noch leichtgewichtig – eine ideale Kombination. Aus dem Rohmaterialblock wird zuerst entsprechend der Länge des gewünschten Mundstücks ein langes, flaches, rechtwinkeliges Stück herausgesägt. Dieses Stück wird dann einfach in der Hand roh in Form geschnitten und auf einer Platte mit kräftigem Schleifpapier exakt geformt. Nach dem Ausfräsen des Rauchkanals wird das Mundstück mit einer Knochen- oder Nylonschraube am Pfeifenholm befestigt und nach dem Bündigschleifen von Holm und Mundstück lange und gründlich poliert.

DIE MEERSCHAUMPFEIFE

Seit etwa dreißig Jahren werden Meerschaumpfeifen mit ganz wenigen Ausnahmen nur noch in einem einzigen Land hergestellt: in der Türkei. Bis dahin hatte die Türkei europäische Pfeifenfabrikanten über lange Zeit hinweg – bereits seit Beginn des 18. Jahrhunderts, als die Meerschaumpfeife in Österreich aufkam – mit diesem Rohmaterial beliefert. 1961 beschloß die türkische Regierung, diese Exporte zu beenden, um auf diese Weise selbst das Monopol zur Herstellung von Meerschaumpfeifen zu erhalten und damit im eigenen Land eine rentable und vor allem devisenträchtige Produktion zu entwickeln.

Aufgrund des Mangels an ausgebildeten Fachkräften steckt jedoch das türkische Pfeifenbaugewerbe noch heute in den Kinderschuhen, und die Produkte haben häufig Fehler, die in den Augen der Liebhaber von Meerschaumpfeifen unverzeihlich sind. Um diesem Mangel abzuhelfen, kommen nun seit kurzem türkische Handwerker zur Ausbildung in verschiedene westeuropäische Länder, und es wurden bereits gewisse Fortschritte erzielt. Es bleibt zu hoffen, daß neben einer allgemeinen Produktion von mittelmäßiger Qualität immer mehr von diesen Pfeifenmachern die Tradition der Meerschaumpfeife in ihrer Gesamtheit erfassen und wieder aufleben lassen, so daß diese Königin der Pfeifen wieder zu Ehren kommt.

Meerschaum ist ein äußerst seltenes Mineral, ein natürliches Magnesiumsilikat, das von den Mineralogen Magnesit oder Sepiolith genannt wird. Einige Vorkommen wurden in Tansania, Somalia, Spanien, Griechenland, auf der Krim und in der Türkei entdeckt und ausgebeutet. Das größte heute ausgebeutete Vorkommen befindet sich nahe der kleinen anatolischen Stadt Eskişehir, auf halber Strecke zwischen Istanbul und Ankara. Es sind weder die genaue Menge des jährlich dort gewonnenen Minerals noch die Größe der Reserven dieses Vorkommens bekannt, doch weiß man immerhin, daß die Bergleute heute in den Schächten bis in eine Tiefe von achtzig Metern hinabsteigen müssen, um an das kostbare Gestein zu kommen, das früher bereits in fünfundzwanzig Metern Tiefe zu finden war. Zur Beruhigung für alle Meerschaumpfeifen-Liebhaber, die das Ende des Vorkommens von Eskişehir mit Schrecken nahen sehen, sei jedoch darauf hingewiesen, daß seit einiger Zeit ein hartnäckiges Gerücht kursiert, das behauptet, es sei in einer anderen Gegend in der Türkei ein neues, fantastisches Vorkommen entdeckt worden, das aus unbekannten Gründen noch geheimgehalten werde.

Auf die Frage: »Welche von Ihren handgemachten Pfeifen sind Ihnen die liebsten?« antwortet Eyüp Sabri: »Die Einzelstücke; die, die ich kein zweites Mal gemacht habe.« Eyüp Sabri ist unbestreitbar einer der besten Meerschaumpfeifenmacher. Er stammt aus Eskişehir in Anatolien, wo sich das größte Meerschaumvorkommen der Welt befindet, und arbeitet auch dort (rechte Seite).

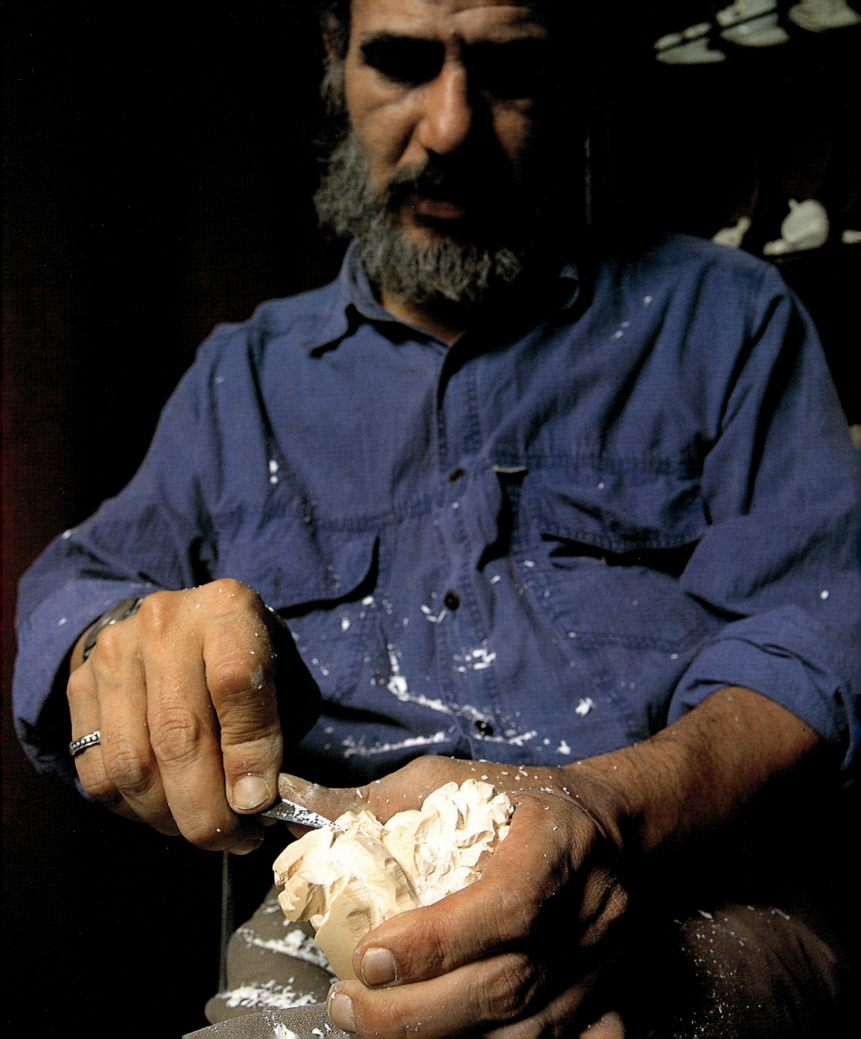

Philippe Bargiel bei der Arbeit an seiner »Puppe«. Der frühere Pfeifenbaumeister der Firma Sommer arbeitet heute in seiner eigenen Werkstatt in Crépy-en-Valois und ist seitdem der einzige Pfeifenmacher auf der Welt, der noch vollkommen nach alter Tradition Meerschaumpfeifen herstellt.

Die Produktion in der Türkei. Die Serienherstellung von Meerschaumpfeifen in der Türkei beginnt damit, daß der Meerschaumblock befeuchtet wird, damit er leichter zu schneiden ist, und dann auseinandergesägt wird. Heute können aus einem Block von üblicher Größe zwei Ebauchons und einiger Abfall gewonnen werden. Der Abfall trägt zur Herstellung der Köpfe für die »Doppelpfeifen« bei, oder er wird fein gemahlen, mit einem Bindemittel vermischt und in Formen gegossen: So entstehen die preiswerten Pfeifen aus »Preßmeerschaum«. Das Mehl kann auch zum Ausbessern von Fehlern verwendet werden.

Da der Meerschaum ein sehr weiches Gestein ist, kann der nächste Arbeitsschritt, das Zuschneiden des Rohlings, mit der Hand ausgeführt werden. Es werden verschiedene Messer und Schaber verwendet, um die Form des Kopfes zunächst grob herauszuarbeiten.

Als nächstes wird die Kopfbohrung ausgeschnitten und der Holm ausgefräst. Diese beiden Arbeiten erfolgen maschinell, wobei der Arbeiter das Stück in der Hand hält und es an Fräsen, die mit hoher Geschwindigkeit drehen, aushöhlt. Auf diese Weise ist keine wirkliche Genauigkeit möglich. Die Kopfbohrung wird genauso tief ausgeschnitten wie bei einer Bruyère, und der Rauchkanal, der oft von der Mitte abweicht, mündet meistens nur ungefähr in die Kopfbohrung. Der Holm wird ebenfalls ausgefräst, und es wird ein Kunststoffring eingeführt, in den dann der Zapfen des Mundstücks, ebenfalls aus Kunststoff, einfach hineingepreßt wird. Auch hier kann der Pfeifenraucher aufgrund einer ungenauen Bohrung wieder eine böse Überraschung erleben: Schon eine leichte Schräge macht das Ausrichten des Mundstücks mit dem Holm schwierig und kann sogar dazu führen, daß der Holm bricht, wenn er, mit Teer gesättigt, bruchempfindlich geworden ist ...

Die Feinbearbeitung des Pfeifenkopfs geschieht dann mit der Hand. Zunächst werden die gröbsten Unregelmäßigkeiten weggefeilt, dann wird er mit Schmirgelpapier glattgeschliffen. In diesem Stadium werden gegebenenfalls Fehler im Material ausgebessert: Kleine Löcher oder Risse werden mit gemahlenem, feuchtem Meerschaum verschlossen. Die dadurch entstehenden Unregelmäßigkeiten in der Zeichnung werden beim nächsten Arbeitsschritt überdeckt, bei dem das Stück in ein Stearin- oder Paraffinbad getaucht wird. Leider ist das Stearin nicht das ideale Material für die »Speckschicht« des Pfeifenkopfs, die die schöne Patina der Meerschaumpfeife bilden soll, denn es nutzt sich mit der Zeit ab und wird schließlich so dünn, daß es nicht mehr schützt, sondern sogar absplittert und eventuelle Fehler wieder zum Vorschein kommen läßt.

Das Drechslerwerkzeug, das Philippe Bargiel verwendet: Lochdorn, Klemmringe, Drehköpfe, Polierwerkzeuge, Bohrer, Fräse ... Die meisten dieser Werkzeuge haben sich seit dem 19. Jahrhundert nicht verändert.

Es wurde bereits die Geschichte von dem Schuster des Grafen Andrássy erwähnt, der durch Zufall, indem er seine erste Meerschaumpfeife beim Bearbeiten mit pechverschmierten Händen anfaßte, entdeckte, wie schön dieses Gestein wurde, wenn man es mit einem Fett behandelte. Die Pfeife bekam mit der Zeit eine schöne Patina, die die anfänglich wenig attraktive Färbung durch den Teer bald verfeinerte. Nach einigen Versuchen entschied er sich für Bienenwachs, das dann auch zur allgemeinen Zufriedenheit mehr als zwei Jahrhunderte lang überall verwendet wurde. Man weiß nicht recht, warum die türkischen Pfeifenmacher das Stearin bevorzugen; der einzige Vorteil, den sie dabei wohl ausnützen, besteht in seiner Undurchsichtigkeit, durch die es alle Fehler im Material verdeckt, zumindest solange die Pfeife neu ist. Das durchsichtige Bienenwachs kann nur eine fehlerlose Pfeife zur Geltung bringen.

Die Pfeife wird dann rasch aus dem Bad genommen, abgekühlt, noch einmal geschliffen und mit Kalk poliert, bis sie glänzt. Nun muß nur noch das Mundstück aus Kunstharz mit seinem Zapfen aus Kunststoff in den Holm gesteckt und ausgerichtet werden, dann kommt die Pfeife in ihr Etui. Alle türkischen Pfeifen sind für Ausländer gedacht, die einen für den Export, die anderen für den Verkauf an Touristen.

Neben diesen serienmäßigen Pfeifen, deren Qualität glücklicherweise in stetigem Steigen begriffen ist, gibt es auch handgefertigte Zeugnisse türkischer Bildhauerkunst. Wenn auch die meisten etwas grob gearbeitet sind, so finden sich dazwischen doch Arbeiten talentierter Künstler, wie etwa Beispiel Eyüp Sabri in Eskişehir, die wunderschöne Pfeifen herstellen. Manche sind sehr voluminös und eher als Ziergegenstände gedacht; bei den anderen ist es wohl auch nicht unbedingt angeraten, sie zu rauchen, da das Material nicht so behandelt wurde, wie es sollte, und daher unter der Benutzung wahrscheinlich leiden würde. Schließlich ein Hinweis für Liebhaber: Manche türkische Handwerker empfehlen »heimlich« – mit vielem Augenzwinkern und Lächeln – mit Schnitzwerk verzierte Pfeifen, die irrsinnige erotische Träume erzeugten.

Die traditionelle Fertigung. Der letzte Pfeifenmacher, der heute noch Meerschaumpfeifen nach alter Tradition herstellt, ist der gelernte Bildhauer und frühere Meister der heute nicht mehr existierenden Firma Sommer, Philippe Bargiel, der in seiner Werkstatt in Crépy-en-Valois, etwa sechzig Kilometer nördlich von Paris, mit seinen Produkten anschaulich macht, wieviel die türkischen Hersteller noch zu lernen haben. Philippe Bargiel ist kein Traditionalist per se, sondern er arbeitet nach den alten Methoden, weil er dieses besondere Material liebt. Er ist vor

allem ein anspruchsvoller Pfeifenraucher und weiß, daß eine schlampig gefertigte und behandelte Meerschaumpfeife nicht besser ist als eine schlechte Bruyère. Bei der Meerschaumpfeife darf es keine Kompromisse geben. Also wendet er alle Kniffe an, um an tadelloses Rohmaterial zu kommen; er besorgt sich sogar echtes Ambra, um alte Pfeifen zu restaurieren – seine andere Spezialität.

Für einen Liebhaber der Meerschaumpfeife ist es ein wahres Erlebnis, den Meister in seiner Werkstatt zu besuchen. Voller Begeisterung erklärt er alles und beantwortet ausführlich jede Frage, die dem interessierten Laien in den Kopf kommt. Welche Unterschiede gibt es zwischen einer in der Türkei und einer nach alter Tradition hergestellten Pfeife? – »Das ist ein weites Feld!«, ruft er aus und beginnt dann mit Hilfe vieler kleiner Skizzen, die Sache näher zu erklären. Zunächst einmal unterscheiden sich die Methoden, die Kopf- und die Holmbohrung herzustellen: Hier wird die Pfeife und nicht das Werkzeug gedreht; der Pfeifenmacher hält das Werkzeug in der Hand und kann so mit der nötigen Präzision arbeiten. Die Kopfbohrung wird auch weniger tief ausgeführt. Durch diese Vorsichtsmaßnahme verhindert man, daß der Unterteil des Pfeifenkopfs vom Teer angegriffen wird und sich schließlich ablöst. Da der Boden der Kopfbohrung dadurch höher liegt als der Rauchkanal, wird dieser am Kopf in einem Bogen nach oben geführt.

Dann wird in den Holm ein Innengewinde für die Buchsbaumholz-Schraube geschnitten, mit der später das Mundstück am Holm befestigt wird. Diese Arbeit ist die heikelste in der ganzen Herstellung: Die Schraube muß sich ohne die geringste Spannung einschrauben lassen, damit später keine Schäden entstehen. Für das Gewindeschneiden besitzt der Meister eine ganze Reihe unterschiedlich großer Gewindeschneider aus Stahl; der Durchmesser der Schraube berechnet sich exakt nach dem Durchmesser von Holm und Mundstück.

Es wurden häufig auch Knochenschrauben für die Meerschaumpfeifen verwendet, doch bleibt nach wie vor das Buchsbaumholz das beste Material, da es sehr hart und dabei dennoch elastisch ist, so daß es nicht wie unelastische, harte Schrauben bei versehentlichen Stößen, zum Beispiel beim Herabfallen, eine Stoßwelle verursacht, durch die der Holm brechen könnte – ja sogar das Mundstück, wenn es aus echtem Ambra ist. Außerdem verändert die Buchsbaumholz-Schraube, im Unterschied zu dem Kunststoffteil bei den türkischen Pfeifen, nicht den Geschmack des Rauchs.

Beim Schleifen des Kopfs gibt es ebenfalls große Unterschiede. Der Meister arbeitet mit einer »Puppe«, einer etwa zwanzig Zentimeter hohen Holzauflage, die mit einem Haufen Stoff bespannt ist: Auf dieser weichen Auflagefläche kann er die Pfeife ruhig und fest halten, ohne dabei Gefahr zu laufen, sie zu quetschen. Jede Quetschung des Meerschaums würde sich beim Gebrauch sofort in einem hellen Fleck bemerkbar machen. Nach der alten Methode wird der Feinschliff unter Verwendung von Schachtelhalmgewächsen ausgeführt. Die Stengel dieser Pflanze enthalten in großen Mengen mikroskopisch kleine Siliziumkörnchen, die eine ausgezeichnete Schleifwirkung haben. Bis heute hat man kein Schleifmittel gefunden, mit dem sich Meerschaumpfeifen feiner, genauer und einfacher glattschleifen ließen.

Der Walrat. Nachdem der Kopf geformt ist, wird er in ein Bad mit geschmolzenem Walrat getaucht. Diese Behandlung des Meerschaums findet bei der Herstellung in der Türkei nicht statt und ist im Prinzip doch unabdingbar. Walrat ist eine fettartige Masse aus den Schädelhöhlen des Pottwals. Philippe Bargiel beeilt sich, zur Beruhigung der Walfreunde zu versichern, daß ein einziger Wal genügend Fett liefert, um damit mehrere Millionen Pfeifen zu behandeln... Der Walrat, den man lange für die Herstellung von Kosmetika und sogar zum Schmieren von Maschinen in der Industrie verwendete, hat den Vorteil, daß er bereits bei niedrigen Temperaturen schmilzt und daß er vor allem ein sauberer Stoff ist, der nicht schlecht wird. Seitdem man jedoch in der Industrie, bedingt durch die Kampagnen der Tierschützer, von seiner Verwendung abgekommen ist, ist er zu einer Seltenheit geworden...

Walrat ist die ideale Ergänzung für den Meerschaum, da er aus ihm ein lebendiges, selbstreinigendes Material macht. Ohne den

Der König aller Pfeifenmaterialien: der Meerschaum. Die Leichtigkeit, die Porosität und die Reinheit dieses natürlichen Magnesiumsilikats sind bis zum heutigen Tage unübertroffen. Das seltene und kostbare Mineral wird heute fast ausschließlich aus den Tiefen des anatolischen Bodens gewonnen (linke Seite).

Sobald diese Bernsteinblöcke gesägt, liebevoll in Form gebracht und poliert sind, geben sie Mundstücke von unvergleichlicher Schönheit und Haltbarkeit ab. Leider sind diese Mundstücke aus Bernstein so kostspielig, daß es sie kaum noch gibt (links).

Die Arbeit, die Philippe Bargiel für die schwierigste hält: das Drehen des Zapfens, der genau in den Schacht passen muß. Um Kopf und Mundstück einander anzupassen, muß auf den Millimeter genau gearbeitet werden (oben). Von größter Wichtigkeit: das Eintauchen in geschmolzenes Bienenwachs. Andernfalls kann sich keine schöne Patina entfalten. Da das Wachs vollkommen transparent ist, muß die Oberfläche der Pfeifenköpfe absolut fehlerfrei sein (unten).

Walrat ist der Meerschaum rasch mit den Teerstoffen gesättigt und wird unbenutzbar. Der Walrat erwärmt sich zusammen mit der Pfeife und schmilzt, nimmt dabei die Teerstoffe auf und transportiert sie nach außen. Sobald die Pfeife wieder abkühlt, hält das Wachs auf den Wänden die Teerstoffe zurück, während der Walrat sich wieder in das Material zurückzieht. Auf diese Weise bleiben die Teerstoffe an der Außenseite des Kopfs, wo sie ihm zusammen mit dem Wachs seine schöne und vielbewunderte Patina verleihen. Im übrigen muß man nur einige Zehntel Millimeter dieser Patina abkratzen, um durch das Hellgelb bis Dunkelrot (je nach Alter der Pfeife) wieder auf das makellose Weiß des Meerschaums zu stoßen. Dabei bewahrt der Meerschaum uneingeschränkt seine Eigenschaft, Feuchtigkeit zu absorbieren, ohne die er uninteressant wäre.

Zum Schluß wird die Pfeife in flüssiges Bienenwachs getaucht, bei dessen Durchsichtigkeit der Meerschaum keine Fehler haben darf.

Das Ambra-Mundstück. Es wurde bereits beschrieben, wie das Mundstück aus Ambrolith, einer synthetischen Ambra, hergestellt wird. Die echte Ambra, an der sich Käufer von Meerschaumpfeifen bis zum Zweiten Weltkrieg noch erfreuen konnten, wurde dann zu einer solchen Rarität, daß für das Kilogramm bis zu zehntausend Mark bezahlt werden müssen. Ambra ist ein fossiles Harz, von verschiedenen Bäumen abgeschieden und mindestens eine Million Jahre alt. Die am stärksten ausgebeuteten Vorkommen, die heute fast erschöpft sind, befinden sich an den südlichen Ufern der Ostsee, in Deutschland, Polen und Litauen. Hin und wieder findet man sie auch an der pommerischen Küste oder im Geröll an den Ufern der Oder... Die Ambra wirkt wie ein rauher Stein, und ihre Farbe kann von Schmutzigweiß über Gelb bis Dunkelrot variieren. Erst nachdem ein Block poliert worden ist, kann man erkennen, welchen Reinheitsgrad er besitzt. Für die Mundstücke bevorzugten die Pfeifenmacher immer gelbe Ambra, den Bernstein, der so dicht und undurchsichtig ist, daß man den Rauchkanal nicht mehr sieht. Im Lauf der Jahrhunderte wurden auch einige wenige Pfeifen gänzlich aus Ambra gemacht, doch konnte man sie nicht rauchen, wenn man sie nicht der Gefahr aussetzen wollte, durch die großen Temperaturschwankungen am Kopf zu zerspringen.

Die Herstellung eines geraden Mundstücks aus echter Ambra ist nicht besonders schwierig: Das Stück wird mit einer sehr feinen Säge ausgeschnitten und dann mit feinem Schleifpapier glattgeschliffen. Sollten dabei Fehler, wie zum Beispiel kleine Risse, sichtbar werden, ist das Stück unbrauchbar. Ansonsten wird dann der Rauchkanal ausgefräst, und das Stück wird abgedreht. Bei der Herstellung eines gebogenen Mundstücks wird die Sache schon schwieriger. Im Gegensatz zum Ambrolith, das man in kochend heißem Wasser weich macht, muß echte Ambra, um genügend biegsam zu werden, einige Sekunden lang in Öl mit einer Temperatur von 120 Grad Celsius getaucht werden. Wenn dann das kochendheiße Stück herausgenommen wird – mit der Hand und einem Lappen, da jedes andere Hilfsmittel Spuren hinterlassen könnte! –, muß es so rasch wie möglich in die gewünschte Form gebogen werden. Nachdem dies vollbracht ist, und zwar ebenfalls mit der Hand, wird das Stück mit Meerschaumstaub bedeckt, um das Abkühlen ein wenig zu verlangsamen. Bedenkt man, daß zu dem hohen Preis der echten Ambra noch dieses schwierige Verfahren hinzukommt, das in fünfzig Prozent der Fälle mißlingt, dann ist es nicht verwunderlich, daß Philippe Bargiel es ablehnt, gebogene Mundstücke anzufertigen.

Im goldenen Licht der Abendsonne taucht Philippe Bargiel seine Meisterwerke aus Meerschaum in flüssiges Walrat, eine Behandlung, die ebenso grundlegend wie wichtig ist, denn so wird das einfache Gestein lebendig (rechte Seite).

Bei dem letzten Hersteller von Tonpfeifen in Saint-Quentin-la-Poterie, Job Clerc: Eine Arbeiterin holt eine Pfeife aus der Preßform. Sie stellt einen Bacchus dar, ein klassisches Motiv bei den Tonpfeifen (rechts). Von der Mitte des 18. Jahrhunderts bis zur Wirtschaftskrise von 1929 war das belgische Städtchen Andenne ein bedeutendes Zentrum der Herstellung von Tonpfeifen. 1943 gab es nur noch einen einzigen Pfeifenmacher, den Meister Emile Lévèque. In seiner zu jener Zeit fotografierten Werkstatt sieht man die Bank, auf der zwei einander gegenüber befindliche Former die Formen in einer Presse festhalten (unten).

Abschließend muß noch erwähnt werden, daß jede Meerschaumpfeife ihr eigenes, maßgefertigtes Etui bekommt, in das sie perfekt passen muß, um jede Reibung zu vermeiden.

»Eine nach altem Verfahren gemachte Meerschaumpfeife hat keinen Preis«, meint Philippe Bargiel zum Schluß und drückt damit elegant aus, daß sie sehr teuer ist. Doch dem wahren Liebhaber sind ihre besondere Qualität, ihre Schönheit und Eigenart das Opfer einer beträchtlichen Summe wert …

DIE TONPFEIFE

Die im 19. Jahrhundert noch allgemein verbreiteten und viel benutzten Pfeifen aus Ton gehören praktisch der Geschichte an, sie finden meist nur noch als Ziergegenstände in Museen oder privaten Sammlungen Verwendung.

Das Rohmaterial der Tonpfeife ist der Lehm. Dieser wurde bei den alten Herstellungsverfahren nach seiner Gewinnung zunächst meist noch mit anderer Erde gemischt und in einem Holzbottich aufgeweicht. Dann wurde dieses Gemisch mit einem Eisenstab »durchgeschlagen«. Auf diese Weise wurde die Masse schön geschmeidig und bekam eine einheitliche Färbung. Dann zweigte man von der Lehmmasse eine kleine Portion ab, deren Volumen dem einer Pfeife entsprach, und rollte den Klumpen auf einem Tisch mit der Hand zu einer länglichen, runden Rolle, die dann an einem Ende dicker gemacht wurde, um den Kopf zu bilden. Nach einer kurzen Trocknungsphase an der frischen Luft wurde mit einer eingeölten Nadel der Stiel durchbohrt, um den Rauchkanal zu schaffen.

Der so entstandene Rohling kam dann samt der Nadel in eine Preßform aus Gußeisen oder Bronze, die aus zwei Teilen bestand und mit Stiften verschlossen wurde. Nach dem Pressen erst wurde der Kopf mit einem kleinen, eichelförmigen »Stempel« ausgehöhlt und dann der Rauchkanal vervollständigt, indem die Nadel bis in die Kopfbohrung durchgeschoben wurde. Wieder ließ man die Pfeife

Andenne um 1930 (rechte Seite). Drei bis vier Tonnen Tonerde zur Pfeifenherstellung wurden in dem »tchaur«, dem für diese Gegend typischen Pferdewagen, zur Fabrik transportiert (oben). Die Öfen der Fabrik Lacroix et Cie, an deren Außenwänden entlang getrocknet wurde (Mitte). Die Pfeifen wurden bei einer Temperatur von 1050 bis 1100 Grad Celsius gebrannt. Der Pfeifenmacher hat den Metallstopfen zum Prägen der Tabakkammer zu seiner Rechten auf der Bank abgelegt. Gerade hat er die Pfeife vorsichtig aus der Form genommen (unten).

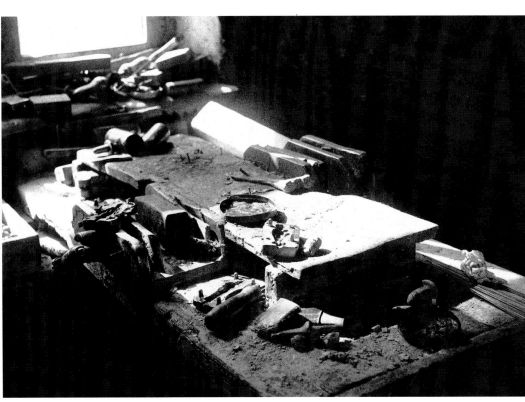

ein wenig trocknen und befreite sie dann mit einem kleinen Schaber aus Kupfer oder Horn von den »Graten«, die sich beim Pressen gebildet hatten. Schließlich wurde das Stück glattgeschliffen, indem man es mit einem Achatstein von allen Seiten polierte.

Die fertig geformten Stücke legte man dann schichtenweise, mit Quarzsand bedeckt, in Behälter und schob sie in den Brennofen, wo sie etwa zwanzig Stunden lang bei einer Temperatur von 200 bis 300 Grad Celsius gebrannt wurden. Danach wurden die Behälter aus den Öfen geholt, und man wartete, bis die Pfeifen sich abgekühlt hatten. Die erkalteten Pfeifen wurden dann in eine Lösung aus Lauge, Wachs und Gummi getaucht, um sie zu glasieren und zu bleichen. Schließlich erhielten die Pfeifen eine Verzierung mit verschiedenen Emaille-Lacken und Farben, die mit einem Pinsel aufgetragen wurden. Sodann wurden die Pfeifen etwa zwanzig Minuten lang ein zweites Mal gebrannt, um diese Verzierung zu fixieren.

Zum Verschicken wurden die fertigen Pfeifen einzeln in Seidenpapier gewickelt und schichtenweise in Holzkisten verpackt, wobei man zwischen die einzelnen Schichten Stroh legte, um die empfindlichen Pfeifen weich zu betten und sie auf diese Weise vor Brüchen zu bewahren.

Einige alte Preßformen, die zum Teil sogar bis 1975 noch zur industriellen Produktion verwendet worden waren, werden heute von der berühmten Firma Gambier glücklicherweise noch aufbewahrt. In Gouda stellt man in geringem Umfang noch Tonpfeifen her, die in Holland hauptsächlich als Souvenirs an Touristen verkauft werden. Auch in Belgien findet man noch Tonpfeifen; die »Pfeifenfabrik Léonard« in Andenne bei Namur, die sich seit 1932 auf die Herstellung von Figuren für das Tonfigurenschießen auf Volksfesten spezialisiert hat, nahm in den sechziger Jahren die Fertigung echter Pfeifen wieder auf, durch die sich das Städtchen im 19. Jahrhundert einen Ruf erworben hatte. Pascal Léonard, der Enkel des Gründers, arbeitet heute noch mit den alten Formen und bietet mehr als hundert Pfeifenformen an, die einige Mitglieder der königlichen Familie von Belgien, eine eigene Imitation der »Jacob« von Gambier, aber auch Gestalten aus der Mythologie, Figuren aus dem Pflanzen- und Tierreich sowie historische Ereignisse darstellen.

Abschließend sei noch der französische Pfeifenmacher Gérard Prungnaud in Saint-Quentin-la-Poterie erwähnt, der wunderschöne Tonpfeifen von hoher Qualität herstellt, von denen später noch die Rede sein wird.

Das Formen der Rollen, aus denen die Tonpfeifen hergestellt wurden, geschah ausschließlich von Hand; meist wurde diese Arbeit von Frauen oder von Kindern ausgeführt. Der Pfeifenmacher Emile Lévèque im Jahre 1943 vor Rollen aus Tonerde, die vor dem Formen trocknen sollen (linke Seite).

MAISKOLBENPFEIFEN UND PYROLITPFEIFEN

In den letzten zwei Jahrhunderten wurden in Amerika zwei Arten von Pfeifen entwickelt. Die erste, die Maiskolbenpfeife, soll 1869 von einem Farmer in Missouri erfunden worden sein. Sie ist so kurzlebig, daß man sie als »Wegwerfpfeife« bezeichnen kann. Die zweite, die Pyrolitpfeife, die ein Jahrhundert später als »Abfallprodukt« bei der Erforschung neuer Materialien für die Flugzeugindustrie entstand und heute nicht mehr hergestellt wird, war ganz im Gegensatz dazu in einem Maße unzerstörbar, daß man sie fast als »seelenlos« empfand. Aufgrund dieser Besonderheiten konnten sich die beiden so

Ein Ofen mit drei Etagen in der großen belgischen Manufaktur Wingender in Chokier, um 1900. Der untere Ofen war zum Brennen der weißen Pfeifen, der mittlere und der obere Ofen für das zweite bzw. erste Brennen der schwarzen Pfeifen bestimmt. Jeder Ofen hatte im Boden ein rundes Loch, und die Feuerstelle befand sich unter den Öfen im »Parterre«. Er wurde fünf Stunden lang mit Steinkohle befeuert, anschließend sieben Stunden lang mit Holz (links).

gegensätzlichen Pfeifen trotz ihrer unbestreitbaren Vorzüge in der Alten Welt niemals besonderer Beliebtheit erfreuen. Die Maiskolbenpfeife ist für einen Spottpreis zu haben, ist sehr leicht und außerordentlich porös, so daß sie sich sehr angenehm raucht. Der Maiskolben wird jedoch beim Rauchen immer mehr zerstört und hält nur einige Monate lang. Die Herstellung dieser Pfeifen ist äußerst einfach. Es werden Maiskolben einer möglichst harten Sorte geerntet, wenn sie reif sind; sie müssen dann mehrere Monate lang trocknen. Sobald sie vollkommen durchgetrocknet sind, werden sie in mehrere Stücke geschnitten, aus denen jeweils ein Kopf entstehen soll. Das Mark wird herausgeholt, und der Kopf wird auf der Drehbank geformt und dann geschliffen. Die Kopfbohrung wird zunächst mit Schleifpapier poliert und meist auch mit Gips oder Honig bestrichen, um den Rauch milder zu machen. Zum Schluß wird ein Ebonitrohr oder ein Bambusrohr in den Kopf gesteckt. Von dieser einfachen Pfeife werden pro Jahr mehrere Millionen hergestellt, und man kann sie für wenige Dollar das Stück erwerben.

In absolutem Gegensatz zur Maiskolbenpfeife war die Pyrolitpfeife das Ergebnis einer Spitzentechnologie. Das dabei verwendete Material, Pyro-Graphit, wurde für die Raumfahrt entwickelt; es setzt sich zu 99,995 Prozent aus reinem Kohlenstoff zusammen und wird in einem sehr komplizierten Verfahren bei über 2000 Grad Celsius im Vakuum erzeugt. Aufgrund der guten Wärmeleitfähigkeit des Kohlenstoffs boten diese in Gußformen hergestellten Pfeifen den Vorteil, daß sie ein ausgezeichnetes Brennverhalten des Tabaks gewährleisteten, ohne daß der Kopf im geringsten litt. Die Verwendung von Pyrolit hatte auch einen ästhetischen Nebeneffekt: Das Material ließ sich sehr einfach färben und verzieren. Auf diese Weise

Die Entstehung der Serienpfeifen beginnt mit ihrem Entwurf auf dem Papier. Um die bestmögliche Qualität zu erhalten, bzw. absolute Vollkommenheit zu erreichen, wird jeder Teil der zukünftigen Pfeife sorgfältig durchdacht (rechts).

DIE GEBURT EINER PFEIFE

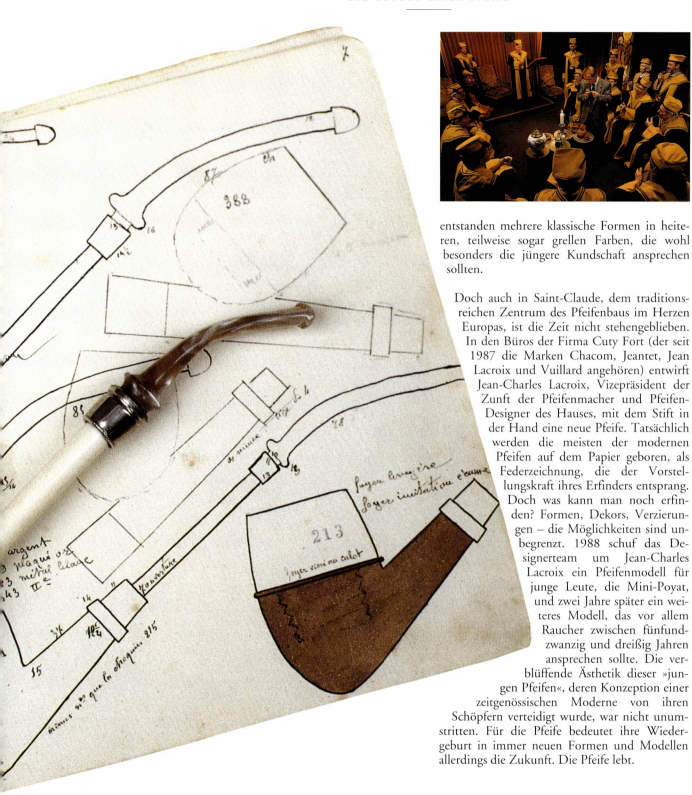

Neue Pfeifen kreieren, um neue Pfeifenraucher zu gewinnen: Das ist das Motto der Pfeifenmacher von Saint-Claude. Für sie ist die feierliche Einführung eines jungen Pfeifenrauchers in die Zunft der Pfeifenbaumeister gleichbedeutend mit einer optimistischen, hoffnungsvollen Zukunft (oben).

entstanden mehrere klassische Formen in heiteren, teilweise sogar grellen Farben, die wohl besonders die jüngere Kundschaft ansprechen sollten.

Doch auch in Saint-Claude, dem traditionsreichen Zentrum des Pfeifenbaus im Herzen Europas, ist die Zeit nicht stehengeblieben. In den Büros der Firma Cuty Fort (der seit 1987 die Marken Chacom, Jeantet, Jean Lacroix und Vuillard angehören) entwirft Jean-Charles Lacroix, Vizepräsident der Zunft der Pfeifenmacher und Pfeifen-Designer des Hauses, mit dem Stift in der Hand eine neue Pfeife. Tatsächlich werden die meisten der modernen Pfeifen auf dem Papier geboren, als Federzeichnung, die der Vorstellungskraft ihres Erfinders entsprang. Doch was kann man noch erfinden? Formen, Dekors, Verzierungen – die Möglichkeiten sind unbegrenzt. 1988 schuf das Designerteam um Jean-Charles Lacroix ein Pfeifenmodell für junge Leute, die Mini-Poyat, und zwei Jahre später ein weiteres Modell, das vor allem Raucher zwischen fünfundzwanzig und dreißig Jahren ansprechen sollte. Die verblüffende Ästhetik dieser »jungen Pfeifen«, deren Konzeption einer zeitgenössischen Moderne von ihren Schöpfern verteidigt wurde, war nicht unumstritten. Für die Pfeife bedeutet ihre Wiedergeburt in immer neuen Formen und Modellen allerdings die Zukunft. Die Pfeife lebt.

»Nicotiana ist eine Kräuterart von bewundernswerter Heilkraft gegen alle Schmerzen, Wunden, Geschwüre, Hautflechten und sonstige Leiden des menschlichen Körpers; nämliches Kraut ward von Jean Nicot zu Nîmes, Ratgeber des Königs und Zweiter Rat im Staatsrat des Königs, Gesandter seiner allerchristlichsten Majestät in Portugal, welcher diesen vorliegenden ›Schatz‹ oder das Wörterbuch der französischen Sprache geschaffen hat, im Jahre 1560 nach Frankreich geschickt. Nämliches Kraut erhielt den Namen Nicotiana ... « So beschrieb Nicot, der auch Lexikograph war, den Tabak in seinem *Trésor de la langue française* (Schatz der französischen Sprache). Oben: die Nicotiana in einer französischen Gravur aus dem 19. Jahrhundert.

Wie sehr man sich auch für die Pfeife begeistern mag, so sollte man sich doch hin und wieder daran erinnern, daß sie im Grunde nur ein Instrument ist, das dazu dient, eine köstliche Pflanze mit tausenderlei Varianten zu genießen: den Tabak. Und dabei geht nun wirklich nichts über eine Pfeife, denn im Gegensatz zum Zigarettenpapier, das den Tabakgeschmack beeinträchtigt, bringt eine gute Bruyère oder eine gute Meerschaumpfeife diesen erst zur Entfaltung. Doch taugt die schönste, höchst präzise gearbeitete und sachkundigst eingerauchte Pfeife nichts ohne einen guten Tabak. Nun gibt es nicht den guten Tabak im ausschließlichen Sinn. Mögen die meisten Pfeifentabake, die im Handel erhältlich sind, auch von guter Qualität sein, so hält doch der eine Pfeifenraucher einen Tabak für ausgezeichnet, während der andere den gleichen Tabak scheußlich findet. Welcher Tabak gut ist, ist im Grunde eine Frage des Geschmacks. Und der Vielfalt der Geschmäcker seitens der Pfeifenraucher steht eine ebenso große Vielfalt an Tabakwaren gegenüber, so daß man, um eine Wahl treffen zu können, einiges über diese Pflanze und ihre verschiedenen Mischungen wissen sollte. Wie der Kunst- oder Weinliebhaber ist der echte Pfeifenraucher jemand, der sich auskennt. Der Kenner weiß, warum ein heller Tabak einen anderen Geschmack hat als ein dunkler, er kann eine englische Mischung mit geschlossenen Augen von einer holländischen unterscheiden.

HELLE TABAKE, DUNKLE TABAKE

Wie die vollkommen harmlose Tomate oder Kartoffel, aber auch wie die giftige Tollkirsche gehört die Tabakpflanze zur Familie der Nachtschattengewächse, die, wenn man der Etymologie Glauben schenken will, bei ihrem Genuß eine »trostspendende und beruhigende Wirkung« haben sollen. Zu Ehren Jean Nicots, von dem es heißt, daß er diese Pflanze in Frankreich eingeführt habe, gaben die Botaniker ihr den Namen *Nicotiana*. Zu dieser Gattung gehören zwar etwa sechzig Arten und mehrere tausend Varianten, doch werden im allgemeinen zum Zwecke des Rauchens nur zwei Arten angebaut: die *Nicotiana tabacum*, die wunderschöne rote oder rosa Blüten mit langer, blasser Blütenkrone hat und den Löwenanteil des Zigaretten-, Zigarren- und Pfeifentabaks liefert, und die *Nicotiana rustica* mit ihren gelben Blüten und kleinen, runden Blättern, die manchen Rauchern in bestimmten Ländern des Orients, wie etwa den Wasserpfeifenrauchern, vorbehalten sind.

Nach dem Trocknen und der Fermentation auf der Pflanzung kommen die Blätter des dunklen Tabaks, in ihrer Verpackung zusammengepreßt, in der Fabrik an (vorhergehende Doppelseite).

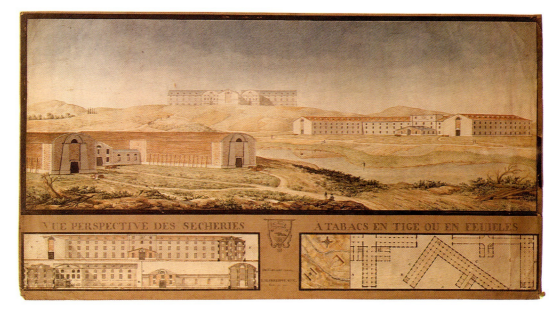

Tabakpflanze in Virginia. Drei bis fünf Monate nach der Aussaat sind die unteren Blätter reif zum Pflücken. Der Virginia-Tabak wird in achtzig Ländern angebaut und stellt sechzig Prozent der Tabakproduktion weltweit dar (rechte Seite). Aquarell von Louis-Michel Philipeaux aus dem Jahre 1813. Wenig später führte Napoleon das Staatsmonopol auf die Verarbeitung von Tabak wieder ein. Es gab damals in Frankreich elf Tabakmanufakturen (links).

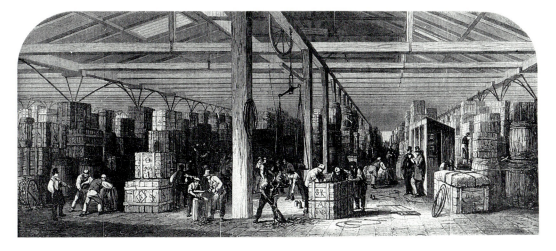

Das Tabaklager im Hafen von London, um 1850. Die Tabakeinfuhr in England betrug damals nahezu 40 000 Tonnen und brachte der Krone 3,5 Millionen englische Pfund an Steuern ein (links).

Ob wissenschaftlich oder volkstümlich, im 19. Jahrhundert blühte die mit dem Tabak verbundene Bildkunst auf (linke Seite). Diese Darstellung einer Tabakmanufaktur, erschienen in *Le Monde*, zeigt die einzelnen Bearbeitungsschritte und gibt genaue Auskunft über den damaligen Grad der Mechanisierung in den Fabriken (oben). In der damaligen Öffentlichkeit wurde das Alltagsbild vom Tabak durch die Etiketten der Händler (Mitte, 1825, Frankreich) und durch Werbebildchen auf Streichholzschachteln (unten, 1820, Belgien) geprägt.

Es gilt heute als allgemein anerkannt, daß der Tabak aus Amerika stammt, wo er ursprünglich wild wuchs und seit Jahrtausenden von Indianern geraucht wurde. Sein Name stammt übrigens auch aus der indianischen Sprache und wurde in der zweiten Hälfte des 16. Jahrhunderts in Europa übernommen, wo er heute in etwa sechzig Sprachen und Dialekten seine jeweilige Form gefunden hat: *tobago* (auf den Antillen) oder *tabaco* (wie laut spanischer Seeleute die Indianer auf Haiti und Santa Domingo die kleinen Röllchen aus Blättern dieser Pflanze nannten, die sie rauchten). Vom amerikanischen Kontinent aus eroberte der Tabak dann den Rest der Welt, nachdem er im 16. Jahrhundert von den ersten Eroberern der Neuen Welt mit nach Hause gebracht worden war. Doch 1983 entdeckte eine Gruppe von Wissenschaftlern, die bemüht waren, die Mumie des Pharaos Ramses II. vor der Zerstörung zu bewahren, an dem einbalsamierten Körper Spuren von Tabak. Woher war er gekommen? Sollte er im Niltal gewachsen sein? Oder aus Asien importiert? Sollten die prähistorischen Völkerwanderungen eine Erklärung für das Vorhandensein von Tabak auf dem amerikanischen Kontinent sein? Diese Fragen wurden in großen Zeitschriften bald sehr ernsthaft diskutiert, doch haben sich schließlich die meisten Historiker – Spezialisten für das alte Ägypten wie auch für die Geschichte des Tabaks – rasch auf eine recht vernünftige Erklärung geeinigt: Die gefundenen Brösel stammten sicherlich aus dem Tabaksbeutel eines der Archäologen, die die Mumie im 19. Jahrhundert geöffnet hatten…

Heute ist der Tabakanbau in den meisten Ländern aller Kontinente verbreitet, außer in der Antarktis. Weltweit steigt die Tabakproduktion unaufhörlich, hat sich in den letzten dreißig Jahren verdoppelt und beträgt heute mehr als sieben Millionen Tonnen pro Jahr.

Der Tabak ist eine empfindliche, anspruchsvolle Pflanze, die nur in gemäßigt warmen Klimazonen gedeiht: Die Idealtemperatur scheint zwischen 25 und 30 Grad Celsius zu liegen; unter 15 Grad kümmert sie dahin, bei weniger als 3 Grad stirbt sie ab. Desweiteren braucht sie tiefe und fruchtbare, leicht saure und recht feuchte Böden; um ein Kilogramm getrockneten Tabak zu erzeugen, brauchen die Pflanzen durchschnittlich neunhundert Liter Wasser. Diese Bedingungen sind in vielen Gegenden der Welt gegeben, vor allem in den tropischen und subtropischen Ländern; dort nimmt der Tabakanbau eine Fläche von insgesamt fast fünf Millionen Hektar ein. Es wird heute in mehr als hundert Ländern Tabak angebaut. Der weltweit größte Tabakerzeuger mit einem enormen Eigenbedarf ist China, gefolgt von den Vereinigten Staaten, Indien, Brasilien und den zwölf EU-Ländern mit Italien und Griechenland an der Spitze.

Doch wenn auch in allen diesen Ländern die gleiche Pflanze angebaut wird, so erzeugen sie doch nicht alle den gleichen Tabak: Vier Grundarten – die jeweils je nach Mischung mehrere Sorten umfassen – finden sich über verschiedene Gegenden der Welt verteilt, entsprechend den Absatzmärkten und den traditionellen Herstellungsverfahren.

Das 1681 in Frankreich eingeführte staatliche Monopol zur Herstellung von Tabak wurde mit harten Maßnahmen geschützt: Auf Schmuggel und Betrug stand ab 1711 die Todesstrafe. Wie dieses Plakat von 1728 zeigt, verarbeitete die Tabakmanufaktur von Le Havre Tabak aus Louisiana und von den Antillen, der durch die Westindische Kompanie importiert wurde (links).

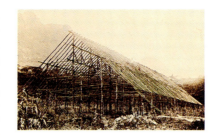

Heller, künstlich getrockneter Tabak *(flue cured)*, ein Virginia-Tabak, ist die Grundlage für den größten Teil der hellen Zigaretten- und Pfeifentabake, für die er häufig mit Tabaken aus dem Orient gemischt wird. Dieser Tabak, der etwa zwei Drittel der gesamten Tabakproduktion der Welt ausmacht, wird vor allem in den Vereinigten Staaten, d. h. natürlich in Virginia, aber auch in North und South Carolina sowie in etlichen anderen Ländern wie China, Brasilien, Argentinien, Polen, Japan, Simbabwe usw. angebaut.

Heller, an natürlicher Luft getrockneter Tabak *(light air cured)*, der Burley, geht aus einer Kreuzung hervor und wurde zunächst in den Vereinigten Staaten angebaut, dann aber auch erfolgreich in Italien, Brasilien, Thailand und einigen afrikanischen Ländern wie Malawi eingeführt. Der Burley ist ein leichter Tabak, der aufgrund seiner Eigenschaft, aromatische Substanzen gut zu absorbieren und selbst bei starker Dosierung für Zunge und Gaumen nicht beißend zu sein, von den Tabakfabrikanten sehr geschätzt ist.

Dunkle, luftgetrocknete Tabake *(dark air cured)* sind die Grundlage für Zigarren- und dunkle Zigaretten- und Pfeifentabake. Sie werden in Indien und Indonesien, auf den Philippinen, auf Kuba, in Brasilien und in Frankreich angebaut.

»Orientalische Tabake« sind helle, in der Sonne getrocknete Tabake *(sun cured)*. Man findet sie in zahlreichen Mixtures, da sie mit ihrer Leichtigkeit und Milde das Beißende mancher anderer Tabake abschwächen. Die Anbaugebiete befinden sich im Mittelmeerraum und am Schwarzen Meer: in Italien, im ehemaligen Jugoslawien, in Albanien, Griechenland, der Türkei, im Süden der ehemaligen UdSSR und in Syrien.

Dann gibt es Tabake, die auf ganz eigene Weise hergestellt werden und sich dieser Kategorisierung entziehen: Der Perique, ein amerikanischer Tabak, wird mehrere Monate lang in einem Faß in Pflaumensaft und Fruchtfleisch nach altem Geheimrezept eingelegt; dieser seltene und teure Tabak verleiht den Mixtures, selbst wenn er nur in kleinen Mengen beigemischt wird, ein sehr feines, fruchtiges Aroma.

Im Laufe der Jahrhunderte verbreitete sich der Tabakanbau auf allen Kontinenten. Ein im Bau befindlicher Trockenschuppen in Tansania, um 1920 (oben). Als Jacques Cartier 1534 Kanada entdeckte, rauchten die Indianer dort bereits Tabak. Der Anbau entwickelte sich jedoch relativ langsam und hauptsächlich in Quebec, das um 1850 etwa fünfhundert Tonnen pro Jahr produzierte. 1920 fotografierte W. C. Scott O'Connor in Quebec diesen Mann mit seinem Karren (rechts).

Albanische Bauern im Jahre 1913. Die soeben geernteten Blätter werden in der Sonne getrocknet und ergeben den wegen seiner Leichtigkeit sehr geschätzten orientalischen Tabak (rechte Seite).

Im 17. Jahrhundert brachten die Holländer den Tabak nach Java. Die Insel Java produziert hauptsächlich dunklen Tabak für den Eigenbedarf, der in der Sonne getrocknet wird (rechts).

Der Latakia, ein dunkler Tabak, der in Syrien, neuerdings auch in Zypern und im Libanon angebaut wird, wird, recht besehen nicht getrocknet, sondern mehrere Monate lang über einem Eichen- oder Kiefernholzfeuer geräuchert. Er verleiht den Mixtures eine rauchige Note und eine sehr charakteristische Würze. Der Kentucky, der im gleichnamigen US-Bundesstaat sowie in Tennessee, aber auch in Kanada, Malawi und in Italien angebaut wird, ist ebenfalls ein dunkler, schwerer Tabak, der über einem Feuer aus Hickory-, Eichen- oder Ahornholz geräuchert wird.

DER ANBAU

In Europa begann das Pflanzen von Tabak einst in Gärten. Die liebevoll umhegte Tabakpflanze gedieh wohl um 1550 in Belgien, nachdem holländische Seefahrer einige Samen aus Florida mitgebracht hatten – die Blüten, die auf dem alten Kontinent unbekannt waren, hatten es dem Gärtner angetan. 1554 erwähnte der holländische Botaniker Rembert Dodoens dann in seinem Werk *Cruydeboeck* eine äußerst seltene Pflanze, die er in einigen Gegenden in Belgien bemerkt hatte. Die Pflanze, die er unter dem Namen *Hyosciamus luteus* beschreibt, ist keine andere als die *Nicotiana rustica.* Zwei Jahre später kehrte André Thévet, Mitglied des Franziskanerordens in Angoulême, von einer Brasilienreise zurück und brachte als Zierde für seinen Blumengarten eine Tabakpflanze mit, die diese hübschen Blüten auf langer Blütenkrone trug. Es dauerte dann noch etwa fünfzig Jahre, bis – überall in Europa – richtige Tabakfelder entstanden, deren Tabakblätter für den Rauchgenuß bestimmt waren.

Einst hatte dieser Anbau noch etwas Abenteuerliches: Siedler brachen auf, um ganze Gebiete der Neuen Welt urbar zu machen und dort ihr Glück mit dem Tabak zu versuchen. Einer der ersten war John Rolfe, der 1611 in die von Sir Walter Raleigh gegründete englische Kolonie Virginia kam und dort den Indianern nacheiferte, die eine Pflanze namens *apooke* anbauten, später *Nicotiana rustica* genannt. John Rolfe verbesserte die Techniken, ließ besseren Samen aus Trinidad und Venezuela kommen. Fünf Jahre später begann Rolfe, wohlhabend zu werden, acht Jahre später exportierte man bereits Tabak aus Virginia nach England. Inzwischen nahm Rolfe die indianische Häuptlingstochter Pocahontas zur Frau, bei deren Stamm er den Tabakanbau kennengelernt hatte ... Bald brauchte man auf den Plantagen zusätzliche Arbeitskräfte und Siedler. So holte man sich einerseits afrikanische Sklaven, andererseits etwa hundertfünfzig mehr oder weniger freiwillige junge englische Frauen, um eine neue Generation von Siedlern zu begründen.

Von der einstigen Poesie der Blüten, der Romantik und auch der Mühsal dieses Abenteuers

Blühender Tabak in der Dordogne, Frankreich. Die Blätter reifen im Sonnenlicht. Die Ernte findet im August und September statt (rechte Seite).

Auf dieser Plantage in North-Carolina werden die Pflanzen im ganzen abgeschnitten, einmal gewendet und dann in die Trockenschuppen transportiert. North Carolina ist einer der sieben größten Tabakproduzenten in den USA (linke Seite, oben). Eine der großen amerikanischen Plantagen mit ihren schnurgeraden Pflanzenreihen, aus der Vogelperspektive betrachtet. Hier auf Farmville (Virginia) werden bei der Ernte nur die Blätter abgepflückt (linke Seite, unten).

ist auf den heutigen Tabakplantagen nichts mehr übriggeblieben. Der Anbau ist seit langem nahezu vollständig mechanisiert, wissenschaftlich kontrolliert und dem Rentabilitätsprinzip unterworfen und bietet dem Beobachter lediglich eine lange Reihe technischer Vorgänge. Erst bei näherer Betrachtung zeigt sich, wieviel Wissen und Können in der Füllung eines Tabaksbeutels steckt.

Die Tabakpflanzen keimen im Schutz von Kunststoffplanen in langen Beeten, in deren gegen Schädlinge chemisch präparierter Erde zu Beginn die winzigen Samenkörner ausgesät werden (ein Gramm sind mehrere tausend Samenkörner). Die Aussaat geschieht jedes Jahr zu einem Zeitpunkt, der je nach Klimazone unterschiedlich ist; in Kuba zum Beispiel findet sie im Oktober statt, in Florida im Januar. In jeden Quadratmeter Erde kommen dabei etwa zweitausend Samenkörner, aus denen bei beständigem Wässern etwa tausend Pflänzchen hervorgehen. Zwei oder drei Monate später, wenn die Pflänzchen ungefähr zehn Zentimeter hoch geworden sind und vier bis acht Blätter bekommen haben, werden sie auf freiem Feld in einem sorgfältig vorbereiteten Boden maschinell ausgepflanzt. Je nach Art des Tabaks ist die Pflanzdichte sehr verschieden: Beim *fire cured* Kentucky sind es sieben- bis neuntausend Pflanzen pro Hektar, bei manchen orientalischen Tabaken bis zu zweihunderttausend. Zwischen diesem Auspflanzen und der Tabakernte liegen je nach der Art des Tabaks und den Klima- und Bodenbedingungen drei bis fünf Monate, in denen die Pflanzen ständig beobachtet werden, der Boden durch Hacken, Düngen und Unkrautjäten bearbeitet wird und einige kleine pflegende Eingriffe meist mit der Hand an den Pflanzen vorgenommen werden: Sie werden ausgegeizt (Entfernen der Triebe), damit die ganze Kraft der Pflanze den Blättern zugute kommt. Währenddessen muß die sehr empfindliche Tabakpflanze ständig vor der Gefräßigkeit der Insekten sowie vor Viren-, Bakterien- und Pilzbefall geschützt werden. Einer ihrer schlimmsten Feinde ist der Mehltau, der in den sechziger Jahren einen großen Teil der Plantagen auf Kuba vernichtete.

Die Pflanzen für den dunklen Tabak sind reif, sobald die oberen Blätter gelbe Flecken bekommen und die unteren Blätter grün sind. Bei den Pflanzen für den hellen Tabak ist die Reife

Auf Réunion sind die Klimabedingungen für den Tabakanbau ideal. Hier werden aus dem Eigenanbau die meisten französischen Marken hergestellt. Auf den Hochplateaus der Insel vollzieht sich die Ernte meist noch gänzlich in Handarbeit (oben). September in der Dordogne: Die Blätter wurden samt Stiel am Morgen geerntet und einige Stunden gewendet auf dem Feld gelassen. Am Abend werden sie nun zum Trocknen an waagerechten Eisenstangen aufgehängt. Dort bleiben sie einen oder zwei Monate lang (links).

Die letzte Pflückphase in Didim in der Türkei; alle unteren Blätter sind bereits geerntet worden. Die Türkei ist mit Abstand der weltweit größte Produzent von orientalischem Tabak (rechts). Senegal produziert heute nur noch sehr wenig Tabak, hauptsächlich für den Eigenbedarf. Diese junge Senegalesin aus Casamanca trägt eine »Girlande« aus bereits getrockneten Blättern (unten).

daran zu erkennen, daß die Blätter sich gelblich-grün färben, ihre Spitzen sich nach unten krümmen und bleiche Rippen zeigen. Die Blätter für Zigarrentabak werden geerntet, bevor sie ganz ausgereift sind, wohingegen man Schnittabak für Zigaretten und Pfeifen voll ausreifen läßt. Bei der Ernte wird – regional unterschiedlich – entweder die ganze Pflanze samt Stiel abgeschnitten, oder es werden nur die Blätter von der Pflanze abgenommen. Bei der ersten Methode werden die Stiele dann unten durchbohrt und eine bestimmte Anzahl Pflanzen an einem Draht aufgehängt; das Ganze wird dann auf ein Fahrzeug geladen und zum Trocknen gebracht. Erst später werden die Blätter zur weiteren Bearbeitung vom Stiel entfernt. Auf diese Weise erntet man zum Beispiel den Burley, einen Tabak, der in sehr vielen Mixtures enthalten ist. Diese Art des Erntens wird nicht mehr mit der Hand ausgeführt, seit es die Schneide- und Auffädelmaschinen gibt, die von einem Traktor gezogen werden. Bei der zweiten Methode werden die Blätter gepflückt, je nachdem, wann sie reif geworden sind, was bedeutet, daß man mit den unteren beginnt. Auch diese Erntemethode ist in den meisten Ländern inzwischen mehr oder weniger mechanisiert, wobei hohe Fahrzeuge die Pflücker transportieren; die moderneren Maschinen besorgen sogar das Pflücken selbst. Die gepflückten Blätter werden am Stengel durchbohrt und an Schnüren zu »Girlanden« aufgefädelt – eine Arbeit, für die es ebenfalls bereits Spezialmaschinen gibt. Diese »Girlanden«, die eine Länge von einem bis zu fünfzig Metern haben können, kommen dann zum Trocknen. Dieses »etagenweise« Pflücken zieht sich im allgemeinen über drei bis vier Wochen hin und bietet den zweifachen Vorteil, daß zum einen die Erträge um zehn bis zwanzig Prozent höher sind als bei der Ernte der ganzen Pflanzen, da diese nach dem Pflücken einzelner Blätter um so mehr Kraft für die verbleibenden haben, und zum anderen alle Blätter im gleichen Reifezustand in den Trockenschuppen gebracht werden. Dafür ist diese Methode arbeitsaufwendiger. Sie wird zum Beispiel bei den Virginia-Tabaken angewendet.

Beginn der Trocknungsphase der ganz kleinen Blätter orientalischen Tabaks (drei bis zehn Zentimeter) in Didim. Die gesammelten Blätterbündel werden einfach auf dem Boden oder in einem Korb der Sonne ausgesetzt (rechte Seite).

TABAK

In den schönen, alten Trockenschuppen von Saint-Sulpice in der Dordogne sind im September und Oktober die schönsten Herbstfarben zu bewundern. Der dunkle Tabak braucht eine lange Trocknungsphase an frischer Luft. Die Blätter verlieren ihr Chlorophyll und werden gelb, dann oxydieren sie und bauen ihren Zucker ab. In zwei Monaten werden sie neunzig Prozent ihres ursprünglichen Gewichts verloren haben (linke Seite und rechts).

Die gleiche Umwandlungsphase der Blätter in der Fabrik von Bouaké an der Elfenbeinküste. Diese Fabrik liefert dunkle und helle Tabaksorten und stellt auch Zigarren her. 1992 produzierte die Elfenbeinküste 2500 Tonnen Rohtabak (links).

DAS TROCKNEN UND DIE FERMENTATION

Die erste Umwandlungsphase für die Blätter ist das Trocknen. Auch hierbei werden wieder je nach Gegend und Art des Tabaks verschiedene Methoden angewendet: Beim natürlichen Trocknen *(air curing)* werden die Blätter einfach in einem gut durchlüfteten Schuppen mit einer Dichte von etwa zweihundert Blättern pro Kubikmeter aufgehängt und trocknen einen bis zwei Monate lang an der frischen Luft; diese Methode kommt am häufigsten bei den dunklen Tabaken in Südamerika, Kuba und auch in Frankreich vor. Beim künstlichen Trocknen *(flue curing)* wird der Vorgang beträchtlich beschleunigt, indem der Raum durch Heißluftleitungen erwärmt wird. Dieses Verfahren dauert etwa eine Woche, wobei die Temperatur entsprechend den sorgfältig überwachten Phasen zwischen 35 Grad und 75 Grad Celsius variiert. Der kleinste Fehler, wie zum Beispiel ein zu langsames Trocknen, würde die Qualität der Ware entscheidend beeinträchtigen.

Die Fermentation des dunklen Tabaks in Bouaké. Die Temperatur der aufgehäuften Blätter steigt innerhalb eines Monats von selbst auf 50 oder 60 Grad Celsius an; während dieser Zeit wird das Aufheizen sorgfältig überwacht (oben).

Dieses Verfahren wendet man bei den meisten hellen Schnittabaken, wie z. B. dem Virginia, an. Es kann nämlich bei einem schnellen Trocknen durch Reduzieren der Blattoxydation ein großer Teil des Zuckergehalts in der Pflanze bewahrt werden, während er sich bei dem lange dauernden *air curing* abbaut. Darauf beruht auch der Hauptunterschied zwischen hellen und dunklen Tabaken. Beim Rauchen von hellen Tabaken reagiert der Zucker sauer, während bei den dunklen Tabaken ohne Zucker eine basische Reaktion abläuft. Es gibt noch weitere Trocknungsverfahren, die aber seltener sind, wie zum Beispiel das Trocknen über Feuer *(fire curing)* – eine traditionelle indianische Methode, die heute noch beim Kentucky und dem berühmten Latakia angewendet wird – und das Trocknen an der Sonne *(sun curing),* das eine Besonderheit der orientalischen Tabake ist und bleibt. Bei jeder dieser Trocknungsmethoden verliert der Tabak achtzig bis neunzig Prozent seines Gewichts. Doch ist dieser Vorgang keineswegs nur ein einfaches Austrocknen, denn es ändert sich in drei aufeinanderfolgenden

Ein Tabakkarren in Bouaké. Die in mehreren Dutzend gebündelten Blätter werden auch so für die Fermentation aufgehäuft (rechte Seite).

Die getrockneten Tabakblätter werden zum Verwiegen gebracht. Beim Fermentieren liegen sie in einer Dichte von 200 bis 300 Kilogramm pro Kubikmeter (links).

Arbeiter in Bouaké bereiten eine »Massenfermentation« vor. Die Bündel werden in großen Kästen aufgehäuft, die mehrere Tonnen Tabak aufnehmen können (rechts).

Phasen auch die chemische Zusammensetzung der Pflanze merklich. In der ersten Phase, dem »Gelbfärben«, muß die Belüftung auf ein Minimum reduziert werden: Das Blatt lebt noch, wird jedoch in dem Maße gelb, wie das Chlorophyll sich abbaut und die Proteine und die Stärke sich umwandeln. Die zweite Phase ist das eigentliche Austrocknen des Blatts, die Oxydationsphase, die je nachdem, ob es sich um einen hellen oder um einen dunklen Tabak handelt, unterschiedlich lange dauert. Durch Einschränken der Oxydation wird beim *flue curing* die gelbe Farbe des Blattes erhalten. In der dritten Phase schließlich verliert die Mittelrippe des Blattes ihre Feuchtigkeit.

Nach dem Trocknen werden die Blätter gelagert. Die dunklen und die orientalischen Tabake machen nun eine Fermentation durch, die hellen Tabake eine einfache Alterung. Erst in diesem Stadium beginnen die Blätter, ihr charakteristisches Aroma zu entfalten. Es sollen Haltbarkeit und geschmackliche Qualität verbessert werden, außerdem setzt die Fermentation dem Oxydationsprozeß ein Ende und beseitigt die letzten Spuren von Zucker und Chlorophyll. Gleichzeitig wird durch bestimmte chemische Reaktionen das Ammoniak und das Nikotin in den Blättern flüchtiger, was sehr bedeutungsvoll für Aroma und Geschmack des Tabaks ist. In dieser Phase bekommen die Blätter auch eine gleichmäßigere Farbe und ein besseres Brennverhalten.

Bei der Fermentation dunkler Tabake gibt es drei Methoden. Zunächst die »Massenfermentation«, bei der die Blätter lose in riesigen, bewegbaren Kästen unterschiedlichen Volumens (von zehn bis zweihundert Tonnen) aufgehäuft werden; in diesen riesigen Blätterhaufen erhöht sich die Temperatur sehr schnell von selbst und steigt innerhalb eines Monats auf 40 bis 50 Grad Celsius an; die Blattmassen werden zwei- oder dreimal umgedreht, damit alle Blätter gleichmäßig vergären. Mit einer anderen Fermentationsmethode, die besonders in Frankreich üblich ist, kann der Nikotingehalt der dunklen Tabake um bis zu fünfzig Prozent gesenkt werden: Es handelt sich um die »Fermentation in Kisten«, bei der jeweils etwa hundert Kilogramm Blätter in Kisten geschichtet und zunächst sechs bis acht Monate lang in einem Raum bei normaler Temperatur, danach acht Tage lang in einem Raum mit einer Temperatur von 55 Grad Celsius gelagert werden – um schließlich wieder in den ersten Raum zu kommen, wo die Fermentation noch einige Monate lang fortgesetzt wird. In

Diese Werkzeuge und Tabakbündel, mit denen die »Massen« vorbereitet werden, verschwinden heute mehr und mehr von der Bildfläche (unten). Immer häufiger werden die losen Blätter durch Gebläse maschinell in den Kästen aufgehäuft.

Temperaturkontrolle während der Fermentation in Bouaké (rechts).

diesen Kisten steigt die Temperatur weniger stark als in den großen Kästen, der Nikotingehalt jedoch verringert sich stärker. Eine dritte Fermentationsmethode, bei der der Gärungsprozeß sehr rasch abläuft, wird zur Behandlung von sehr reifen Blättern angewendet, zum Beispiel bei den untersten Blättern der Pflanze. Die Blätter werden in Kisten gepackt und etwa zehn Tage lang in einer »Wärmekammer« gelagert, in der die Temperatur bis auf 60 Grad Celsius und die Luftfeuchtigkeit auf fünfundachtzig Prozent steigt.

Die orientalischen Tabake, die in der Sonne getrocknet werden, machen eine viel natürlichere und gemäßigtere Fermentation durch. Die Blätter werden einfach in Ballen zu fünfzig Kilogramm zusammengebunden, die nebeneinander in einer oder zwei Etagen in einem Schuppen gelagert werden. Den Rest besorgt die milde mediterrane Luft. Bei dieser langsamen, natürlichen Fermentation steigt die Temperatur der Blätter nur um etwa 3 Grad Celsius an. Bei manchen Herstellern, die eine Fermentation »außerhalb der Saison« durchführen, wird orientalischer Tabak auch in der »Wärmekammer« behandelt. Dieses Verfahren bietet den Vorteil, daß es den Vorgang beträchtlich beschleunigt, es erfordert jedoch eine ständige Überwachung, um zu vermeiden, daß der Tabak schwarz wird.

Die hellen Tabake, die künstlich getrocknet werden – wie der Virginia – oder natürlich – wie der Burley oder der Maryland –, fermentieren nicht – sonst würden sie ihre gelbe Farbe verlieren –, sondern »altern« nur eine gewisse Zeit lang. Hier müssen die Blätter vorher einer zweiten Trocknung bei hohen Temperaturen unterzogen werden, damit sie möglichst wenig Feuchtigkeit enthalten. Danach werden sie abgekühlt und dann bedampft, damit sie geschmeidig werden und bei den darauf folgenden Behandlungen nicht brechen. Schließlich werden die Blätter, bevor sie ins Lager kommen, geschlagen, wodurch die Mittelrippen herausgelöst und damit die Qualität des Endprodukts verbessert werden sollen. Ein Teil der Rippen wird gehackt und zerschnitten und der Mischung wieder beigefügt, um die Intensität des Brandes zu regulieren und den Gehalt an Nikotin und an Teerstoffen zu senken.

VOM ERZEUGER ZUR FABRIK

Aus den Händen des Erzeugers kommen die Tabakblätter in die Fabrik, doch kann dazwischen eine sehr lange Reise liegen, denn es wird

Auf die Fermentation, das Entrippen und das Befeuchten des Tabaks folgt der Schnitt. Dabei werden die Blätter in ein Durcheinander feiner Streifen verwandelt (links).

Kentucky, um 1930. Auf den großen, offenen Märkten, wo jeder Tabakproduzent seine Ernte verkaufte, wählten die Käufer, die sogenannten *blender,* ihre »Grade« für die Weiterverarbeitung in der Fabrik aus (linke Seite).

eine große Menge Tabak exportiert und Tausende von Kilometern vom Erzeugerland entfernt verarbeitet. Die Europäische Union und die Vereinigten Staaten sind sowohl die größten Import- als auch Exportländer, wobei dieser Austausch hauptsächlich den hellen Virginia-Tabak einerseits und die dunklen Tabake und die Orientalen andererseits betrifft. Seit einigen Jahren ist allerdings ein Rückgang der Importe festzustellen, der darauf zurückzuführen ist, daß als Reaktion auf öffentliche Gesundheitskampagnen der Tabakkonsum in Europa stagniert und in Amerika sogar leicht sinkt. Für manche Entwicklungsländer ist der Tabak eine wichtige Devisenquelle. So haben sich Brasilien und Simbabwe fast die Hälfte am weltweiten Export von *flue cured,* dem hellen Tabak, gesichert. Und in Malawi, das sehr viel Burley produziert, macht der Tabak ungefähr die Hälfte des Gesamtexports aus.

In den meisten Ländern verkaufen die Erzeuger ihren Tabak an Großhändler oder schließen sich zu Kooperativen zusammen. In den Vereinigten Staaten hingegen gibt es große, offene Märkte, auf denen jeder Erzeuger sei-

nen eigenen Tabak verkauft. Doch wie auch immer, der Fabrikant kauft nie einfach eine gesamte Ernte ein, sondern einen bestimmten »Grad«, genauer gesagt: den Stärkegrad einer bestimmten »Blattetage«, da die Blätter ja nachdem, in welcher Etage – d. h. Höhe – sie an der Pflanze standen, unterschiedliche Qualitäten entwickelt haben. Sogar bei jeder einzelnen Blattetage unterscheidet man noch verschiedene Stärkegrade, die von zahlreichen Faktoren, wie zum Beispiel der Wachstumsentwicklung der Blätter, ihrer Farbe, ihrer Struktur, ihrem Brennverhalten und ihrem Aromagehalt abhängen. Indem der Fabrikant einen bestimmten Stärkegrad von einer bestimmten Blattetage einer bestimmten Ernteauswahl aus einem bestimmten Land kauft, kennt er im voraus genau die wesentlichen Eigenschaften der Tabakware.

Es mag einen kleinen Einblick in die Kompliziertheit der Sache geben, wenn man bedenkt, daß die dänische Firma Orlik Tobacco Company, die unter anderem die Marken Orlik, W. Ø. Larsen und Sweet Dublin auf den Markt bringt und etwa achtzig Prozent des

Ein Käufer in Malawi. Malawi, zweitgrößter Tabakproduzent in Afrika nach Simbabwe, baut hauptsächlich Burley an, den es in die ganze Welt exportiert (Mitte). Heute werden in den USA 750 000 Tonnen Tabak von 600 000 Produzenten angeboten, die wie hier auf der Auktion in Lumberton, North Carolina, an den Meistbietenden verkaufen (links).

dänischen Tabakmarkts beherrscht, bei ihrem Herstellungsprozeß jedes Jahr etwa hundertzwanzig verschiedene Stärkegrade mischt.

DIE KUNST DES MISCHENS

Der Einkäufer ist im allgemeinen der Spezialist, der die Mischungen herstellt, auch *blender* genannt. Man findet im Handel, von einigen seltenen Ausnahmen abgesehen, keine »rohen« Tabake. Es werden nur natürliche oder aromatisierte Tabakmischungen angeboten. Die meisten Pfeifentabake sind aus zehn bis dreißig verschiedenen Tabaken bzw. Stärkegraden zusammengesetzt: aus den Grundtabaken, die der fertigen Ware ihre wesentlichen Charakteristika und die Grundnote verleihen, und aus den Zusatztabaken, die das Gesamtprodukt nicht wesentlich verändern dürfen. Diese Mischungen sind möglichst angenehm und genußreich für Gaumen und Nase des Rauchers komponiert, doch ihr eigentlicher Zweck besteht darin, daß nur so – unabhängig von den natürlichen Schwankungen bei den Ernteergebnissen – jedes Jahr eine gleichbleibende Qualität angeboten werden kann. Auf diese Weise hat der Raucher die Garantie, unter dem gleichen Namen stets den gleichen Geschmack und die gleiche Konsistenz des Tabaks zu erhalten. Da jeder Bestandteil dieser Komposition sich von einem Jahr zum anderen ändern kann, ist diese vollkommene Konstanz natürlich nur durch Verwendung von sehr vielen verschiedenen Tabaken möglich. Hier beginnt nun das Reich des Geheimnisvollen und der Geheimhaltung. Jeder Hersteller hütet eifersüchtig seine Mischrezepte, auf denen sein Ruf und sein Erfolg beruhen. Manche dieser Rezepte werden seit Generationen weitergegeben und stellen ein unveräußerliches und sicheres Kapital dar, andere wieder wurden von den Fachleuten einer Marke bei dem Versuch erfunden, die großen finanziellen Risiken so weit wie möglich zu begrenzen.

Durch das Vereinen verschiedener Stärkegrade erhält der *blender* also jedes Jahr gleichbleibende Hauptcharakteristika des Endprodukts oder kreiert eine neue Mischung. Dabei besteht die Kunstfertigkeit des *blenders* tatsächlich darin, verschiedene Stärkegrade so zu vereinen, daß schließlich ein einziger Geschmack, eine Wesensart entsteht, an dem man das Produkt erkennen kann. So darf bei einer idealen Mischung selbst ein erfahrener Raucher nicht mehr in der Lage sein, einzelne Bestandteile herauszuschmecken. Sobald die gewünschte Art der Mischung einmal gewählt ist, zum Beispiel eine Virginia-Mischung, muß sich der *blender* zunächst für die genaue Art des Produkts entscheiden, und zwar zwischen einem milden und einem starken Virginia, wobei es zwischen beiden Extremen mehrere Abstufungen gibt. Danach wählt der *blender* dann die geeigneten Stärkegrade aus.

Beim Kauf selbst probieren nur sehr wenige und sehr gute *blender* die reinen Stärkegrade, da es sehr schwer abzusehen ist, wie sie sich in der Mischung mit anderen verhalten – und da sie im Mund eine äußerst starke Wirkung entfalten: Bei einer Verkostung reiner Stärkegrade, die kürzlich vom Pfeifenklub in Paris veranstaltet wurde, fiel einer der Raucher, betäubt von der Stärke des Tabaks, schlichtweg in Ohnmacht! Die meisten *blender* geben sich daher damit zufrieden, die Blätter zu betrachten und zu befühlen, um einige wesentliche Eigenschaften zu prüfen, die dann auf jeden Fall in der Mischung vorhanden sind: die Farbe, die Struktur und die Dichte.

Nach dem Auseinandernehmen der Ballen oder Büschel von Blättern eines bestimmten Stärkegrades wird der Tabak einer ganzen Reihe von Bearbeitungsgängen unterzogen, bis er für den Verbrauch bereit ist. Nachdem die Blätter bereits auf der Pflanzung oder in darauf spezialisierten Betrieben von ihren holzigen Rippen befreit worden sind, besteht die erste Aufgabe in der Tabakfabrik darin, die Mischungen vorzubereiten.

Alle Mischungen, ob sie nun »Neuheiten« sind oder nicht, werden zunächst in kleinen Mengen zusammengestellt und dann von den Prüfern der Marke ausführlich getestet und nach sehr strengen Kriterien beurteilt. So werden Aussehen, Farbe, Aroma und Konsistenz des Produkts sowie sein Geschmack und sein Aroma beim Rauchen kommentierend festgehalten. Bis in die siebziger Jahre hinein wurden bei diesem Probieren Pfeifen aus weißem Ton verwendet, die durch ihre »Neutralität« ein ziemlich objektives Urteil ermöglichten. Da es bei den Tabaken seither jedoch immer gröbere Schnitte gibt, ist man inzwischen zu den klassischen Bruyèrepfeifen übergegangen, die viel geräumigere Köpfe haben. Zum Schluß gibt jeder Prüfer ein Gesamturteil ab. Bei neu entwickelten Mischungen entscheidet der Hersteller nach einem komplizierten System der Ergebnisauswertung, ob er sie von erfahrenen Rauchern, die er zum Beispiel unter Tabakhändlern oder Mitgliedern von Raucherklubs auswählt, testen läßt oder nicht. Diese Raucher, die meist mit Tabak oder auch mit Pfeifen für ihre Bemühungen entschädigt werden, sollen dabei das Aroma, den Geschmack, das Glimmverhalten, den Schnitt und die Farbe des Tabaks beurteilen und zum Schluß ein Gesamturteil abgeben. Erst nach dieser letzten

Simbabwe ist eines der zehn größten tabakproduzierenden Länder. Sein *flue cured* Virginia-Tabak wird in die ganze Welt exportiert und bildet einen entscheidenden Faktor in seinem Außenhandel. Rechte Seite: einige Proben getrockneten Tabaks aus dem Sambesibecken.

Probe aufs Exempel kann die Neuheit – so wie sie ist oder auch modifiziert – dem Verbraucher angeboten werden.

DIE FERTIGUNG

Vor dem Mischen und Schneiden werden die Blattstücke oder *strips* der verschiedenen Tabake auf ein Förderband gelegt und durch einen Tunnel gefahren, wo sie befeuchtet werden. Dies ist ein sehr wichtiger Vorgang, von dem die Schnittqualität abhängt: Zu trockene Blätter können leicht zerbröseln, zu feuchte verwandeln sich leicht in Brei. Nach dem Befeuchten werden sie in große Behälter mit beweglichem Boden gelegt und gemischt. Daraufhin erfolgt, allerdings nur bei den aromatischen Tabaken, das »Soßieren«, bei dem sie durch Hinzufügen einer oder mehrerer Zusatzsubstanzen zusätzlichen Geschmack bekommen und danach auch ihren Feuchtigkeitsgehalt besser bewahren. Selbstverständlich gehören auch diese Zusatzsubstanzen in ihrer Zusammensetzung und Mischung zum Fabrikgeheimnis. Es gibt sehr viele und sehr verschiedene, doch sind sie immerhin staatlich reglementiert: Es soll verhindert werden, daß zu den schädlichen Wirkungen des Nikotins und der Teerstoffe auch noch krebserzeugende chemische Stoffe hinzukommen. Als Zusatzstoff werden unter anderem Zucker, Süßholzsaft, Ahornsirup, Glyzerin, Melasse, Fruchtextrakte, Kakao oder Rum verwendet. Natürlich werden die soßierten Tabake den gleichen Tests und Probierverfahren unterzogen wie die natürlichen Tabake.

Der nächste Vorgang, das Schneiden, geschieht in riesigen Maschinen, die mehrere Tonnen Tabak pro Stunde verarbeiten können. Hier erhält der Tabak seine Endform: ein Gewirr von schmalen Streifen, das man sowohl in Zigaretten als auch in Tabakpäckchen wiederfindet. Der Tabak für Zigarren wird natürlich nicht geschnitten, sondern nach dem Entrippen in ganzen Blättern gerollt. Beim Pfeifentabak ist die feinere oder gröbere Schnittbreite eines der Hauptcharakteristika der Mischungen und wird als ein Qualitätsfaktor angesehen. Je gröber der Schnitt ist, desto langsamer wird der Tabak glimmen und um so deutlicher werden alle Geschmacksbestandteile für den Gaumen spürbar. Je feiner hingegen der Schnitt ist, desto schneller glimmt der Tabak und um so mehr Nikotin wird er freisetzen. Daher bevorzugen die Kenner im allgemeinen Schnitte von mindestens 0,7 Millimeter Breite, was die Verwendung von allzu kleinen Pfeifen ausschließt. Entsprechend der Schnittgröße unterscheidet man üblicherweise in »Feinschnitt« (0,3–0,6 Millimeter), »Krüllschnitt« (1,5–2,25 Millimeter), »Mittelschnitt« (2,25–3,5 Millimeter) und dem selteneren »Grobschnitt«, der über 3,5 Millimeter erreichen kann.

Nach dem Schnitt wird der noch feuchte Tabak getrocknet. Hierbei soll ein Feuchtigkeitsgehalt von etwa fünfzehn Prozent erreicht werden, bei dem sich der Tabak gut hält. Helle Tabake werden in rotierende Heißlufttrockner gegeben, während dunkle Tabake »geröstet«, d. h. an Metallplatten getrocknet werden, die auf 200 bis 300 Grad Celsius aufgeheizt wurden. Dieses Rösten verstärkt noch den Geschmack und das Aroma der Tabake. Schließlich läßt man den Tabak abkühlen. Damit ist jedoch die Bearbeitung der aromatischen Tabake noch nicht abgeschlossen, denn es wird ihnen, bevor sie verpackt werden, noch eine letzte Substanz hinzugefügt, der *top flavour,* der, analog zum Soßieren – das ja den Geschmack verändert –, nun hauptsächlich das Aroma bereichern soll. Zusammensetzung und Dosierung beim *flavoring* gehören mit zu den bestgehüteten Geheimnissen der Hersteller. Es können viele Substanzen verwendet werden, wie zum Beispiel Alkohol (Whisky, Rum), Fruchtextrakte oder Minze. Wie das feine Dosisbestimmen der Mixtures erfordert auch das Aromatisieren des Tabaks die Erfahrung und die feine Nase erfahrener Profis.

In dem vor der Öffentlichkeit bestens abgeschirmten Forschungszentrum der staatlichen Tabakgesellschaft Frankreichs, »Seita« bei Orléans, wird mit einem sonst unerreichten Aufwand an der Entwicklung neuer Geschmacks- und Aromarichtungen gearbeitet. Dazu stehen etwa tausend verschiedenartige Substanzen zur Verfügung: Öle auf natürlicher Basis, die zum Teil in dem

Dieses Reklameplakat einer französischen Tabakmanufaktur zeigt eine Schneidemaschine von Anfang dieses Jahrhunderts (rechts).

Eine dänische und holländische Spezialität: der *ready rubbed*, das ist ein Preßtabak, der bereits in der Fabrik zerkleinert wurde. So werden üblicherweise die doppelt fermentierten Cavendish-Tabake angeboten, die aufgrund ihrer Milde und ihres langsamen Glimmens von Pfeifenrauchern mehr und mehr geschätzt werden (rechte Seite). Überblick über die Vielfalt der im Handel erhältlichen Tabakmischungen für die Pfeife. Von Hellgelb bis zu Tiefschwarz, vom feinsten »Krausen« bis zum kompakten Block geht die Verschiedenartigkeit des Erscheinungsbildes einher mit der Verschiedenartigkeit der Aromen und Geschmacksrichtungen (nächste Doppelseite).

berühmten Parfüm-Städtchen Grasse in Südfrankreich hergestellt werden, aber auch synthetisch hergestellte Substanzen, die den Vorteil haben, daß sie immer gleich beschaffen sind, während die natürlichen Substanzen je nach Jahreszeit variieren können. Doch ergeben tausend Substanzen nicht etwa tausend grundsätzlich verschiedene Düfte: Beim Gewürznelken-Aroma beispielsweise, das wegen seiner Würzigkeit gerne verwendet wird, sind bereits drei oder vier Varianten mit leichten Unterschieden vorhanden. In der Welt des Tabaks besteht das *flavoring* in der Kunst, mit den feinsten Nuancen umgehen zu können. Darüber hinaus erfährt man nicht viel, denn auf dem Felde des Aromatisierens herrscht eine erbitterte Konkurrenz unter den einzelnen Herstellern, hier ist Schweigen Gold...

Da Pfeifenraucher stets bereit sind, Neues und Abenteuerliches auszuprobieren, sind einige Hersteller dazu übergegangen, ihren Kunden neben den üblichen Schnitten und Mischungen auch bis dato unbekannte, spezielle Produkte anzubieten, die sich durch einen völlig anderen Schnitt und ein ganz anderes Aussehen auszeichnen. Da gibt es zunächst die »Preßtabake«: Anstatt nach dem Mischen, dem Befeuchten und eventuell dem Soßieren geschnitten zu werden, werden die Blätter zunächst erwärmt und dann unter Druck (ca. eine Tonne pro Quadratzentimeter) in große, sehr kompakte Blöcke gepreßt. Der Block wird dann in Scheiben geschnitten und diese Scheiben ihrerseits in dünne Plättchen, *flakes* genannt, die der Raucher so im Tabakspäckchen vorfindet und die er mit den Fingern zerkrümeln muß, bevor er seine Pfeife damit stopft. Solcherart zubereiteter Tabak hat die Bezeichnung *flake cut* bekommen. Mit dem Ziel, dem eiligen Raucher das Zerbröseln dieser *flakes* zu ersparen, wurde der *ready rubbed* eingeführt, ein Preßtabak, dessen Plättchen in sich drehenden Trommeln bereits in mehr oder weniger kompakte Fragmente aufgelöst und zerbröselt worden sind. Die Tabake Cavendish und Black Cavendish (deren Name nicht eine Vielfalt von Tabaken bezeichnet, sondern eine zweifache Fermentation aufgrund ihrer extremen Milde) werden im allgemeinen als *ready rubbed* angeboten. Außerdem wird aus Preßtabak der *granulated* gemacht: Die aus den Blöcken geschnittenen Scheiben werden dafür in kleine Stückchen geschnitten, welche ein bißchen wie eckige Körner aussehen. Der »geflochtene« Tabak, ein Strangtabak, der bis ins 19. Jahrhundert sehr beliebt war, ist heute praktisch von der Bildfläche verschwunden. Die Blätter wurden dabei zu einem langen, zwei oder drei Zentimeter dicken Zopf geflochten, von dem der Händler dann für seine Kunden Stücke von ungefähr zwanzig Zentimeter Länge abschnitt. Immerhin entstanden aus dieser Form die *curly cuts,* die es in den besseren Tabakhandlungen noch heute gibt: Die Blätter, meist aus hellen und dunklen Tabaken gemischt, werden zu einem dünnen Strick geflochten, der dann in ein oder zwei Millimeter dünne Scheibchen geschnitten wird. Diese Scheibchen kann der Raucher entweder unverändert oder zerkrümelt in seine Pfeife stopfen, und zwar je nach Größe des Pfeifenkopfs. Ein weiterer Spezialschnitt, der aufgrund seines ausgezeichneten Glimmverhaltens sehr gefragt ist, trägt die Bezeichnung *crimp cut:* Hier werden die Blätter zunächst leicht gepreßt, dann in sehr kurze Fäden geschnitten (kürzer als zwei Zentimeter) und anschließend durch eine Spezialtrocknung gekraust. Zuletzt sollen noch die sehr selten hergestellten *loose leaf cuts* genannt werden; das sind Mischungen aus Bruchstücken von Tabakblättern, die weder geschnitten noch gepreßt worden sind.

All diese Pfeifentabake müssen noch etwa vierundzwanzig Stunden ruhen, dann werden sie automatisch verwogen und in ihre Verpackungen gefüllt, die je nach Tabakqualität oder Tradition der Fabrik verschieden sind – einfache Päckchen aus Packpapier, Plastikpäckchen oder Metalldosen.

DIE FEINHEIT DER »GESCHMÄCKER«

Helle oder dunkle Tabake, natürliche oder aromatische, Feinschnitt oder Grobschnitt, Schnitt- oder Preßtabak, dem Käufer bleibt die Qual der Wahl. Und dabei kommt noch ein weiterer Aspekt hinzu, der bei der Wahl des Tabaks berücksichtigt werden will und bei dem die Unterscheidungskriterien viel unbestimmter und zugleich viel subtiler sind: der Geschmack. Die vier größten tabakverarbeitenden Länder – die USA, England, die Niederlande und Dänemark – haben vier Grundkategorien eingeführt, die jeweils den »Tabakgeschmack« eines Landes ausmachen sollen. Die Anführungszeichen sind berechtigt, da dieses Unterscheidungskonzept extrem vage ist, meist nur eine allgemeine, manchmal widersprüchliche Richtung angibt und nicht unbedingt der geographischen Her-

Der Fraser, ein Burley-Tabak im flake cut, *ist einer der zahlreichen Grundtabake, die die Firma W. Ø. Larsen in Kopenhagen ihren Kunden zum Komponieren einer eigenen, persönlichen Mischung anbietet. Er muß vom Raucher zunächst in feine Tabakfäden zerkleinert werden, bevor er mit einem Feinschnitt gemischt werden kann. Aufgrund seiner guten Absorptionsfähigkeit beim Soßieren ist der Burley praktisch in allen erhältlichen aromatischen Mischungen vorhanden (linke Seite).*

Auf diesem Stilleben unbekannter Herkunft sind, abgesehen von den Zigarren, zwei im Aussterben begriffene Produkte zu sehen, die noch zu Beginn des Jahrhunderts Millionen von Pfeifenrauchern begeisterten: geflochtener Tabak und Päckchen mit Caporal Feinschnitt (links).

»The national joy smoke«, ein Werbeslogan für den sehr beliebten amerikanischen *crimp cut* Prince Albert (»P. A.« für die Kenner), der hier speziell für das Weihnachtsfest angeboten wird. Zu Anfang des Jahrhunderts brachte die R. J. Reynolds Tobacco Gesellschaft einen gläsernen Feuchtetopf voller P. A. auf den Markt, der ein Pfund bzw. ein halbes Pfund fassen konnte (oben). Die meisten Pfeifenliebhaber begeisterten sich mehr für den *toppy red bag*, der 1913 nur fünf Cents kostete (unten).

kunft entspricht. So kann zum Beispiel ein »holländischer Tabak« mit Tabak aus Brasilien in Frankreich hergestellt sein. Dennoch lassen sich als allgemeine Anhaltspunkte einige Unterscheidungsmerkmale festhalten, die den Käufer nicht auf den Irrweg führen.

Die sogenannten »amerikanischen Tabake« sind meistens aromatische, helle Mischungen auf der Basis von Virginia- und Burley-Tabaken, die mit einem Hauch von Perique oder Latakia gewürzt sind. Insgesamt sind sie mild und leicht im Rauch. Die Grundrichtung ihres Aromas, ihres Geschmacks und ihrer Konsistenz resultiert jedoch mehr aus der Wirksamkeit des *saucing* und *flavoring* als aus ihren natürlichen Eigenschaften. Sie haben einen ausgezeichneten Feuchtegehalt und eine vorherrschend süße Geschmacksrichtung, beides Ergebnis eines intensiven Soßierens mit Substanzen wie Zucker, Ahornsirup und den vielfältigsten Fruchtextrakten. Viele haben auch ein Lebkuchen-Aroma, dessen Duft besonders beliebt ist. Die amerikanische Gesetzgebung unterstützt dieses starke Aromatisieren, indem sie im Tabak einen Anteil von bis zu fünfzehn Prozent an verschiedenen Zusatzsubstanzen erlaubt. Nach englischer Gesetzgebung sind dagegen nur zwei Prozent Zusatzsubstanzen erlaubt. In den USA gibt es mehr als zweihundert Mischungen dieser Art. Eine der bekanntesten ist zum Beispiel der sehr klassische und stark gesüßte Prince Albert, der fast überall auf der Welt zu haben ist, oder auch der Edgeworth und der Half and Half. Manche dieser Mischungen werden nach Europa und auch weltweit exportiert oder dort in Lizenz hergestellt.

Die sogenannten »englischen Mischungen« sind im Gegensatz zu den amerikanischen nicht durchweg aromatisiert, die Grundtabake sind jedoch oft die gleichen: Virginia, Burley, Perique und Latakia. Sie heben sich vor allem durch zwei Besonderheiten hervor, die von den Kennern sehr geschätzt werden. Die *mixtures* sind Mischungen aus Virginia, orientalischen Tabaken und Latakia, wobei die beiden letzten den leicht rauchigen und kräftigen Geschmack ergeben. Auch ihre Farbe ist charakteristisch: Eine englische Mixture bietet zwischen dem Gelb des Virginia-Tabaks und dem Schwarz des Latakias kontrastreiche Farbspiele, die einen hohen ästhetischen Genuß bereiten. Die zweite große Spezialität der Engländer sind die *flake cuts,* dünne Plättchen von Preßtabak, die gewöhnlich aus amerikanischen Mischungen auf der Grundlage von Virginia hergestellt werden. Sie können im Geschmack ebenso kräftig sein wie die *mixtures,* doch gibt es unter ihnen auch leichtere Mischungen. Englische Tabakfirmen bieten dem Kunden insgesamt über hundertfünfzig Marken an, die zumeist auch in die ganze Welt exportiert werden. Eine davon, die berühmte Mixture des bekanntesten englischen Tabakanbieters Dunhill, trägt den hübschen Namen Early morning pipe (»Frühmorgens-Pfeife«) und regt dazu an, sie gleich nach dem *early morning tea* zu rauchen ... Dunhill arbeitet zum Entzücken der Raucher aber auch unentwegt an Neuheiten. Im Jahre 1992 brachte das Unternehmen zwei neue Mischungen heraus: den Black Aromatic, einen milden Virginia, der durch langes Reifen sehr dunkel wird und dem ein Virginia von rötlicher und goldener Farbe sowie ein wenig Burley beigemischt sind, und den Mild Blend, eine Mischung aus verschiedenen Virginia-Tabaken, die mit einem Cavendish abgemildert werden. Diese Tabake sind – wie die meisten englischen Tabake – in einer kleinen Metalldose verpackt.

Bei den sogenannten »holländischen Tabaken« unterscheidet man zwei vollkommen verschiedene Arten. Da gibt es die traditionelle, zu der alle Tabakwaren gehören, die bereits seit eh und je in Holland üblich waren und auf der Grundlage dunkler Tabake aus der früheren holländischen Kolonie Niederländisch-Indien (heute: Indonesien) hergestellt werden. Als Beimischung enthalten sie einige ziemlich würzige amerikanische Tabake, wie zum Beispiel bestimmte Virginia-Tabake und manchmal auch Maryland-Tabak. Diese Mischungen sind nicht aromatisiert und entfalten einen kräftigen Geschmack. Leider verschwinden sie mehr und mehr vom Markt. An ihre Stelle rückt immer mehr eine neuere holländische Spezialität, nämlich aromatische Mischungen auf Grundlagen von Virginia und Burley. Diese sind seit ihrer Entstehung in den fünfziger Jahren wegen ihrer Leichtigkeit, Milde und vor allem wegen des

Eine Komposition mit dem Thema Reisen auf Metallbüchsen verschiedener Mischungen, gesehen bei Hajenius in Amsterdam, einem Spezialisten für Raucherartikel (rechte Seite).

Eine der aromatischen Mischungen des Hauses W. Ø. Larsen, die No. 10 Sweet Brown, hergestellt von dem dänischen Erzeuger Orlik Tobacco. Sie enthält einige milde Virginia-Preßtabake verschiedener Farben und einen Hauch des dazu kontrastierenden Black Cavendish. Die exakte Zusammensetzung und vor allem die Bestandteile der Soße bleiben jedoch ein Geheimnis (rechts). Dieses alte Ladenschild einer Tabakhandlung (Frankreich, gegen Ende des 18. Jahrhunderts) zeugt von einem heute fast verschwundenen Brauch: dem Tabakschnupfen. Der Schnupfer tritt, während er eine Prise nimmt, auf das Haupt der Medusa, dem Symbol der Tyrannei (unten).

kräftigen, fruchtigen Aromas bei jungen Rauchern sehr geschätzt und rasch in der ganzen Welt beliebt geworden. Viele werden als *ready rubbed* Cavendish angeboten – wodurch sie neben ihrer Milde auch einen ausgezeichneten Feuchtegehalt und dadurch ein langsames Glimmverhalten besitzen – oder als *crimp cut*, für diejenigen, die ein schnelleres Glimmen bevorzugen. Die berühmtesten sind der Amsterdamer, die Amphora-Mischungen, zu denen mehrere Cavendish und eine mit Whisky-Aroma gehören, und die Clan, bei denen es seit kurzem eine *light* gibt: für alle Raucher, die sich der modernen Tendenz zu »leichten« Lebens- und Genußmitteln angeschlossen haben. Holländische Tabake werden in großem Umfang exportiert und auch in zahlreichen Ländern in Lizenz hergestellt.

Die sogenannten »dänischen Tabake« schließlich sind ebenfalls aromatische Mischungen und ähneln in ihrem sehr leichten Rauch den holländischen. Die Dänen, bei denen es sehr viele Pfeifenraucher und unter ihnen große Kenner gibt, haben dabei einige Preßtabak-Spezialitäten entwickelt, worin sie unbestrittene Meister sind – *flake cut, curly cut* und Cavendish. Grundtabake bei den dänischen Mischungen sind Virginia, Burley, Perique oder Latakia. Unter dem Markennamen Mac Baren bietet die Firma Harald Halberg etwa zwanzig Mischungen an, darunter die beliebten Mixtures Golden Blend und Plum Cake. Der größte Hersteller im Lande, die Firma Orlik Tobacco, produziert mehrere Marken und bie-tet auch einen der beliebtesten Tabake im Lande an, den Orlik Golden Sliced eine milde *flake-cut*-Mischung auf Virginia-Basis, gemischt mit einem Hauch von Burley. Bemerkenswerterweise bietet er auch zwei *loose leaf cuts* auf Virginia-Basis an.

Neben diesen vier großen Richtungen, die als »klassische« Geschmacksrichtungen in der Welt des Pfeiferauchens mehr oder weniger beliebt sind, sind noch die französischen dunklen Tabake zu erwähnen, die für ihren kräftigen Geschmack bekannt sind und in viele Länder exportiert werden. Unter anderem gibt es da ein halbes Dutzend dunkler Tabake, die eine ganze Skala des traditionellen Caporal-Geschmacks bieten; der beliebteste unter ihnen ist der einfache Caporal, allgemein auch »petit gris«, der »kleine Graue« genannt, eine preiswerte Mischung aus französischen und orientalischen Tabaken.

In Deutschland beschränkt sich der Tabakanbau hauptsächlich auf den Anbau von Zigarettentabak in Baden und in der Pfalz.

Der »Petit gris« Caporal, der preiswerteste unter den französischen Tabaken, ist ein naturbelassener, dunkler Schnittabak, der in Frankreich noch heute zu den beliebtesten Sorten gehört. Sein kräftiger Geschmack kann von einer Stanwell-Pfeife nur noch unterstützt werden! (rechte Seite)

TABAK

Seit 1907 verbirgt die gediegene Atmosphäre bei Dunhill in London ein Versuchslabor, in dem die Experten unter den Pfeifenrauchern ihre persönliche Mischung komponieren und an Ort und Stelle kosten können. Vierundzwanzig Grundtabake stehen hier bereit, auch »My Mixture of the month«, die »Mischung des Monats« (rechts). Eine persönliche Mischung von Dunhill in der für englische Mischungen typischen Verpackung (unten).

DIE PERSÖNLICHEN MISCHUNGEN

Unter dieser allgemeinen Typik ordnet sich ein breitgefächertes Angebot unterschiedlicher Tabakwaren ein – es sind mehrere hundert verschiedene Mischungen –, die den Ansprüchen der großen Mehrheit der Pfeifenraucher auch genügen.

Darüber hinaus jedoch findet der extrem anspruchsvolle Raucher, dessen ausgeprägte Individualität nach einer persönlichen Note beim Tabak verlangt, weltweit nur bei zwei Spitzenfirmen die Möglichkeit, seine eigene Mischung »nach Maß« zu komponieren: bei Dunhill in London und bei W. Ø. Larsen in Kopenhagen, die sich in den Methoden leicht voneinander unterscheiden.

Bei Dunhill in der Duke Street stehen in der Tabakabteilung vierundzwanzig Tischkästen mit naturbelassenen und aromatisierten Stärkegraden für die Kunden bereit, die sich auf der Suche nach einem neuen Geschmack oder nach der absoluten Idealmischung für Gaumen und Nase befinden. Im Prinzip sind es zwei Arten von Kunden, die diesen Tempel des individualisierten Tabakkults betreten. Die einen wissen bereits, was sie wollen oder haben sogar schon ihre Idealmischung gefunden und mit einer Kennnummer in ein großes Register eintragen lassen, das – von Alfred Dunhill bei der Einweihung des Ladens im Jahr 1907 mit dem Namen *My Mixture Book* versehen – der einst eigens zu diesem Zweck eröffnet wurde. Mit Absicht läßt das Haus hier große Diskretion walten und gibt im Register keine Namen preis – immerhin haben hier schon einige Große dieser Welt ihre bevorzugte Mischung eintragen lassen, von denen etliche heute noch leben. Unter den bereits Verstorbenen sind zum Beispiel Eduard VII., der Herzog von Windsor und Rudyard Kipling zu nennen. Die anderen Kunden, die noch nach der Vollkommenheit suchen, werden von den Verkäufern bereitwilligst beraten. Es entspinnen sich dabei oft lange Diskussionen um die entscheidenden Punkte, wie etwa das Mischungsverhältnis zwischen diesem und jenem Stärkegrad, die Schnittart oder die Aromatisierung. Danach wird die Mischung zubereitet und der Kunde kann sie probieren, wenn er möchte. Erfahrene Raucher wissen jedoch, daß für ein definitives Urteil einige Züge nicht genügen: Aus unerfindlichen Gründen

Nachdem Alfred Dunhill 1906 zufällig mit der Welt der Pfeife konfrontiert wurde, entwickelte er sich rasch zum passionierten Raucher und Pfeifenspezialisten. Hier ist er gerade dabei, seine persönliche Mischung zu komponieren (links und rechte Seite unten).

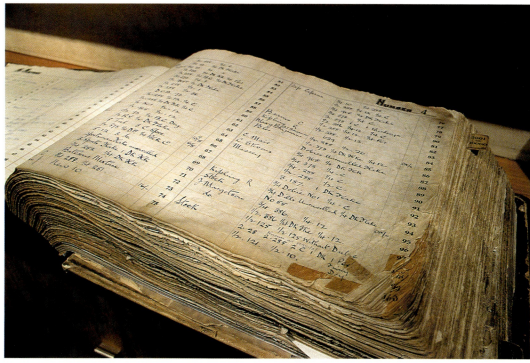

38 000 Rezepte, die bei Dunhill von Kunden persönlich zusammengestellt wurden, sind bis zum heutigen Tage in diesem altehrwürdigen Register eingetragen, das Alfred Dunhill 1907 als *My Mixture Book* eröffnete. Unter den Kunden befinden sich Persönlichkeiten wie Georg VI. und Alphons XIII. (links).

kann sich der Tabak von einem Tag zum anderen, von einem Ort zum anderen im Geschmack ändern.

Sobald der Kunde mit der Mischung einverstanden ist, bekommt sie, wenn es sie vorher noch nicht gab, eine Nummer und wird im Register eingetragen; dieses Verzeichnis ist heute ungefähr bis zur Nummer 38 000 gediehen! Die Mischung wird dann in einer kleinen runden Metalldose in Mengen von 50 oder 100 Gramm verpackt; die Dose erhält die registrierte Nummer. Im übrigen bietet Dunhill seinen Kunden eine stets wechselnde »Mischung des Monats« an, die eigens dazu gedacht ist, eine kleine Abwechslung zu den persönlichen Gewohnheiten zu bieten.

Bei W. Ø. Larsen in der Altstadt von Kopenhagen sieht sich der Kunde einem Angebot von vierhundert verschiedenen Tabakmischungen aller Marken gegenüber, wahrlich die größte Tabakauswahl der Welt. Darüber hinaus bietet die Firma etwa vierzig Tabaksorten unter eigenem Namen an, einschließlich vieler naturbelassener oder auch aromatisierter Basistabake verschiedener Schnittarten. Alle diese »Hausmarken« sind in kleinen Dosen zu fünfzig oder hundert Gramm abgepackt. Hierin unterscheidet sich W. Ø. Larsen wesentlich von Dunhill: Seine Kunden gehen nicht mit einer fertigen Mischung nach Hause, sondern wählen sich – mit oder ohne Beratung – einige dieser Dosen aus und können dann zu Hause nach Lust und Laune damit experimentieren. Der Hauptvorteil: Der Raucher kann Geschmack und Aroma seines Tabaks selbst abstufen und zum Beispiel im Laufe des Tages von einer sehr milden zu einer sehr starken Pfeife gelangen.

Paradoxerweise findet der wahre Tabakfreund und -kenner gerade in Amerika, dessen Raucher oft als wenig kompetent gelten, das beste Angebot. Dort wahrt man noch immer die Tradition des Verkaufs von offenem Tabak, und in jeder größeren Stadt gibt es einen oder mehrere Händler, bei denen man sich mit naturbelassenen oder aromatisierten Tabaken versorgen kann, um daraus seine eigene, persönliche Mischung zuzubereiten.

Es muß wohl nicht betont werden, daß eine gehörige Portion Erfahrung dazu gehört, seine eigene Mischung zu bereiten, will man nicht eine herbe Enttäuschung riskieren! Selbst viel Erfahrung genügt nicht immer, um die Idealmischung realisieren. Einer der erfahrensten Pfeifenraucher und -sammler des 20. Jahr-

»Manuel stopfte seine Pfeife mit einem gräßlichen Kraut, machte es sich zwischen Ankerwinde und einer Koje im Vorschiff bequem, legte die Füße auf den Tisch und blickte mit einem lässigen Lächeln dem Rauch nach.« Rudyard Kipling rauchte einen besseren Tabak als sein Manuel, ein Matrose auf dem Schoner *We're here* in *Mutige Kapitäne*. Kipling war Kunde bei Dunhill und seine persönliche Mischung steht im *My Mixture Book* unter der Nummer 453 (rechts). Mit den Fingern liebevoll den Tabak befühlen, sein Aroma einatmen, vielleicht auch dabei von fernen Ländern träumen – in diesen Genuß scheint *L'Artiste* von Manet versunken zu sein (unten).

hunderts, der Mailänder Naturalist Eppe Ramazzotti, der selbst zwei Bücher zu diesem Thema geschrieben hat, gestand dies am Ende seines Lebens ein: »Ich mische nun seit fünfzig Jahren Tabake, um meine Idealmischung zu finden, doch gefunden habe ich sie noch immer nicht.«

Wenn es auch keine festen Regeln gibt, so richten sich die Raucher, die ihre eigenen Mischungen komponieren, doch immerhin nach einigen Prinzipien, um diese oder jene Wirkung zu erzielen. Um beispielsweise einer gekauften Mischung, die sich als zu mild herausstellt, einen kräftigeren Geschmack zu verleihen, braucht man lediglich ein gewisses Quantum eines naturbelassenen, dunklen Tabaks beizumischen. Das Gegenteil kann man erreichen, indem man einer zu starken Mischung ein wenig leichten, hellen Tabak beimischt, zum Beispiel einen Orientalen. Etwas komplizierter wird es, wenn man das Aroma oder die Würze einer Mischung ändern möchte. Latakia und Perique, die gerne zu diesem Zweck verwendet werden, müssen äußerst vorsichtig dosiert werden, da bereits eine winzige Menge dieser beiden Tabake eine starke Wirkung zeitigt. Die wichtigste und auch heikelste Aufgabe aber ist es, eine homogene Mischung zu schaffen, d. h. bei allen Bestandteilen der Mischung auf etwa den gleichen Schnitt und den gleichen Feuchtigkeitsgehalt zu achten. Zu diesem Zwecke kann es erforderlich sein, zum Beispiel Preßtabake, die man mit Schnitttabaken mischen möchte, zuvor zu häckseln und etwas zu trocknen.

Über diese Prinzipien hinaus braucht man zum Komponieren einer eigenen, befriedigenden Mischung ein Gramm Fantasie, drei Gramm Wissen und Erfahrung, sechs Gramm Glück und wenigstens zehn Gramm der Grundzutat: Beharrlichkeit.

Viel Glück!

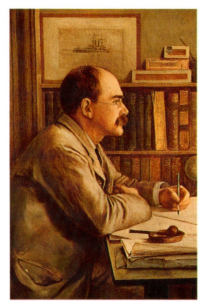

TAUSENDUNDEIN GENUSS

»Die Welt des Rauchens fügt sich aus so vielen Wesenheiten zusammen, daß man sie nicht einem Gesetz unterwerfen kann.« Wer könnte dieses Wort des französischen Nachkriegspolitikers Edgar Faure, der leidenschaftlich gern Pfeife rauchte, nicht sofort unterschreiben? Die Genüsse, die der Tabak für den Raucher bereithält, lassen sich nicht so leicht auf einen gemeinsamen Nenner bringen. Dafür sind auch die Raucher zu verschieden; jeder bringt nicht nur seine eigene, unverwechselbare Persönlichkeit mit, seine Vorlieben, fixen Ideen und Abneigungen, sondern auch sein eigenes Vokabular. Da gibt es den Abenteuerlustigen, der alle möglichen Tabake ausprobieren möchte und wie ein Schmetterling von einem zum anderen flattert, dann den Gourmet, der seinen Tabak nach der Gunst der Stunde oder auch nach der Jahreszeit auswählt und ihn genauso hoch schätzt wie einen Bordeaux Grand cru, dann den auf Wirkung Bedachten, der seine Umgebung mit berauschenden Düften beeindrucken möchte, und am anderen Ende der Palette auch den alten Landmann, der sich durch keine Neuheit von seinem »Kraut« abbringen läßt. Und alle diese Raucher haben nur eines gemeinsam: die Pfeife, nicht aber den Tabak.

Dennoch sind sich alle über eine Grundwahrheit einig: Der Tabak ist die Seele der Pfeife. Durch ihn wird dieser vertraute Gegenstand ein lebendiges und sich wandelndes, manchmal launisches, manchmal zurückhaltendes Wesen, dessen Sinn es ist, Genuß zu bereiten. Tausendundeinen Genuß …

Es beginnt damit, daß man ein neues Päckchen öffnet, das sogleich ein wunderbares Aroma verströmt. Darin enthalten ist ein reines Produkt der Erde, dessen Geruch Raucher von natur-

»Der Tabak hat nicht seinesgleichen, er ist die Passion ehrbarer Leute«, läßt Molière Sganarelle im *Don Juan* sagen. Eine Passion der Sinnlichkeit, vor allem, wenn die Pfeife dabei ins Spiel kommt. Dieser Freund der Tabaksorte Prince Albert könnte bestätigen, wie bereits das Stopfen der Pfeife für Auge und Nase ein Genuß ist und dabei die Vorfreude auf das Rauchvergnügen steigert (rechte Seite).

belassenem Schnittabak lieben – manche halten ihn sogar irrtümlich für den Geruch eines gerade geernteten Blattes. In anderen wiederum erweckt der dunkle Tabak eine ganze Welt von Assoziationen: »Es riecht nach gemähten Wiesen, nach umgegrabener Erde, nach Baumwolle, nach feuchtem Leder, nach einem Waldbrand, nach einem Zug voller Menschen« (Louis Pauwels). Die einen schmecken das Ursprüngliche heraus, andere wiederum begeben sich auf eine fantastische Reise, denn der Dose mit der englischen Mischung – abgerundet mit einem Hauch rauchiger Kraft des Latakias – entsteigen sowohl die Düfte eines Nadelwaldes im Sommer als auch die eines orientalischen Basars. Die Mehrheit der Raucher legt heute jedoch – vor allem in Skandinavien, in Holland, in Amerika und auch in Deutschland – Wert darauf, einen Duft zu haben, den man persönlich besonders gerne mag, sei es nun Schokoladen-, Nuß-, Apfel-, Kirsch-, Rum- oder Whisky-Aroma, und das selbst dann, wenn der Rauchgeschmack dem nicht nachkommt. Das Aroma soßierter Tabake ist wie ein Köder in der Falle, doch tappt der Raucher mit der gleichen Faszination hinein, wie sie ein Kind vor einer Verkleidung empfindet.

Als nächstes darf sich das Auge an dem Anblick des Tabaks erfreuen, der sich in so verschiedenen Schnitten und Farben präsentiert – von elfenbeinfarben über gold bis schwarz. Vor allem die englischen Mischungen bieten ein faszinierendes Farbspiel der Kontraste. Dieser Genuß ist schwer zu beschreiben, doch man könnte ihn mit der Betrachtung einer schönen Bruyèrepfeife vergleichen.

Es ist, als ob hier eine geheime Verbindung zwischen der Schönheit der Natur und der Arbeit des Menschen bestünde – eine gewisse Harmonie und Kultur. Und dann genießen es alle Raucher, ihre Finger in die wirre oder kompakte Masse des Tabaks zu versenken, die Fasern zwischen den Fingerspitzen zu zerkleinern, ihre Struktur, ihre Feuchtigkeit und ihre »Krause« zu fühlen. Das ist nicht nur ein Genuß der Sinne, sondern auch eine Quelle der Vorfreude auf den nächsten Schritt, den Rauchgenuß, der ja von der Schnittqualität, der Homogenität und dem Feuchtigkeitsgehalt des Tabaks abhängt.

Schließlich folgt der eigentliche Rauchgenuß – oder besser: die Rauchgenüsse, denn mit dem Pfeifenrauchen ist es wie mit einem mehrgängigen Mahl, das unterschiedliche Geschmacksrichtungen bereithält. Gleich nach dem Anzünden schmeckt der Rauch leicht und duftig und entzückt vor allem die Nase. Nach und nach wird er schwerer, intensiver und spricht auch die Geschmacksnerven im Mund an. Wenn der Raucher am Ende einer guten Pfeife voll guten Tabaks angelangt ist, fühlt er sich satt und zufrieden. Er hat eine kleine Auswahl aus den Tausenden von Geschmacksvarianten probiert, die die heutigen Tabake anbieten – mehr oder weniger natürliche, mehr oder weniger starke, mehr oder weniger fruchtige oder süße.

Wie bei allen Vergnügungen des Lebens gibt es auch beim Tabak keine Regeln. Jeder rauche nach seinem eigenen Gusto! Dennoch ist bei den erfahrenen und leidenschaftlichen Pfeifenrauchern – beim harten Kern sozusagen – eine gewisse Einigkeit hinsichtlich aromatischer Tabake vorhanden, von denen sie förmlich abraten. Und das wortreich, denn bei der Beschreibung der Nachteile soßierter Tabake versagt die Sprache – im Unterschied zur Beschreibung der reinen Genüsse! – nicht: Der Rauch der »gesoßten« Tabake brenne auf der Zunge, kratze in der Kehle und hinterlasse eine taube, rauhe Zunge. Es ist tatsächlich etwas Wahres daran, daß die Soßen der Tabakwarenhersteller häufig sehr scharf gewürzt sind ... und teilweise auch ein wenig undurchschaubar. Das Ideal bleibt nach wie vor, den Tabak so, wie er ist, zu genießen, als Produkt der Natur – er wird einen nie enttäuschen.

Die Morgenpfeife, eine Zeichnung von Honoré Daumier (oben).

Tabak und Pfeife haben in der Gesellschaft immer wieder Strohfeuer der Begeisterung wie auch der Feindseligkeit entfacht und sind damit ein beliebtes Motiv für Karikaturisten. In einer Bildergeschichte aus dem Jahre 1890 amüsiert sich Godefroy sowohl über die Hinterlist des Rauchers, eines Arbeiters, als auch über die Lächerlichkeit einiger stocksteifer Bürger: »Ein gemütliches Pfeifchen« (unten).

DER TABAK UND DIE GESUNDHEIT

Auch weibliche Pfeifenraucher sind durchaus Gegenstand netter kleiner Spötteleien, wie hier die »Modebewußte Frau« in einer Zeichnung, die in der 1832 gegründeten Karikaturzeitschrift *Charivari* erschien: »Fürchten Sie denn nicht, aus dem Munde zu riechen? – Aber gar nicht, mein Lieber, ich spüle mir den Mund mit zwei oder drei Gläschen Schnaps aus« (oben).

Es wäre jammerschade, wenn so viel Raffinesse, Erfahrung und Hingabe auf Nimmerwiedersehen von der Bildfläche verschwinden sollten, nur weil in vielen Ländern hartnäckige Kampagnen gegen das Rauchen geführt werden. Vor allem die Pfeifentabake verdienen diese Attacken nicht, denn wenn auch das Nikotin für den Menschen ein tödliches Gift sein kann, wenn er zuviel davon konsumiert, so ist doch die besondere Art des Nicht-Inhalierens, des »Paffens« beim Pfeiferauchen ein gewisser Schutz.

Nikotin ist ein starkes und äußerst giftiges Alkaloid, das in reinem Zustand tödlich wirkt – schon vierzig Milligramm können zuviel sein … Eine Zigarette oder eine Pfeife enthält nur einen Bruchteil davon, und dieser verflüchtigt sich außerdem zum Teil zwischen den einzelnen Zügen. In dieser schwachen Menge hat das Nikotin bei den meisten Rauchern nur eine leicht beruhigende Wirkung, was besonders von ängstlichen Naturen als sehr angenehm empfunden wird. Die Hauptgefahr liegt wohl eher darin, daß sich eine Gewohnheit und ein Bedürfnis nach immer mehr Nikotin entwickeln, wovon man nur schwer wieder loskommt. Die Gefahr des Nikotins besteht also weniger in seiner Giftigkeit, als vielmehr in der Abhängigkeit und Sucht, die es verursachen kann.

Es hat sich erwiesen, daß der Pfeifenrauch, der im allgemeinen alkalischer ist als der Zigarettenrauch, die Aufnahme des Nikotins durch die Mundschleimhäute fördert. Das bedeutet, daß der Pfeifenraucher im Gegensatz zum Zigarettenraucher seinen Teil Nikotin abbekommt, ohne inhalieren zu müssen. Die meisten Liebhaber des Paffens sind tatsächlich damit zufrieden, den Rauch in den Mund zu ziehen und sogleich wieder auszustoßen. Auf diese Weise ersparen sich kluge Pfeifenraucher zum großen Teil die schädlichen und sogar krebserzeugenden Wirkungen der verschiedenen, im Tabak vorhandenen Substanzen, zum Beispiel der Teerstoffe. Und dies nicht nur, weil sie nicht inhalieren, sondern auch, weil das ruhige, sparsame Ziehen den Anteil von Teerstoffen und Phenolen verringert.

All dies erklärt, warum die Gefahr des Lungenkrebses bei Pfeifenrauchern, die nicht inhalieren, nicht größer ist als bei Nichtrauchern. Eine amerikanische Untersuchung hat allerdings ergeben, daß Pfeifenraucher insgesamt jedoch ein etwas größeres Gesundheitsrisiko eingehen als Nichtraucher. Wenn man also seine Pfeife mit gutem Gewissen rauchen möchte, empfehlen sich einige Vorsichtsmaßnahmen:

Zunächst einmal sollte man das Pfeiferauchen vermeiden, wenn man eine Verletzung im Mund hat: Es besteht die Gefahr einer Infektion. Alle anderen Ratschläge betreffen den äußerst teerstoffhaltigen »Pfeifensaft«, der sich durch Kondensierung bildet und sich im Holm wie im Mundstück niederschlägt. Diese beiden Teile der Pfeife müssen daher unbedingt regelmäßig gereinigt werden. Die Kondensierung, die durch ein zu starkes Erhitzen im Pfeifenkopf und durch einen schlechten Zug der Pfeife verursacht wird, kann durch etliche Faktoren auch reduziert werden: Eine Bruyère aus gutem, dichtem Holz hält eine gemäßigtere Temperatur aufrecht; ein Grobschnitt des Tabaks ist vorteilhaft, da er langsamer glimmt; ein am Ende des Mundstücks eingeschraubtes System zum Filtern von Nikotin und Teerstoffen, das den Zug der Pfeife behindert, sollte so früh wie möglich entfernt werden; aus demselben Grund sollte eine Pfeife auch gut gestopft werden.

Wenn nun der Pfeifenraucher diese einfachen Ratschläge befolgt und somit die Gesundheitsgefahr auf ein Minimum reduziert hat und wenn er sich obendrein mit dem Tabak versorgt hat, der ihm am besten schmeckt, dann kann er sich beruhigt zurücklehnen und glücklich und zufrieden seine Pfeife schmauchen.

Das waren noch Zeiten, als in den Vereinigten Staaten Pfeifen und Zigaretten noch nicht mit einem üblen Laster gleichgesetzt wurden, das nur bei dubiosen Personen verbreitet sei, denen man besser aus dem Weg gehe. »Beg for it!« lautet dieses Werbeplakat aus den zwanziger Jahren, zweideutig in Wort und Bild (oben).

DIE PFEIFE. EINE GEBRAUCHSANWEISUNG

Wenn auch die Kunst des Pfeiferauchens nichts Esoterisches oder Mystisches hat, wie Alfred Henry Dunhill uns in seinem *Gentle Art of Smoking* mit Recht versichert, so sind doch mit dem Rauchgenuß – neben einigen Regeln – auch schwer faßbare Zufälle verbunden. Jeder Raucher mit Erfahrung weiß, daß selbst bei Einhaltung der wichtigen Regeln im Umfang mit der Pfeife der ungetrübte Genuß seines »guten Pfeifchens« noch nicht garantiert ist. Glücklich schätzt sich der Zigarrenliebhaber, der schon beim Anzünden seiner Cohiba weiß, daß er nicht enttäuscht werden wird! Jeder Pfeifenraucher erinnert sich hingegen an diese oder jene gut eingerauchte Pfeife, die, sorgfältig gestopft und nach allen Regeln der Kunst angezündet, eines Tages plötzlich ungenießbar ist – um dann, nach einigen Wochen der Ruhe, wieder der beste Freund zu sein. Dieses Phänomen ist unerklärlich – ein Ehegeheimnis der beiden Naturprodukte, die sich hier vereinen: das Bruyèreholz – oder seltener der Meerschaum – und der Tabak. Eine Ehe, die – wie alle Ehen – manchmal gut läuft und manchmal auch weniger gut.

DIE QUAL DER WAHL

Der alte Ire, der behauptete, daß die Anschaffung einer Pfeife ebenso Glückssache sei wie der Erwerb eines neuen Tweedsakkos, liegt ganz richtig. Das Problem beginnt in dem Augenblick, in dem Sie den Entschluß fassen, einen Pfeifenhändler aufzusuchen. Von diesem Moment an empfiehlt es sich sowohl für den Pfeifenraucher mit Erfahrung als auch für den Anfänger, gewisse Regeln zu befolgen, die zwar keine Garantie gegen Enttäuschungen gewähren, die aber das Risiko eines Fehlkaufs immerhin deutlich reduzieren.

Die erste dieser Regeln besteht darin, den richtigen Pfeifenhändler zu wählen. Man sollte sich beim Kauf seiner Pfeife, vor allem, wenn es die erste ist, unbedingt an einen Fachmann wenden. Gewiß kann man auch in einem einfachen Tabakwarenladen eine gute Pfeife finden, doch wird man hier von dem Verkäufer, der meist wenig Zeit hat und hauptsächlich mit Zigaretten handelt, wohl kaum eine sachkundige Auskunft in dieser heiklen Angelegenheit bekommen. Ich persönlich beglückwünsche mich noch heute dazu, daß mich der Zufall beim Kauf meiner ersten Pfeife zu dem inzwischen leider verstorbenen Garnier in Paris geführt hat, wo ich mir unter liebenswürdiger und kompetenter Beratung eine Pfeife in der Form eines Stierkopfes aussuchte – der Talisman meines Lieblingsdetektivs Nestor Burma, dessen von Leo Malet erfundene Abenteuer ich damals verschlang. Und diese Pfeife raucht sich heute, dreißig Jahre später, noch immer köstlich. Mit Schaudern denke ich daran, daß ich auch beim Tabakladen um die Ecke irgendeine Pfeife hätte kaufen können, die ich dann wahrscheinlich nach einigen mißglückten Versuchen zugunsten der Zigarette aufgegeben hätte. Es ist eine Tatsache, daß nur ein echter Pfeifenhändler – der die von ihm verkauften Pfeifen auch wieder instand setzt und repariert – genügend Auswahl und Erfahrung hat, um einem Neuling zu helfen. Und er weiß auch, daß sowohl der Eingeweihte wie auch der Novize beim Kauf einer Pfeife eine ruhige Umgebung, freundliche Aufmerksamkeit und vor allem viel Zeit braucht.

Wenn Sie vor der Wahl Ihrer ersten Pfeife stehen und noch keine bestimmte Vorstellung haben, ist wohl das natürlichste Auswahlkriterium der Betrag, den Sie ausgeben möchten. Hier gibt es eine Regel fast ohne Ausnahme: Je teurer die Pfeife, desto höher ist wahrscheinlich ihre Qualität. Bei einer Bruyèrepfeife bestimmt sich der Preis nach drei Grundfaktoren: nach ihrer Größe – denn je größer sie ist, desto teurer ist sie auch; nach der Zeichnung und Struktur ihres Holzes – größere oder geringere Regelmäßigkeit und Dichte der geflammten Maserung oder der »Vogelaugen«; und schließlich nach der Art ihrer Herstellung. Bei der Meerschaumpfeife ist der Preis immer hoch, was vor allem an der Seltenheit dieses Materials liegt. Doch wenn Sie sich für die erste Raucherfahrung gleich eine Bruyère – zum Beispiel von Dunhill – genehmigen können, dann tun Sie das. Und hören Sie nicht auf neidische Zungen, die behaupten, eine solche Pfeife für einen Neuling zu kaufen hieße, Perlen vor die Säue zu werfen. Denn je besser Ihre erste Pfeife ist, um so angenehmer werden

---

Diese Werkzeuge und Bestecke gehören zum Ritual des Pfeiferauchens. Sie sind zwar nicht alle unentbehrlich, doch liegt ihr Wert nicht allein in ihrer Nützlichkeit – sie sind ein Teil des Vergnügens (vorhergehende Doppelseite).

Die Gewichtigkeit eines Rauchers bemißt sich nicht an seinem Alter. Zu früh aber sollte man auch nicht anfangen. Bis man alt genug ist, darf man vielleicht, wie dieser Knirps auf einer Postkarte, an einer von Papas Pfeifen nuckeln – vorausgesetzt, sie wurde noch nie geraucht (links)! Eine der hervorragendsten Pfeifenhandlungen war die des Hauses Sommer »Aux carrières d'écume« (»Zur Meerschaum-Grube«) in Paris, die leider 1989 ihre Pforten schloß. Der ganz in massivem Mahagoni gehaltene Laden stammte aus dem Jahre 1855 (rechte Seite).

Ihre ersten Versuche ausfallen und um so begeisterter werden Sie sich daran machen, die Wunder dieser neuen Welt zu entdecken. Es wäre jedoch schade, eine so vollkommene Pfeife durch falsche Behandlung zu verderben. Man sollte daher beim Rauchen ebenso sorgfältig vorgehen wie die Pfeifenmacher bei der Herstellung. Doch keine Angst: Auch mit weniger Geld bekommt man bei einem guten Pfeifenhändler ein ganzes Sortiment an Pfeifen vorgelegt, die zwar sicherlich weniger vollkommen, aber noch immer von einer Qualität sind, mit der man sich höchst angenehm ins Pfeiferauchen einführen kann. Im übrigen ist es eine Frage des Geschmacks – und des Glücks. Wenn der Verkäufer, nachdem er über Ihr Budget informiert worden ist, eine ganze Reihe von Pfeifen verschiedener Formen vor Ihnen ausgebreitet hat, dann wählen Sie einfach die, die Ihnen am besten gefällt.

Bereits der Anblick sollte Sie begeistern. Kaufen Sie nie eine Pfeife, deren Äußeres Ihnen nicht vollkommen gefällt, nur weil sie vielleicht andere Vorzüge hat. Zu leicht läßt man eine solche Pfeife dann bald links liegen. Wenn Ihnen bei einer Bruyèrepfeife ihr Schwung, ihre Form und Farben gut gefallen, dann untersuchen Sie sie genauer. Versuchen Sie, gekittete kleine Löcher oder Fehler im Holz, die es meistens gibt, ausfindig zu machen. Wenn diese nicht zu groß sind, tun sie der Qualität der Pfeife keinen Abbruch. Doch muß man wissen, daß sie früher oder später stärker hervortreten werden, da die Farbe des Kitts – im Unterschied zur Farbe des Holzes – sich nicht beim Rauchen verändert. Bei größeren Fehlstellen besteht die Gefahr, daß die Pfeife eines Tages zerspringt. Pfeifen, die innen im Kopf Kittstellen haben, sollte man nicht nehmen, denn der sehr unangenehme Geschmack während des Einrauchens wirkt sich eher abschreckend aus.

Gefällt Ihnen die Pfeife auch nach genauerem Hinsehen, so nehmen Sie sie ruhig in den Mund – der Händler hat den Biß, den vordersten, flachen Teil des Mundstücks, den man zwischen den Zähnen hält, mit einer Plastikhülle geschützt – und prüfen Sie vor einem Spiegel, ob die Pfeife auch optisch zu Ihnen paßt. Natürlich öffnet sich hier das weite Feld des subjektiven Geschmacks, doch sollte man berücksichtigen, daß beispielsweise eine zierliche, kleine Pfeife in einem sehr großen Gesicht ebenso unpassend wirkt wie ein mächtiger Kolben, hinter dem ein kleines Gesicht fast verschwindet.

Und wenn Sie noch zwischen verschiedenen Formen schwanken sollten, wählen Sie am besten die klassischste, denn sie ist erprobt und wird Sie nicht enttäuschen. Es ist zu empfehlen, für den Anfang eine mittelgroße Pfeife mit »viel Holz« zu wählen, das heißt eine Pfeife, deren Kopf relativ dick ist, so daß sie nicht zu leicht zu

Für die Wahl einer Pfeife sollte man sich Zeit nehmen, sich gegebenenfalls setzen und in der Stille eines friedlichen Raumes ruhig nachdenken können. All das bietet das Geschäft Astleys in der Jermyn Street in London. Fünfundvierzig Jahre lang war Mr. Walters ein aufmerksamer und überaus sachkundiger Berater für die Kunden des Hauses (rechts).

»Sie steht ihm sehr gut!« – Sich für eine Pfeife zu entscheiden heißt auch, sein eigenes Äußeres zu akzeptieren, ja sogar zu betonen. Das hatte der mit seiner Eitelkeit kokettierende Maler Norman Rockwell wohl begriffen, als er in diesem Selbstporträt im Selbstporträt seine Brille wegließ, die Pfeife aber mit darstellte (*The triple self portrait,* rechte Seite).

Die Auswahl an Pfeifenformen ist so groß, daß jeder eine zu seiner Persönlichkeit wie auch zu den jeweiligen Umständen passende Pfeife finden kann. Die liberalste Republikanerin im Kongreß der siebziger Jahre, die elegante Millicent Fenwick, verstand es ausgezeichnet, ihr gutgeschnittenes Profil mit einer geraden, sehr schlanken Pfeife zu betonen (rechts) . . .

heiß wird. Sie sollte nicht zu groß sein, denn sie zu rauchen erforderte langen Atem, über den der Anfänger vielleicht nicht verfügt, aber auch nicht zu klein, da das Rauchvergnügen sonst zu schnell zu Ende wäre. Achten Sie darauf, daß das Mundstück möglichst lang ist, denn auf diese Weise kommt der Rauch kühler im Mund an. Bei zwei Pfeifen der gleichen Größe und des gleichen Aussehens sollte man die leichtere wählen, da sie angenehmer im Mund zu halten ist und wahrscheinlich besser getrocknet und somit besser entharzt ist. Halten Sie sich – vor allem zu Anfang – eher an natürliches oder sandgeblasenes Holz als an lackierte Pfeifen, bei denen Sie durch zu hastiges und zu heißes Rauchen riskieren, daß der Lack schmilzt und in den Kopf hineinläuft und damit den Geschmack beeinträchtigt. Auch gebeizte Pfeifen geben eventuelle Fehler nur schlecht zu erkennen. Machen Sie einen weiten Bogen um alle Pfeifen mit Lederbezug oder Seehundfellbezug, wie sie in den fünfziger Jahren bei manchen seltsamen Käuzen beliebt waren: Dieser Bezug kann die schlimmsten Fehler verdecken. Vermeiden Sie zu Anfang auch die sogenannten guillochierten Pfeifen, die den sandgeblasenen ähneln: Diese mit der Fräse oder dem Messer »ziselierten« Pfeifen sind oft widerstandsfähiger als die »natürlichen«, doch kann das kunstvolle Holzrelief schwere Fehler verbergen. Und schließlich sollten Sie auch keine Pfeife mit ovalem Kopf wählen, die zwar sehr praktisch in der Tasche zu verstauen, aber schwierig zu rauchen ist, da der Tabak in ihr nicht gleichmäßig brennt.

Bevor Sie Ihre endgültige Wahl treffen, sollten Sie ausprobieren, ob die Pfeife Ihnen »gut in der Hand liegt«. Es ist nicht leicht, diese spezielle Empfindung zu beschreiben, die sich einstellt, wenn man einen angenehm geformten Gegenstand berührt, ihn in der Hand wiegt und mit den Fingern seinen Formen nachspürt. Jeder Pfeifenraucher mit Erfahrung weiß, daß man die Pfeife mindestens ebenso oft, wie man sie im Mund hat, auch in der Hand hält und betrachtet und daß ihre Wärme und ihre glatte Oberfläche fast genausoviel zählen wie ihr Rauchgeschmack.

Vergessen Sie bei der Wahl Ihrer Pfeife auch nicht, das Mundstück zu prüfen. Heutzutage sind die meisten Mundstücke bei Bruyèrepfeifen aus Ebonit und – bei Meerschaumpfeifen – aus Kunststoff oder Kunstharz (eine Bernstein-Imitation). Generell ist ihre Formgebung durch die Pfeifenform bedingt, doch der Biß und die Öffnung des Rauchkanals sind entsprechend den verschiedenen Geschmäckern und Bedürfnissen der Raucher verschieden geformt. Diese Details sind wichtiger, als es den Anschein hat, denn sie bestimmen, wie der Rauch im Mund ankommt und wie die Pfeife zwischen den Zähnen gehalten werden kann. Hier besteht die einzige Regel darin, daß der Biß des Mundstücks zum eigenen Gebiß passen muß: Man sollte die Pfeife mühelos im Mund halten können. Je nachdem wählt man also einen schmalen Biß, der gut zwischen Eck- und Schneidezahn eingeklemmt werden kann, aber kräftige Zähne und Kiefer verlangt, oder einen breiten und flachen Biß, auch »Fischschwanz« genannt, der das Gewicht der Pfeife auf mehrere Zähne verteilt, dafür aber leicht wackelig sein kann. Hier hilft nur Ausprobieren . . . oder gegebenenfalls das Mundstück später auszutauschen. Die Öffnung sollte nicht zu eng sein, da sie sonst den Zug behindert und den Rauch auf eine Stelle der Zunge konzentriert. Manche Mundstücke, wie zum Beispiel die der Peterson-Pfeifen, haben eine Öffnung, die den Rauch nach oben zum Gaumen leitet, um eine besonders empfindliche Zunge zu schonen. Der nervöse Raucher schließlich, der dazu neigt, auf dem Biß herumzukauen oder gar fest zuzubeißen, tut gut daran, ein Mundstück mit dickem oder eher rundem Biß auszusuchen.

Ein letztes Detail beim Pfeifenkauf ist die Entscheidung für oder gegen ein am Ende des Mundstücks eingeschraubtes System zum Filtern von Nikotin und Teerstoffen. Es handelt

. . . während diese nicht weniger elegante Bulldogge ihre etwas breit geratenen Gesichtszüge mit einer mächtigen Pfeife sehr vorteilhaft zur Geltung bringt (links).

Seine Königliche Hoheit Prinz Bernhard von den Niederlanden genießt eine seiner Bents. Am 31. März 1973 wurde er von der Zunft der Pfeifenbaumeister von Saint-Claude, die ihr 29. Kapitel ausnahmsweise im Palast von Soestdijk abhielten, in den Stand eines Mitglieds erhoben (rechts).

Eine große oder eine kleine Pfeife? Dies hängt von der Gesichtsform und vor allem von der Tabakmenge ab, die man rauchen möchte. Anfänger tun gut daran, nicht gleich zu den größten Pfeifen zu greifen (unten: Karikatur aus dem Jahre 1871).

sich entweder um Wegwerffilter oder um auswaschbare Dauerfilter. Hier kann man nur den Rat geben, ganz darauf zu verzichten, um den Geschmack des Tabaks und das Vergnügen an der Pfeife zu erhalten, denn diese Filter haben die unangenehme Eigenschaft, die Kondensation im Mundstück zu erhöhen und dem Rauch einen Nachgeschmack alten Nikotins zu verleihen. Wenn Sie die Schädlichkeit des Tabaks verringern möchten, ohne auf seinen vollen Genuß zu verzichten, dann empfiehlt es sich, den Rauch nicht zu inhalieren, langsam zu rauchen und die Pfeife oft zu reinigen. Bei ganz neuen Pfeifen kann sich ein Filter als geeignetes Mittel erweisen, um die »Schärfe« des Rauchs zu mildern, doch sobald die Pfeife eingeraucht ist und im Kopf ihre Kohleschicht hat, kann man den Filter ruhig herausnehmen.

Welche Pfeife haben Sie ausgewählt? Sehr wahrscheinlich eine der Bruyèrepfeifen, die heute fast das gesamte Angebot ausmachen. Es gibt sie in unendlicher Vielfalt, doch die meisten von ihnen lassen sich je nach ihrer Form, Größe und Machart kategorisieren. Zwei Grundformen bilden dabei den ersten Unterschied, der auch für das unerfahrenste Auge deutlich sichtbar ist: Pfeifen mit geradem Holm und Mundstück sowie Pfeifen mit gebogenem Holm und Mundstück. *Straight* und *bent* lauten die englischen Begriffe, wie sich überhaupt die englische Sprache in der Pfeifenwelt international durchgesetzt hat. Innerhalb dieser beiden Grundformen scheint die Fantasie der Pfeifenmacher

DIE PFEIFE. EINE GEBRAUCHSANWEISUNG

»Es war wie jeden Tag. Er betrat sein Büro. Trotz des weit zum Quai des Orfèvres hin geöffneten Fensters hing ein Tabakduft in der Luft. Er legte seine Akten auf einer Ecke des Schreibtischs ab, klopfte seine noch warme Pfeife am Fensterstock aus, kehrte zum Schreibtisch zurück, um sich zu setzen, und seine Hand suchte mechanisch nach einer anderen Pfeife, dort, wo sie hätte sein sollen, zu seiner Rechten. Doch sie war nicht da. Es gab drei Pfeifen neben dem Aschenbecher, darunter eine aus Meerschaum, aber die gute, nach der er hatte greifen wollen, die er am liebsten rauchte und immer bei sich hatte, eine große, leicht gebogene Bruyèrepfeife, die ihm seine Frau vor zehn Jahren zum Geburtstag geschenkt hatte und die er seine gute alte Pfeife nannte, die war nicht da.« So beginnt *Die Pfeife des Kommissars Maigret* (1947) von Georges Simenon (rechts).

Die Pfeife und die Brillen von Piet Mondrian (unten): sehr schlichte Linien, die den Werken des niederländischen Malers entsprechen. Der große Meister der geometrischen Abstraktion, auf einer Fotografie von 1926 (rechte Seite).

keine Grenzen zu kennen. Im Laufe der Jahrzehnte haben sich dabei jedoch immerhin mehr als ein Dutzend Standardformen herausgebildet, sozusagen die klassischen Formen, von denen jeder Pfeifenraucher jeweils mindestens ein Exemplar in seiner persönlichen Pfeifensammlung hat.

Bei den *straights* ist die schlichteste und am meisten verbreitete Pfeife die Billiard. Eigentlich kennt niemand so recht den Grund für diese Anspielung auf das Billardspiel. Es ist eine gerade Pfeife mit sehr schlichter Linienführung, deren Kopf im rechten Winkel zum Holm steht. Der Winkel zwischen Kopf und Holm ist von großer Bedeutung: Je spitzer er ausfällt, um so weniger beißend ist der Rauch. Von der Billiard sind mehrere klassische Formen abgeleitet: die Poker, die auch Stand-up Poker genannt wird, da sie durch ihren an der Unterseite plan gehobelten Kopf praktischerweise aufrecht »abgestellt« werden kann; die Apple mit ihrem runden Kopf hat ihren Namen offensichtlich vom Apfel (es gibt sie auch als *bent);* die Bulldog, eine robuste, massive und gedrungene Pfeife, wie der Name andeutet, hat einen in der Mitte ausgebauchten

150

Oft geht die Liebe zur Pfeife vom Vater auf den Sohn über. Bernard Blier, einer der großen Schauspieler des französischen Kinos, wurde selten ohne seine Pfeife gesehen. 1977 krönten ihn die Pfeifenmacher von Saint-Claude zum »Ersten Pfeifenraucher Frankreichs«. Dem Filmemacher Bertrand Blier, seinem Sohn, widerfuhr die gleiche Ehre 1985 (linke Seite).

Kopf (es gibt sie auch mit leicht gebogenem Mundstück); durch ihre Feinheit und Leichtigkeit ist die Canadian mit ihrem langen, ovalen Holm und ziemlich kurzem Mundstück bei Ästheten besonders begehrt, auch wenn sie etwas zerbrechlich und gegebenenfalls schwer zu reparieren ist; die Pot zeichnet sich durch Robustheit und durch einen Kopf »mit viel Holz« aus, wodurch sie an Aroma gewinnt, was sie an Leichtigkeit einbüßt; die Dublin ist eine leichtere Version der Billiard und hat einen sich erweiternden Kopf; die Liverpool ihrerseits unterscheidet sich von der Billiard nur durch einen längeren Holm, während die Besonderheit der Lovat in einem sehr kurzen Mundstück mit einem seltsamen Biß besteht; die Prince mit ihrem runden, aber sehr flachen Kopf, der nur wenig Tabak aufnehmen kann, scheint speziell für Raucher mit wenig Ausdauer gedacht zu sein; und schließlich bieten die Pfeifenmacher etliche *straights* mit facettenartig geformtem Kopf und Holz an, die dann Panel genannt werden: Panel Billiard, Panel Apple usw.

Bei den *bents* ist die klassischste die Bent, die ebenso verbreitet ist wie die Billiard und deren Kopf und Mundstück zusammen eine wunderschöne S-förmige Gestalt ergeben; ihr Schwerpunkt liegt etwas tiefer als bei den *straights*, so daß sie im Mund leichter erscheint. Mit einem etwas runderen Kopf und einem silbernen – manchmal auch goldenen – Verstärkungsring um den Holm hat man eine solide Bent Army vor sich. Die Pfeifen mit Verstärkungsring gibt es in mehreren Formen, und sie sind nicht nur wegen ihrer größeren Haltbarkeit gefragt. Der Ring schützt in der Tat eine besonders gefährdete Stelle der Pfeife, die Verbindung zwischen Mundstück und Holm, doch viele Raucher bevorzugen sie auch aus ästhetischen Gründen. Bei der Bent Rhodesian, einer robusten und gedrungenen Pfeife, sind Holm und Mundstück weniger stark gebogen und dicker als bei der klassischen Bent. Das glatte Gegenteil dazu ist die Bent Albert, die wegen ihrer Zierlichkeit und der anmutigen Neigung ihres Kopfes bei vielen als die eleganteste unter den *bents* gilt. Einen ähnlichen Kopf, jedoch mit viel längerem Holm und einem extrem großen Mundstück findet man bei der berühmten Churchwarden (ein englischer Name, der ursprünglich die Mitglieder der Finanzverwaltung der englischen Kirchen bezeichnete, die wahrscheinlich diese Art der Pfeife bevorzugten), eine sowohl in England als auch in Deutschland besonders beliebte Pfeife.

Neben diesen klassischen Bruyèrepfeifen gibt es eine Kategorie ganz besonderer Pfeifen, bei denen die Pfeifenmacher ihrer Kreativität freien Lauf lassen können: die sogenannten *freehands*, Unikate, die vollständig mit der Hand und oft auch »nach Maß« gefertigt werden. Keine *freehand* sieht aus wie die andere, und manche sind ganz außergewöhnliche, originelle Kunstwerke. Pioniere auf diesem Gebiet, wie der englische Hersteller Charatan, verkaufen diese *freehand*-Pfeifen schon seit den dreißiger Jahren dieses Jahrhunderts, doch allgemeiner verbreitet sind sie erst seit Ende der sechziger Jahre. Lange Zeit waren die Dänen die großen Meister der *freehand*-Pfeifen, inzwischen haben ihnen jedoch deutsche und vor allem italienische Künstler den Rang abgelaufen.

Zum Schluß seien noch die Pfeifen erwähnt, die es bei den meisten Pfeifenhändlern neben den Bruyèrepfeifen auch noch gibt, die jedoch weltweit weniger als fünf Prozent des Angebots ausmachen. Die kostbarste unter ihnen ist nach wie vor zu Recht die Meerschaumpfeife, deren Material eigentlich ein Mineral ist, Magnesiumsilikathydrat, dessen Leichtigkeit und weiße Farbe ihm den Namen »Meerschaum« eingebracht haben. Neben seiner Leichtigkeit besitzt der Meerschaum auch andere ideale Eigenschaften, die ihn für die Pfeife prädestinieren: seine besondere Porosität, die einen sehr milden Rauch ergibt, und seine Geschmeidigkeit, durch die er sich ausgezeichnet schnitzen und formen läßt. Der größte Nachteil der Meerschaumpfeifen ist ihr hoher Preis – wegen der Seltenheit dieses Materials –, der sich etwas unglücklich mit einem zweiten Nachteil verbindet: ihrer Zerbrechlichkeit.

Der Meerschaum stammt heute zum größten Teil aus der Türkei. Aus wirtschaftlichen Erwägungen nutzte die türkische Regierung die Seltenheit des Meerschaums und erließ ein Ausfuhrverbot für das Rohprodukt, um sich das Monopol der Pfeifenherstellung zu sichern. Die meisten der heute im Handel erhältlichen Meerschaumpfeifen sind daher aus der Türkei impor-

Gerade und gebogene, polierte und sandgeblasene, Maiskolben- und Bruyèrepfeifen, mit oder ohne Ring: einige der Pfeifen des englischen Schriftstellers und Journalisten James Darwen, der auch ein großer Whisky-Freund sowie ein Verfechter des britischen Humors ist (links).

Ohne diesen spitzbübischen Blick, diese zerzausten Haare und diese Pfeife kann man sich Albert Einstein nicht vorstellen. Der Vater der Relativitätstheorie prägte auch den berühmten Ausspruch: »Bevor man eine Frage beantwortet, sollte man immer erst seine Pfeife anzünden.« (rechts)

tiert. Es gibt sie in allen Größen und Formen, ja sogar handgeschnitzte Exemplare. Leider verfügten die türkischen Pfeifenmacher nicht über die Kunst des von Generation zu Generation tradierten und ständig verfeinerten Handwerks der Meerschaumpfeifenmacher in Österreich, Ungarn und vereinzelt auch in Frankreich, wo man dieses kostbare Material in handwerklicher Vollendung formte. Die türkischen Pfeifen halten daher manchmal unangenehme Überraschungen bereit: ein sich mit Teerstoffen vollsaugendes Material, ein unten zersplitterter Kopf, ein Holm, der einfach entzweibricht. Gegen letzteres kann man sich, wenn man von einer türkischen Pfeife sehr angetan ist, absichern, indem man prüft, ob Mundstück und Holm auch dann noch ein und dieselbe Achse einhalten, wenn sie ein wenig auseinandergedreht werden.

Der Pfeifenraucher sollte die Meerschaumpfeife daher als das betrachten, was sie ist: ein Luxusgegenstand, etwas Besonderes und Edles, für das es keinen Ersatz gibt und dessen unvergleichliche Qualitäten gewürdigt sein wollen. Zum Glück sind die nach alter Tradition hergestellten Meerschaumpfeifen noch nicht ganz ausgestorben. Der von einem deutschen Unternehmen aufgekaufte österreichische Meerschaumpfeifen-Hersteller Andreas Bauer fertigt weiterhin äußerst kunstvolle Meerschaumpfeifen erster Güte an, und auch der Franzose Philippe Bargiel, ehemals Pfeifenbaumeister der heute nicht mehr existierenden Pariser Firma Sommer, produziert in seiner eigenen Werkstatt bei Paris Meerschaumpfeifen nach alter Tradition mit der Hand. Die Mundstücke sind meist aus Ambrolit, einem bernsteinfarbenen Kunstharz, das fast an das Original heranreicht. Selbstverständlich sind diese Pfeifen extrem teuer, aber man gönnt sich ja sonst nichts...

Mit den »meerschaumgefütterten« Pfeifen, die heute relativ verbreitet sind, sollte man vorsichtig sein. Meist sind es Bruyèrepfeifen, in deren sehr weit ausgebohrtem Kopf eine Tabakkammer aus Meerschaum eingesetzt ist. Eigentlich ein brauchbares Prinzip: Der Meerschaum schützt das Bruyèreholz und macht die ganze Pfeife leichter. Dabei wird die Tabakkammer entweder aus Bruchstücken, die beim Zuschneiden eines Meerschaumblocks abgefallen sind, oder – leider viel häufiger – aus Meerschaumpulver hergestellt, das mit einem Binder vermischt und preßgeformt wird. Die ersteren sind besser, taugen aber auch nur etwas, wenn sie sachgerecht mit Walrat behandelt worden sind. Über die zweiteren verliert man am besten keine Worte, dazu ist ihre Lebensdauer zu kurz.

Und last but not least bleibt bei den Meerschaumpfeifen noch die wunderschöne und kostbare Kalabasch-Pfeife zu erwähnen, bei der nach einem in Afrika üblichen Brauch eine Pfeife aus Flaschenkürbis- oder Kalebassenschale (daher der anglisierte Name) geformt wird, in die ein Kopf aus reinem Meerschaum eingesetzt wird: ein seltenes und kostbares Stück, das unausweichlich in jedem Sherlock-Holmes-Film auftaucht, obgleich in den Detektivgeschichten von Sir Arthur Conan Doyle eine solche Pfeife nie vorkommt.

Für diejenigen, die Kuriosa lieben, seien schließlich noch die Ton- und Maiskolbenpfeifen genannt. Bei den Tonpfeifen, die zum größten Teil in den Niederlanden, in Belgien und Frankreich hergestellt werden, besteht der wesentliche Vorteil darin, daß sie den Tabakgeschmack ausgezeichnet bewahren. Ihr Hauptnachteil liegt in ihrer Zerbrechlichkeit. Porzellanpfeifen, die es vor allem in Deutschland noch gibt, sind genauso zerbrechlich und zudem auch schwerer und beißend im Rauch. Maiskolbenpfeifen – manchmal auch »Missouri-Meerschaumpfeifen« genannt – sind in den Vereinigten Staaten sehr beliebt und dort für einen Spottpreis zu haben, sie halten allerdings nur etwa ein halbes Jahr. Die hervorragende Porosität des Maiskolbens ergibt einen milden und leichten Rauch, der in Amerika sehr geschätzt wird. Fragen Sie lieber nicht mehr nach Asbestpfeifen – die Lieblingspfeifen von Georges Brassens – oder nach Pfeifen aus Veilchenholz (eine Abart des Palisanders), denn erstere – im allgemeinen Dublins aus England – wurden verboten, als die krebsfördernde Wirkung dieses Materials bekannt wurde, und letztere, die bis in die siebziger Jahre hinein in Saint-Claude aus diesem äußerst seltenen Holz gemacht wurden, wurden letztlich unbezahlbar.

Ein letztes Wort für denjenigen, der eine Pfeife als Geschenk für einen anderen Raucher kaufen möchte: Hier ist größte Vorsicht geboten. Denn wie wir gesehen haben, entscheidet es

Harry Dickson ist in der Phantastischen Literatur, was Sherlock Holmes im Kriminalroman ist. Der Held bei Jean Ray zündet sich immer erst sorgfältig eine Pfeife an und erzählt seinen Freunden dann seine Gespenstergeschichten. Hier erscheint er, dargestellt von Nicollet, mit einer Kalabasch im Mund im letzten Kapitel von *Verrat in Agarttha: Der verloschene Mythos* (rechte Seite, oben).
Ein großer Klassiker der Meerschaumpfeifen: der Kopf im Kalabasch-Stil und das gebogene Mundstück aus Bernstein. Diese Pfeife wurde bis in die fünfziger Jahre hinein hergestellt, heute gibt es sie nur noch in Museen oder bei Antiquitätenhändlern. Es würde ein Vermögen kosten, sie aus den gleichen Materialien noch einmal herstellen zu lassen (rechte Seite, unten).

sich oft an den kleinsten, für einen anderen kaum nachvollziehbaren Details, ob einem Raucher eine neue Pfeife gefällt oder nicht. Wenn Sie also den Beschenkten und seine persönlichen Vorlieben und »Ticks« nicht wirklich kennen, dann sollten Sie ihm lieber einen hübschen Tabaksbeutel, ein Feuerzeug oder besser noch: ein schönes Buch über die Pfeife schenken!

DAS EINRAUCHEN

Sie haben soeben eine Pfeife erworben, vielleicht sogar Ihre allererste. Nun beginnt die wesentliche, aber auch die delikateste Aufgabe: die Kunst des Rauchens. Ob Sie sich nun ein gängiges Modell oder ein handgearbeitetes Meisterstück ausgesucht haben – in jedem Fall hängt der Rauchgenuß von Ihrer Fähigkeit ab, das ganze Aroma des Tabaks zur Entfaltung zu bringen. Dieser Genuß wird ganz entschieden beeinträchtigt sein, wenn Sie eine wichtige Anfangsphase vergessen: das Einrauchen.

Jede neue Bruyèrepfeife muß vor ihrem regelmäßigen Gebrauch unbedingt eingeraucht werden. Unmöglich, das Holz der Hitze, den Teerstoffen und dem Nikotin auszusetzen, ohne es dafür vorbereitet zu haben! Ohne das Eingewöhnen des Holzes würde die Pfeife einfach ungenießbar. Man muß also dafür sorgen, daß sich nach und nach über die gesamte Innenfläche der Tabakkammer eine Kohleschicht bildet. Diese Schicht schützt dann den Kopf vor dem Brand. Sie ist kein, wie man als Neuling denken könnte, verbranntes Holz – dies gilt es gerade zu verhindern –, sondern eine Ablagerung von Rückständen der Tabakglut. Die Schicht muß sich gleichmäßig über die gesamte Innenwandung ausbreiten. Leider gibt es keine Regel, die den Erfolg hundertprozentig garantiert. Nur eines ist sicher: Das Einrauchen verlangt vom Raucher in jedem Moment völlige Aufmerksamkeit, er muß unablässig die Reaktionen seiner Bruyère beobachten – denn wenn das Holz anbrennt, kann die neue Pfeife irreparable Schäden erleiden.

Zunächst einmal sollte man, um sich ein gutes Einrauchen nicht zu verderben, gewisse Ratschläge ignorieren, die auch heute immer noch kursieren. Zum Beispiel sollte man, wenn man nicht bitter enttäuscht werden will, darauf verzichten, den Kopf zu Beginn mit Alkohol zu füllen oder innen mit Honig, Konfitüre oder Öl zu bestreichen, um einen besseren Geschmack zu erhalten. Der gesunde Menschenverstand sollte eigentlich wissen, daß das Bruyèreholz, das ideale Pfeifenmaterial, es nicht nötig hat, derart wesensfremd behandelt zu werden. Und was soll man zu der perversen Idee sagen, den Pfeifenkopf mit Alkohol zu flambieren, als sei er eine Crêpe Suzette – keine Pfeife, die diesen Namen verdient, hält eine solche Behandlung aus. Was den »automatischen Einraucher« betrifft, den der Autor eines Buches mit dem bescheidenen Titel *The Ultimate Pipe Book* anpreist, so sollte der echte Pfeifenraucher, der von Anfang an eine enge persönliche Beziehung zu seiner Pfeife hat, nichts mit ihm zu tun haben wollen. Die reichen Bürger, die einst berufsmäßige Einraucher extra dafür bezahlten, daß sie ihnen diese Mühe abnahmen, waren da immer noch besser als die modernen Anhänger des »Automatischen«.

Wie soll man also am besten vorgehen? – Mit viel Geduld, Ruhe und Sorgfalt. Das Wichtigste ist, dafür zu sorgen, daß das Bruyèreholz nicht anbrennt. Zunächst wird die Pfeife nur zu einem Viertel gestopft (das Wie des Stopfens folgt später), und diese viertel Tabakfüllung wird sehr langsam geraucht, wobei man die Pfeife lieber ausgehen läßt, als daß man den Kopf zu heiß raucht. Es gibt ein deutliches Anzeichen dafür, daß die Bruyère zu heiß wird, nämlich dann, wenn sie »schwitzt« und der Pfeifenkopf feucht wird. In diesem Fall sollte man die Pfeife löschen und erst dann wieder anzünden, wenn sie kalt ist. Erst wenn man vier oder fünf Pfeifen auf diese Weise geraucht hat, kann man die Tabakmenge allmählich steigern, indem man die Pfeife als nächstes zu einem Drittel und nach weiteren fünf Malen zur Hälfte stopft und so fort. Erst nachdem man sie auf diese Weise etwa zwanzigmal geraucht hat, kann man die Pfeife ganz stopfen. Während der gesamten Einrauchphase muß der Tabak, damit sich eine gleichmäßige Kohleschicht bildet, immer ganz zu Ende geraucht werden – auch wenn man dazu die Pfeife mehrmals wieder anzünden muß. Hier sollte man der angeblichen Regel, nach der eine Pfeife ohne Wiederanzünden durchgeraucht werden muß, keinen Glauben schenken. Jeder Pfeifenraucher, selbst der erfahrenste, zündet seine Pfeife mehrmals wieder an. Ein anderer und sehr wichtiger Punkt muß jedoch vor allem beim Einrauchen, aber auch später berücksichtigt werden, damit das Holz nicht anbrennt: Eine Pfeife darf nie wieder neu gestopft und geraucht werden, bevor sie nicht vollkommen ausgekühlt ist.

Zündhölzer oder Feuerzeug? König Frederik von Dänemark entschied sich hier für letzteres (unten).

»Die Lebenszeit einer Pfeife«, schreibt Jean Giono, »hängt davon ab, in welchem Rhythmus man sie raucht, wie sauber man sie hält und auch vom Tabak selbst. Den Rhythmus findet man sofort – soweit das Mundstück mit dem Pfeifenreiniger ordentlich geputzt und der Tabak der richtige ist [. . .] Beim Tabak wie überall kommt man mit Ruhe und Erfahrung am weitesten.« Jean Giono, hier von seinem Freund und Biographen Pierre Citron fotografiert (oben). »Wer ohne Tabak lebt, ist nicht würdig zu leben!« ist ein Ausspruch des Philosophen und Mathematikers Bertrand Russell. Der große Pazifist rauchte noch im Alter von sechsundachtzig Jahren seine Pfeife (rechte Seite).

Erst wenn sich eine gleichmäßige Kohleschicht gebildet hat, ist die Pfeife endgültig eingeraucht. Die Gleichmäßigkeit dieser Schicht wird um so besser erreicht, je allmählicher man die Tabakmenge steigert, denn sie bildet sich zuerst und schneller in der Höhe des Anzündens als in der Tiefe der Tabakkammer. Dieses Einrauchen ist in aller Regel eine eher lästige Aufgabe für den Pfeifenraucher, da nur wenige Pfeifen von Anfang an ein Genuß sind. Meist verursachen die allerersten Züge einen relativ unangenehmen und »beißenden« Geschmack auf der Zunge. Manche Pfeifen müssen sogar etliche Dutzend Male geraucht werden, ehe sie ihren vollen Rauchgenuß offenbaren. Das Einrauchen der ersten eigenen Pfeife birgt also für einen Neuling die Gefahr, sich von dem schlechten Geschmack abschrecken zu lassen und das Pfeiferauchen für immer aufzugeben. Um dieses traurige Ende zu vermeiden, empfiehlt es sich – für den Anfänger wie auch für den erfahrenen Pfeifenraucher –, die Neuerwerbung höchstens ein- oder zweimal am Tag zu rauchen und vor allem nicht danach zu trachten, sie möglichst schnell einzurauchen. Auf diese Weise können sich das Holz – und ebenso die malträtierte Zunge des Anfängers – zwischendurch erholen.

Bei Meerschaumpfeifen ist diese Gefahr nicht gegeben, da sie im allgemeinen vom ersten Zug an köstlich sind. Doch werden auch sie erst dann vollkommen, wenn sie gut eingeraucht sind. Dies geschieht allerdings völlig anders als bei den Bruyèrepfeifen. Da die Meerschaumpfeife während des Einrauchens weder »kaputtgeraucht« werden kann noch den Tabakgeschmack beeinträchtigt, darf man sie von Anfang an bis oben stopfen. Im Unterschied zum Bruyèreholz verändert sich bei der Meerschaumpfeife durch das Rauchen allmählich die Farbe, die sich von Milchweiß in Gelb und dann in Braun verwandelt, um schließlich – bei den schönsten Exemplaren – zum Stolz des Besitzers in ein kräftiges Dunkelrot überzugehen. Da sich der untere Teil des Kopfes schneller verfärbt, empfehlen Spezialisten, die Pfeife zuerst nur bis zur Hälfte zu rauchen, um eine relativ gleichmäßige Färbung des gesamten Kopfes zu erzielen. Die mit Walrat behandelten Pfeifen erfordern noch einige zusätzliche Vorsichtsmaßnahmen. Die ersten dreißig Male sollte man sie nur einmal am Tag rauchen und dabei keinesfalls den Kopf direkt mit den Fingern berühren – am besten hält man sie mit Hilfe eines sauberen Lappens oder eines Taschentuchs, oder noch einfacher: am Mundstück –, da Bienenwachs und Walrat unter Wärmeeinwirkung so reagieren, daß Fingerabdrücke auf dem Meerschaum zurückbleiben. Außerdem sollte man sehr langsam rauchen und gut darauf achten, daß die Pfeife nicht zu heiß wird, sie vor allem nicht wieder anzünden, wenn sie ausgeht. Andernfalls schmilzt das Walrat im Meerschaum zu stark und lagert sich für immer am Boden der

Alte Bruyèrepfeifen in warmen Farben und mit einer Patina, wie Pfeifenraucher sie lieben . . .

Tabakkammer und im Holm ab. Damit dies auf alle Fälle vermieden wird, ist es am klügsten, die Pfeife nach dem Rauchen senkrecht mit dem nicht ausgeleerten Kopf nach unten ruhen zu lassen, so daß sich das Walrat wieder zum Rand hin verteilen kann.

Bei den handgeschnitzten Meerschaumpfeifen hingegen beeinflussen manche sehr gewiefte Pfeifenkenner diese farbliche Verwandlung noch durch ein Variieren der Tabakmenge und erzielen auf diese Weise subtile Farbkontraste auf ihrer Pfeife.

Von Anfang an angenehm zu rauchen sind auch Tonpfeifen – eine Eigenschaft, die ihre Zerbrechlichkeit aufwiegt. Manchmal stellt sich das Einrauchen allerdings als schwierig heraus, wenn sich durch die Hitze die Poren schließen und die Pfeife dann die Teerstoffe nicht mehr aufnehmen kann. Durch zu starken Brand kann sie auch kalzinieren und damit ungenießbar werden: Es entsteht ein schwarzer Fleck auf dem Kopf, der unaufhörlich größer wird, und gleichzeitig verändert sich der Tabakgeschmack. Um dieses Problem zu vermeiden, muß während des Einrauchens langsam geraucht werden – zumindest die ersten zwanzig Male – und es darf kein zu trockener Tabak verwendet werden. Die gleiche Vorsichtsmaßnahme empfiehlt sich bei Porzellanpfeifen, die ebenfalls eine Kohleschicht bilden sollen und bei einem zu starken Brand zerspringen können.

Der englische Schriftsteller und Journalist Walter Harris rauchte bereits als College-Schüler seine erste Pfeife. Sein Ruf als Experte für Pfeifen und Tabake steht außer Frage, vor allem bei Astleys, wo er treuer Kunde ist. Hier steckt er gerade nach allen Regeln der Kunst eine Astleys an (rechts).

DAS STOPFEN

Zunächst einmal muß der Anfänger allerdings wissen,

wie man eine Pfeife richtig stopft. Das Stopfen, das für den Geschmack und das Wohlergehen der Pfeife entscheidend ist, verlangt ein gewisses Fingerspitzengefühl (im Wortsinn aber auch im übertragenen Sinne), das man nur durch praktische Erfahrung erwirbt, das aber dann rasch zur Gewohnheit wird. Das Geheimnis besteht einfach darin, die Pfeife so mit Tabak zu füllen, daß dieser gleichmäßig brennt, das heißt, er muß genügend festgedrückt sein, darf aber das Ziehen nicht erschweren. Es gilt, den goldenen Mittelweg zwischen dem zu starken und dem zu schwachen Festdrücken zu finden.

Die beste Methode besteht darin, den Pfeifenkopf nach und nach mit kleinen Portionen Tabak zu füllen und diese mit dem Finger – bei mir ist es der Zeigefinger – gleichmäßig festzudrücken. Vorher sollte man kurz durch das Mundstück blasen, um sicherzugehen, daß es vollkommen frei ist. Die erste, mit zwei Fingerspitzen gehaltene Portion Tabak wird nun ohne Festdrücken unten in den Pfeifenkopf gesteckt. Die nächsten Portionen werden dann fester und fester gedrückt. Für den Anfänger, der das richtige Stopfen noch nicht im Gefühl hat, gibt es eine Kontrollmöglichkeit: Vor dem Anzünden nehme man die Pfeife in den Mund und ziehe wie beim Rauchen. Es muß Luft kommen, jedoch mit leichtem Widerstand. Ist der Widerstand zu groß, sollte man die Pfeife lieber ausleeren und noch einmal stopfen, denn eine zu dichte Füllung verhindert einen guten Brand. Fühlt man beim Ziehen keinerlei Widerstand, dann sollte man noch eine oder zwei Portio-

Das Festdrücken der Glut nach dem ersten Entzünden (oben). Das zweite und endgültige Entzünden (Mitte).
Nun muß man nur noch gemächlich rauchen, damit das Bruyèreholz nicht anbrennt. »Umfassen Sie von Zeit zu Zeit Ihre Pfeife ein wenig fester und zählen Sie langsam bis sechs«, empfiehlt der Pfeifenhersteller Savinelli. »Wenn Sie sich dabei nicht die Finger verbrennen, können Sie ruhig weiterrauchen. Im anderen Fall lassen Sie Ihre Pfeife abkühlen und ruhig auch ausgehen.«

nen hinzufügen und festdrücken, denn wenn der Tabak nicht fest genug gestopft ist, verbrennt er zu schnell und der Rauch wird beißend. Manche Pfeifenraucher mit Erfahrung überprüfen während des Stopfens immer wieder, ob der Zug stimmt. Vor dem Anzünden schließlich ist darauf zu achten, daß die Tabakoberfläche eben ist.

Das richtige Fingerspitzengefühl ist um so schwieriger zu erwerben, als für jeden Tabak, je nach Struktur und Feuchtegehalt, wieder eine andere Stopfdichte erforderlich ist. Für den Anfänger ist es leichter, mit relativ trockenem und fein geschnittenem Tabak zu beginnen, da ein feuchter Grobschnitt beim Stopfen leicht zu kompakt wird. Doch keine Angst: Solange der Neuling während seiner »Lehrzeit« nicht versucht, Geschwindigkeitsrekorde aufzustellen, wird er eines Tages zu seiner Überraschung feststellen, daß er in der Lage ist, seine Pfeife ganz nebenher, ohne besondere Aufmerksamkeit korrekt zu stopfen. Um dies nicht unnötig zu komplizieren, sollte der Anfänger auch auf bestimmte Tricks verzichten, die manchmal empfohlen werden, zum Beispiel den, zuerst ein verholztes Tabakteilchen auf den Boden der Tabakkammer zu legen, damit sie besser zieht. Solange man noch kein Experte in der Kunst des Stopfens ist, passiert dann nämlich garantiert nur eines: Früher oder später wird die Pfeife durch das verholzte Teilchen verstopft sein, und es bleibt nichts anderes übrig, als sie auszuleeren.

Sollten Sie eine Arbeit auszuführen haben, die nicht die kleinste Ablenkung erlaubt – und sei es auch nur das Stopfen der Pfeife –, dann machen Sie es ruhig wie Georges Simenon: Bevor er sich an die Arbeit setzte, spitzte er ein Dutzend Bleistifte, stopfte ebensoviele Pfeifen und legte sich dann alles in Reih' und Glied griffbereit zurecht.

DAS ANZÜNDEN

Es versteht sich von selbst, daß eine gut gestopfte Pfeife auch richtig angezündet werden muß. Wie überall ist auch hier mit dem Feuer Vorsicht geboten. Ein schlechtes Brennen des Tabaks wäre noch nicht so schlimm – sollte man aber aus Unaufmerksamkeit das Pfeifenholz anzünden, wäre das ein unverzeihlicher Fehler. Diese Gefahr ist besonders groß, wenn man beim Anzünden die Pfeife schräg hält. Am sichersten und auch am einfachsten ist es, den Pfeifenkopf genau senkrecht zu halten und dann die Flamme über die ganze Tabakoberfläche zu führen, während man in kleinen Zügen pafft. Man sollte sich mit den Augen davon überzeugen, daß die gesamte Fläche in Brand gesetzt ist. Da sich der Tabak beim Anzünden gern aufbläht, ja sogar ein wenig aus dem Kopf heraustreten kann, drücken ihn manche Pfeifenraucher mit einem Pfeifenstopfer vorsichtig fest, wobei die Glut zum Teil oder auch ganz verlöscht, so daß der Tabak ein zweites Mal angezündet werden muß. Es ist durchaus keine Schande, seine Pfeife so oft anzuzünden, bis sie richtig brennt. Das Wichtigste ist, eine gleichmäßige Glut zu erzeugen. Es kann auch nicht schaden, einmal leicht in das Mundstück zu blasen, sobald die Pfeife brennt: So wird das Feuer geschürt und eine gute Verteilung der Glut bewerkstelligt.

Zum Anzünden der Pfeife ist alles recht, ob es sich nun um Zündhölzer, ein Feuerzeug oder auch um ein brennendes Holzscheit aus dem Kamin handelt. Normale Streichhölzer haben nur den Nachteil, daß sie sehr schnell verbraucht sind, so daß man, wenn man sich nicht die Finger verbrennen will, bei einer größeren Pfeife mindestens zwei Hölzer benötigt. Bei Ihrem Pfeifenhändler können Sie allerdings auch längere, speziell zum Pfeifenanzünden gedachte Streichhölzer bekommen. Auch das Feuerzeug eignet sich sehr gut, im besonderen das Gasfeuerzeug, das im Gegensatz zum Benzinfeuerzeug keinerlei Geruch ausströmt. Es gibt auch spezielle Pfeifenfeuerzeuge, bei denen die Flamme seitlich herauskommt und so direkt in den Pfeifenkopf hineingehalten werden kann. Dennoch verwenden viele

Nach dem Stopfen erscheint das Anzünden wie ein Kinderspiel. Das einzige, worauf man achten muß, ist, den Rand des Kopfes nicht anzubrennen. In den Zeiten der Gaslaternen brauchte man nur ein wenig Geschicklichkeit, wenn man dieser Gravur von Lesage glauben will (oben). London 1933. Der Premierminister Stanley Baldwin, der stets Zündhölzer benutzte, konzentriert sich vor einem Meeting (rechts).

Kann man die Glut im Pfeifenkopf mit einem Streichholz festdrücken? Schwer möglich, doch wenn man nichts anderes zur Hand hat ... Der Maler Van Dongen, fotografiert 1923 von Jacques-Henri Lartigue (rechte Seite).

Auch wenn der dadaistische Maler Marcel Duchamp seine Zeitgenossen gerne mit seinem fantasievollen Hinterkopf schockierte, hielt er sich weise an sehr klassische Pfeifen, wie zum Beispiel diese Apple von ausgezeichnetem Geschmack (rechte Seite, fotografiert von Man Ray im Jahre 1921).

27. Juni 1965 auf dem Londoner Flughafen: ein Schnappschuß von Bing Crosby, der gerade mitten zwischen Tankwagen nonchalant seine Pfeife anzündet. Am nächsten Tag erschien das Bild in der Zeitung unter dem Verdikt »Was man nicht tun sollte«. Doch besteht bei einer gut gestopften Pfeife und einem sachgerechten Anzünden keinerlei Gefahr. Man hätte ihm lieber von der karierten Jacke abraten sollen (oben).
Der amerikanische Physiker Robert Oppenheimer, der Vater der Atombombe, konnte auch ungefährliche Brände entfachen ... (unten).

eingefleischte Pfeifenraucher, meine Person eingeschlossen, ihr gutes altes Benzinfeuerzeug, gegen das es, besonders im Freien, wo der scharfe Benzingestank die empfindliche Nase des Rauchers nur kurz belästigt, nichts einzuwenden gibt, denn entgegen zahlreichen Behauptungen beeinträchtigt es den Geschmack des Tabaks keineswegs.

DIE KUNST DES RAUCHENS

Vorweg sei gleich gesagt, daß es keine Regeln für das »richtige« Rauchen einer Pfeife gibt. Das Ideal mag darin bestehen, sie in Ruhe und in kleinen Zügen zu rauchen, doch die Hauptsache bleibt, dabei einen möglichst großen Genuß zu empfinden, und für manche besteht der eben darin, ihre Pfeife in wenigen mächtigen Zügen zu »verschlingen«. Derlei Freiheit beim Pfeiferauchen wird nur durch ein zu starkes Erhitzen des Pfeifenkopfs bei zu schnellem Rauchen einerseits und ein ständiges Ausgehen der Pfeife bei zu langsamem Rauchen andererseits begrenzt. Um Sie anzuspornen, sei hier vermerkt, daß der Weltrekord im Rauchen einer Pfeife von normaler Größe ohne Wiederanzünden bei etwas mehr als drei Stunden steht. Der Rekordhalter, ein Schweizer, wendet sicherlich einige, bei erfahrenen Rauchern bekannte Methoden an, um ganz langsam zu rauchen, ohne daß die Pfeife ausgeht: ein leichtes Festdrücken der Asche mit dem Pfeifenstopfer, um die Glut zu regulieren; ein nicht zu dichter Deckel auf dem Pfeifenkopf. Der Pfeifendeckel wurde zu diesem Zweck erdacht, doch am besten ist wohl immer noch die in geringem Abstand zum Pfeifenkopf schützend gewölbte Handfläche.

Der gleiche Eklektizismus herrscht bei Rauchern, was das Wiederanzünden einer ausgegangenen Pfeife betrifft: Manche tun es, andere lassen es. Manche zünden sie nur so lange wieder an, wie der Tabak noch warm ist; andere legen sie beiseite,

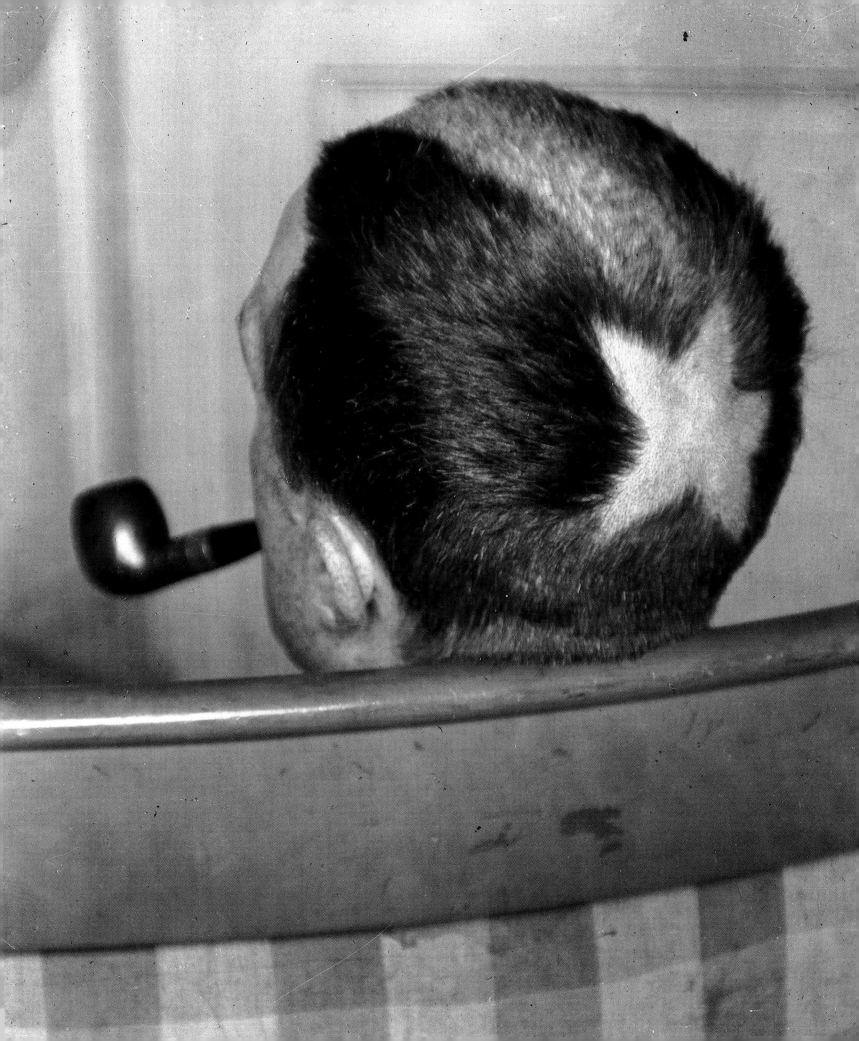

wenn nur noch wenig Tabak übrig ist. Wenn Sie im Freien rauchen und ein Regenguß die Glut gefährdet, drehen Sie Ihre Pfeife ruhig um, um die Tabakkammer zu schützen. Aus einer richtig gestopften Pfeife wird der Tabak nicht herausfallen. In jedem Fall muß beim erneuten Anzünden die wieder entfachte Glut mit einem geeigneten Gegenstand ein wenig zusammengedrückt werden, damit sie mit dem noch nicht verbrauchten Tabak in ausreichenden Kontakt kommt. Nur eine Meerschaumpfeife im Einrauch-Stadium darf unter keinen Umständen gleich wieder angezündet werden.

Ist die Pfeife zu Ende geraucht, sind sich alle guten Pfeifenraucher allerdings über drei wichtige Regeln absolut einig: Erstens muß die Asche

Der Bruyèrekopf, der viel weniger heiß wird als der Kopf einer Tonpfeife, erlaubt eine sehr lässige Art, die Pfeife zwischen den Fingern zu halten, hier beispielhaft: Jean-Paul Sartre (linke Seite, fotografiert von Henri Cartier-Bresson 1946; im Vordergrund undeutlich Jean Cau, sein damaliger Sekretär, ein großer Liebhaber von dunklem Tabak). Ähnlich hält sie der Galerist Pierre Loeb, ein Freund der Surrealisten (links, 1949 von seiner Schwester, Denise Colomb, fotografiert).

Eine Waffe der Verführung für Clark Gable: seine Pfeife. Was wäre er ohne sie ... (rechts).
»Der Mann, der mit den Gänsen redete« und die mächtigen Bents liebte: der österreichische Zoologe und Psychologe Konrad Lorenz. Man beachte, daß sich das graziöse Federvieh durch den Rauch in keiner Weise gestört fühlt ... (unten).

im Pfeifenkopf abkühlen, bevor man sie herausholt, damit sie die Feuchtigkeit von der Pfeife aufnehmen kann, denn letztere soll trocken werden. Zweitens muß die Pfeife entleert werden, indem man sie umdreht. Bei einer gut gestopften und zu Ende gerauchten Pfeife wird die Asche von selbst herausfallen, was man durch ein leichtes Klopfen auf den Pfeifenkopf noch unterstützen kann. Man sollte jedoch nie, auch wenn es sehr praktisch erscheinen mag, den umgedrehten Pfeifenkopf im Aschenbecher oder gar an seinem Schuhabsatz ausklopfen, denn damit beschädigt man mit an Sicherheit grenzender Wahrscheinlichkeit den Kopfrand oder zerbricht das Mundstück – ohne daß sich die Pfeife dadurch überhaupt leeren ließe. Wenn die Asche nicht von selbst herausfällt, ist es besser, die Pfeife mit einem extra dafür vorgesehenen, kleinen Pfeifenbesteck auszuleeren, von dem später noch die Rede sein wird. Und drittens darf die Pfeife erst wieder gestopft und geraucht werden, wenn sei vollkommen abgekühlt ist. Und schließlich, *last but not least*, lassen Sie Ihre Asche nicht am Ort des Geschehens herumliegen, vor allem, wenn Sie eine ausgefallene Tabaksorte rauchen – denn wie Sir Arthur Conan Doyle ganz richtig in *Das Zeichen der Fünf* feststellt, »ist Tabakasche oft ein äußerst wichtiges Indiz. Stellen Sie mit Sicherheit fest, daß ein Verbrechen von jemandem begangen wurde, der indischen Houkah rauchte, und Sie haben das Feld Ihrer Nachforschungen wesentlich eingegrenzt. Für ein geübtes Auge ist der Unterschied zwischen der schwarzen Asche eines Trichenopoly und der weißen, flockigen Asche von *bird's eye* ebenso deutlich wie der zwischen einem Kohlkopf und einer Kartoffel.«

DIE PFEIFENPFLEGE

Wenn sie gut gepflegt werden, halten Bruyère- und Meerschaumpfeifen ewig und werden mit der Zeit immer besser. Wirkliche Pfeifenliebhaber verwenden sogar gern in regelmäßigen Abständen ein wenig ihrer Zeit, Geduld und ihres Sachverstands für ihre Pfeifen. Im übrigen kommt man um die Pfeifenpflege nicht herum, denn eine verschmutzte Pfeife ist nicht nur für den Raucher, sondern auch für seine Umgebung sehr lästig. Sobald sich Teerstoffe und diverse Substanzen, die beim Verbrennen des Tabaks freigesetzt werden, abgelagert haben, beginnt sie unter Einwirkung der Kondensation, einen säuerlichen Saft auszuscheiden, der sie ungenießbar macht. Außerdem verströmt sie einen scheußlichen Geruch. Nur ein Stalin, der seine Dunhill-Pfeifen nie reinigte, konnte es sich erlauben, seine Umgebung ungestraft mit gräßlichen Rauchschwaden zu belästigen.

Beim Reinigen der Pfeife ist eine erste, unverrückbare Regel zu beachten: Man darf nie eine warme Pfeife gründlich reinigen. Das Holz des Holms und das Ebonit des Mundstücks, die sich durch die Wärme ausgedehnt haben, lassen sich nur unter ziemlichem Kraftaufwand auseinanderdrehen, wobei man leicht Schaden anrichten kann. Es empfiehlt sich aber statt dessen, in das Mundstück der noch heißen Pfeife einen Pfeifenputzer einzuführen, der die Feuchtigkeit und das Nikotin zum größten Teil aufsaugt. Manche Raucher lassen den Putzer bis zum nächsten Mal

Ein Traum: in großer Kälte eine gute Pfeife rauchen. Das wärmt die Seele und die Finger. Rechte Seite: Peter Fleming, fotografiert von der Schriftstellerin und großen Reisenden Ella Maillart 1935 in China. Von dieser Reise zu Fuß quer durch ganz Zentralasien brachte Ella Maillart *Verbotene Reise* mit, und Peter Fleming seinen *Courrier de Tartarie*. Der Reiseschriftsteller Peter Fleming ist weniger bekannt als sein Bruder Ian Fleming, Autor und Erschaffer von James Bond.

Einige Utensilien des gut ausgestatteten Pfeifenrauchers: Pfeifenbesteck, Pfeifenputzer, Stopfer, Pfeifenetui, Pfeifenhalter und -gestell in der Vitrine (rechts).

in der Pfeife. Doch diese Maßnahme, so notwendig sie auch sein mag, genügt nicht, um die Pfeife wirklich sauber zu halten. Hierzu muß man sie auseinandernehmen.

Noch etwas sollte vorab erwähnt werden, obwohl es vielleicht banal klingt: Kein Teil der Bruyèrepfeife darf je mit Wasser gereinigt werden. Um den Kopf innen zu säubern, gibt es nichts Einfacheres und Wirksameres als ein Stück Papier, das man zu einer Art Kegel zusammenwindet und in einer Drehbewegung ohne Druck im Kopf herumbewegt. Man kann auch Glaspapier verwenden, sofern seine Körnung fein genug ist. Für das Mundstück und den Holm verwendet man wieder Pfeifenputzer. Doch genügen sie meist nicht, um die verschiedenen Substanzen zu entfernen, die sich abgesetzt haben und beim Trocknen hart geworden sind. Es gibt heute Pfeifenputzer, die mit kleinen Metallhärchen versehen sind, um diese Ablagerungen besser abkratzen zu können. Das beste Mittel ist aber immer noch eine Reinigungslösung, meist auf Alkoholbasis, die man beim Tabakwarenhändler kaufen kann. Man benetzt damit den Pfeifenputzer, bevor man ihn in das Mundstück einführt. Manche Gourmets – wie auch der Autor dieser Zeilen – tauchen den Pfeifenputzer gern in trinkbaren Alkohol wie zum Beispiel Cognac oder Whisky. Es soll auch eine Vorliebe für Kölnisch Wasser geben ...

Was die Häufigkeit dieser gründlichen Reinigungen angeht, so ist dies sowohl von der Form oder der Eigenheit der Pfeife abhängig (die Peterson-Pfeifen beispielsweise, die eine kleine Kondensationskammer hinter der Tabakkammer haben, müssen sehr häufig gereinigt werden), als auch von der Art zu rauchen. Die sogenannten »feuchten« Raucher, bei denen die Pfeife mehr verschmutzt, müssen natürlich häufiger reinigen als die »trockenen« Raucher. Außerdem muß man wissen, daß die Pfeife nach dem Rauchen um so feuchter ist, je schlechter sie gestopft wurde. Doch ob nun »feucht« oder »trocken« – der Raucher sollte in jedem Falle vermeiden, seine Pfeife in Anwesenheit empfindlicher Nasen zu reinigen, da der säuerliche Geruch der Verbrennungsrückstände sehr leicht Abscheu erregen kann.

Sobald die Pfeife von innen gesäubert ist, kommt ihr Äußeres an die Reihe, denn ein Pfeifenraucher wird von seinesgleichen, alle mit Sinn für Schönheit begabt, nach dem Anblick der Pfeife beurteilt, die er zwischen den Zähnen hält. Um seine Bruyère so richtig zum Glänzen zu bringen, gibt es nichts Besseres als Wachs. Amerikanische Fachleute empfehlen Canuba-Wachs, ein exotisches Produkt, das sicher Wunder wirkt, doch in Europa etwas schwer zu bekommen ist. Der Pfeifenraucher mag sich ruhig mit Naturholzwachs bescheiden, das man sich in jedem Farbengeschäft besorgen kann. Das Wachs verleiht der unansehnlichen Pfeife sofort wieder ein ansprechendes Äußeres. Es gibt jedoch auch Produkte, die speziell zum Polieren von Pfeifen gedacht sind, wie zum Beispiel das sehr empfehlenswerte Dunhill Pipe Bowl Polish.

Die Pflege des Ebonit-Mundstücks erweist sich als etwas schwieriger. Jeder Raucher wird eines Tages feststellen, daß sich dessen Farbe unaufhaltsam in ein immer unansehnlicheres, grünliches Gelb verwandelt. Dies geschieht um so schneller, je weniger das Mundstück gepflegt wird. Auch hier gibt es Spezialprodukte, mit denen sich verfärbte Mundstücke wieder schön machen lassen. Ich persönlich ziehe ein altes Hausrezept vor: Ich wickle das Mundstück in ein mit Olivenöl getränktes Tuch und lasse das Öl vierundzwanzig Stunden lang in das Ebonit einziehen. Danach sieht das Mundstück beinahe wie neu aus.

Meerschaumpfeifen sind relativ einfach zu pflegen. Manche ein wenig fanatische Pfeifenliebhaber meinen, man solle sie beim Rauchen nie mit bloßen Händen anfassen, da der warme Meerschaum ein gemeines Vergnügen daran finde, sofort jede Feuchtigkeit aufzunehmen und in einen Fleck zu verwandeln, der nie mehr verschwinde. Der französische Schriftsteller Courteline verspottete in einem kleinen Text – *L'Art de culotter une pipe* (»Die Kunst, eine Pfeife einzurauchen«) – diese extreme Position, indem er einen Raucher zum anderen sagen ließ: »Man faßt eine Meerschaumpfeife weder am einen noch am anderen Ende an [...] es sei denn mit Handschuhen aus Leinen. Ich sagte Leinen, denn Chairlederhandschuhe sind der reinste Bakterienhort und Glacéhandschuhe sind ein

Der Aschenbecher kann der Freund der Pfeife sein, beim Abkühlen zum Beispiel. Doch darf man keinesfalls den Rand des Pfeifenkopfs am Aschenbecher abklopfen, um die Asche auszuleeren! (rechte Seite)

Feind des Meerschaums, denn sie überdecken seinen natürlichen Glanz mit einer künstlichen, öligen Schicht, die nicht mehr zu entfernen ist. Nehmen Sie sich das zu Herzen!« Wenn Sie Spaß an dieser Art von Fetischismus haben und es Ihnen nichts ausmacht, dabei auf ein anderes Vergnügen, das der Berührung der Pfeife, zu verzichten, dann lassen Sie sich nicht abhalten. Es gibt aber auch einfachere Vorsichtsmaßnahmen, zum Beispiel eine Meerschaumpfeife nicht mit feuchter Hand zu rauchen oder, wie bereits erwähnt, sie nur am Mundstück zu halten. Falls der Kopf doch einmal schmutzig wird, läßt er sich in den meisten Fällen mit einem Pinsel oder

Pfeife paßt, nicht mehr genügt und daß andererseits der gleiche Tabak, der immer gut schmeckte und duftete, allmählich fade wird. Diese Anzeichen sind eindeutig: höchste Zeit, um den Kopf zu entschichten. Bei dieser schwierigen Operation muß genug von der Kohleschicht entfernt werden, um die Pfeife wieder schmackhaft zu machen, aber auch nicht zu viel, um nicht aus Versehen das Holz anzukratzen. Die meisten lassen aus diesem Grunde einen oder zwei Millimeter Schicht zurück, und wenn man kann, sollte man dafür sorgen, daß die verbleibende Schicht gleichmäßig dick ist. Eine entschichtete Innenwandung soll die gleiche regel-

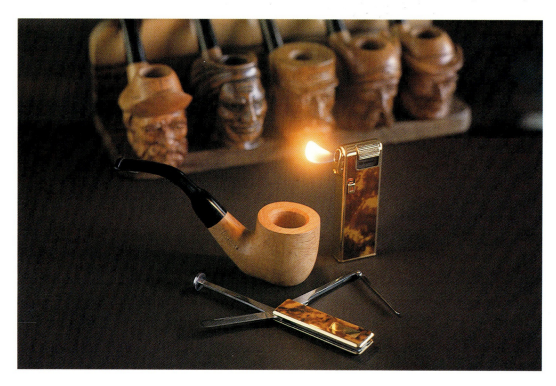

Speziell für die Pfeife entworfen: das Pfeifenfeuerzeug mit der waagerechten Flamme (rechts).

einem Lappen mit ein wenig kaltem Seifenwasser säubern, wobei man beim Nachspülen mit Wasser darauf achten muß, daß es nicht in den Kopf hineinläuft. Zum Schluß wischt man die Pfeife sorgfältig trocken. Sollte eine mit Walrat behandelte Meerschaumpfeife eine unschöne, unregelmäßige Kohleschicht entwickeln, kann man sie auch zu einem Pfeifenmacher bringen. Er wird sie dann nochmals in Walrat einlegen, so daß sich die Teerstoffe besser über den ganzen Kopf verteilen. Diese Rettungsmaßnahme kann jedoch kein zweites Mal durchgeführt werden.

Zur vollständigen Pflege einer Pfeife kommt jedoch noch etwas anderes hinzu. Mit der Zeit wird die Kohleschicht im Pfeifenkopf immer dicker, und eines Tages stellt der Raucher fest, daß ihm einerseits die Tabakmenge, die in die

mäßige Oberfläche aufweisen wie eine neue Pfeife. Zu diesem Zweck gibt es im Handel ein seltsames kleines Utensil, eine Art von Zylinder mit Zähnen, Pfeifenräumer genannt. Ob man mit diesen Zacken eine wirklich glatte Fläche hinbekommt, steht in Frage. Mit ein wenig Glück findet man bei einem Pfeifenhändler aber auch einen dieser Pfeifenräumer mit Schneidkanten. Ich selbst benütze die dreieckige Stahlklinge meines guten alten Taschenmessers, die so scharf ist, daß sich die Kohle mühelos wegschaben läßt. Allerdings ist hier die allergrößte Vorsicht geboten, denn diese scharfen Klingen neigen fatalerweise dazu, sich im Holz festzufressen.

Eine andere, gebräuchlichere Methode besteht darin, das Innere des Pfeifenkopfes regelmäßig zu reinigen und derart ein Entschichten von vorneherein unnötig zu machen. Die Anhänger dieser Methode schwören, daß die so behandelte Pfeife für immer gleichmäßig im Geschmack bleibe, während es nach einem Entschichten nicht im geringsten gesichert sei, daß sich der Rauchgenuß in der ursprünglichen Intensität wiederherstelle. Sie haben sicherlich recht. Doch kann diese regelmäßige, vielleicht sogar tägliche Pflege bald lästig werden und ist daher nur den geduldigsten und gewissenhaftesten Rauchern zu empfehlen. Man benützt auch hier die gleichen Utensilien, nämlich Auskratzer, Pfeifenräumer oder kleine Messerklingen. Bei Meerschaumpfeifen allerdings ist diese regelmäßige Pflege wirklich notwendig, denn einerseits zerstören die sich an den Innenwänden des Kopfes absetzenden Teerstoffe die Absorptionsfähigkeit des Meerschaums und damit die hervorragendste Raucheigenschaft der Pfeife und andererseits besteht die Gefahr, daß sie – da sie sich im Gegensatz zum Meerschaum bei Hitze ausbreiten – den Kopf sprengen. Für diese Reinigungsmaßnahme benötigt man eine sehr scharfe, dünne Klinge, denn jeder Druck auf das Werkzeug würde sofort den Meerschaum ebenfalls zusammendrücken und dadurch wieder seine Absorptionsfähigkeit beeinträchtigen. Um ein Beschädigen des Meerschaums zu vermeiden, sollte man eine Klinge mit abgerundeter Spitze verwenden, wie die eines Buttermessers.

Für Raucher, die zu bequem sind oder zwei linke Hände haben, sei noch angemerkt, daß man seine Pfeife natürlich auch zu einem Fachmann, einem Pfeifenhändler und -restaurateur bringen kann, um sie perfekt grundreinigen und entschichten zu lassen.

DAS ZUBEHÖR

Pfeifenputzer, Stopfer, Auskratzer oder Pfeifenräumer (Taschenmesser) zum Entschichten gehören zur alltäglichen Ausrüstung, die ein Pfeifenraucher unbedingt braucht.

In vorderster Reihe steht hier ein kleines Utensil aus Metall, das man auch »Pfeifenbesteck« nennt. Ohne dieses fühlt sich ein Raucher hilflos. Dieses Besteck besteht im allgemeinen aus drei Teilen, die an einem Ring beweglich zusammenhängen. Das erste dieser Teile sieht fast aus wie ein kleiner Löffel mit einem gezahnten Rand. Es dient zum Ausräumen der Pfeife und auch zum Auskratzen der Kohleschicht, wenn man Angst hat, eine Messerklinge zu benutzen. Das zweite ist ein einfacher Metallstocher, mit dem man einen verstopften Holm oder ein verstopftes Mundstück leicht wieder freibekommt. Das letzte ist ein Stift mit einer kleinen Metallplatte am Ende, der sogenannte Stopfer, mit dem man nach dem ersten Anzünden oder auch zwischendurch die Glut festdrücken kann, ohne sich den Finger zu verbrennen. Diese Bestecke gibt es in Hunderten von Versionen, in einfachen und kunstvollen Ausführungen. Wenn man klug ist, entscheidet man sich lieber für das einfachste und damit billigste Modell, denn man glaubt gar nicht, wie schnell diese kleinen Dinger verlorengehen.

Ein weiteres unverzichtbares Accessoire für alle Raucher, die nicht mit kantigen Metalldosen und prallvollen Tabakpäckchen in ausgebeulten Taschen herumlaufen möchten, ist der Tabaksbeutel. Seitdem keine Schweineblasen oder Stierhoden mehr verwendet werden, muß sich der Pfeifenraucher mit einfachen kleinen Leder- oder Stoffbeuteln zufriedengeben, die innen meistens mit einem aus Kautschuk gewonnenen Material gefüttert sind. Hier ist jedes Material akzeptabel, vorausgesetzt, es ist wasserdicht und beeinträchtigt nicht den Tabakgeschmack.

Man muß jedoch leider feststellen, daß in jedem Beutel, wie immer er auch beschaffen sein mag, der Tabak schon nach wenigen Tagen austrocknet. Die meisten Raucher geben aus diesem Grunde einen Befeuchter mit hinein. Hier nun ist der Fantasie keine Grenze gesetzt. Einige Pfeifenraucher legen eine Kartoffel- oder Karottenscheibe in ihren Tabaksbeutel, was den Tabakgeschmack nicht beeinflußt. Andere wiederum ziehen Orangen- oder Zitronenschale vor, was dem Tabak angeblich einen etwas erfrischenderen Geschmack verleiht. Die beste Lösung besteht vielleicht darin, sich bei einem Pfeifenhersteller ein kleines Stückchen Meerschaum zu besorgen und dieses in den Beutel zu legen, nachdem man es befeuchtet hat. Mit dieser sehr wirksamen Methode vermeidet man böse Überraschungen wie zum Beispiel den Geruch verschimmelter Kartoffeln.

Zur Aufbewahrung des Tabaks zu Hause oder im Büro geht jedoch nichts über einen Tabaktopf. Man braucht ihn schon allein dafür, um seine eigene Mischung aus verschiedenen im Handel erhältlichen Tabakerzeugnissen herstellen zu können. Auch hier gibt es wieder ein breitgefächertes Angebot an Modellen. Die modernen Tabaktöpfe haben im allgemeinen ein-

Bruyèrepfeife und Silber. Diese elegant beringte »Cad« ruht auf dem massiven Silberdeckel eines Keramik-Tabaktopfes. Diese silbernen und goldenen, mit Schildpatt, Kristallglas und Perlen verzierten Tabaktöpfe und Zigarettenetuis sind Goldschmiedearbeiten aus Birmingham von Anfang dieses Jahrhunderts (oben).

gebaute Befeuchter. Aber auch die altmodischen Töpfe – meist aus Steingut oder aus Porzellan, Silber, Metall usw. – eignen sich gut, solange man auf einen guten Feuchtigkeitsgehalt des Tabaks achtet. Abgesehen von den normalen Befeuchtern für Tabaksbeutel, unter denen der beste immer noch der Meerschaum ist, kann man auch ein saugfähiges, gut angefeuchtetes Papier im Topfdeckel befestigen oder einen Schwamm in einer kleinen, perforierten Metallschachtel hinzutun. Diese alten Tabaktöpfe, die meist erschwinglicher sind als die modernen Töpfe, begeistern viele Raucher wegen ihrer wunderschönen Verzierungen und stellen laut Auskunft sachkundiger Antiquitätenhändler auch eine gute Anlage dar.

DIE AUFBEWAHRUNG

Die Aufbewahrung der Pfeifen ist ein heikles Thema, über das sich die Fachleute streiten: Kopf nach oben oder Kopf nach unten? Beiden Seiten geht es um die beste Methode, aus der gerade gerauchten Pfeife die Feuchtigkeit herauszuholen. Die eine Seite – hauptsächlich von Engländern und allen voran von Alfred Dunhill vertreten – meint, der Kopf gehöre nach unten, da die Feuchtigkeit sich auf diese Weise im Kopf sammle, von der Kohleschicht aufgenommen und dann auf natürlichem Wege durch die Raumluft getrocknet werde. Die andere Seite hält dagegen, daß es wohl wenig wünschenswert sei, die Tabakkammer mit scheußlichem »Pfeifensaft« zu überschwemmen, während doch das Mundstück einfach zu reinigen sei. Beide Standpunkte haben etwas für sich, und die jeweiligen Verfechter können sich im übrigen auf einen kleinen Kompromiß einigen: einen Pfeifenputzer in das Mundstück einzuführen, der die Restfeuchtigkeit aufnimmt, in welcher Position auch immer man seine Pfeife aufbewahren mag. Auf alle Fälle kann es der Pfeife nur guttun, wenn man sie nach dem Rauchen nicht gleich in ein enges Behältnis sperrt, sondern sie einige Stunden lang an der Luft ruhen läßt. Dies gilt insbesondere für Meerschaumpfeifen, die, wenn man sie noch warm wieder in ihr Schutzetui legt, sehr schnell einen höchst unangenehmen, säuerlichen Geschmack verursachen. Selbst eine abgekühlte Meerschaumpfeife sollte nicht dauernd in ihr Etui eingesperrt werden, doch ist auch unbedingt jede Wärmeeinwirkung – zum Beispiel durch die Sonne oder durch einen Strahler – zu vermeiden, wenn die Pfeife mit Walrat behandelt wurde. Das Fett würde an der erwärmten Stelle schmelzen und woanders wieder festwerden, so daß die gleichmäßige Färbung des Kopfes ruiniert würde.

Nun kann jeder seine Pfeifen aufbewahren, wie und wo er will. Es gibt natürlich spezielle Pfeifenständer für diesen Zweck, doch passen die Pfeifen, je nach ihrer Größe, nicht immer gut in die vorgesehenen Vertiefungen. Da sie außerdem vor Staub, Stößen und sonstigen häuslichen Angriffen geschützt werden sollten, kann man sie, sobald sie abgekühlt sind, genausogut auch in eine Schachtel, Kiste, Schublade oder in eine Vitrine legen, natürlich mit Ausnahme der Meerschaumpfeifen. Manche Hersteller, wie beispielsweise Savinelli, bieten kleine Vitrinen oder auch Schränkchen an, die speziell für die Aufbewahrung von Pfeifen gebaut sind und entsprechende Gestelle aufweisen.

Man sucht sich seine Pfeife aus, man hegt und pflegt sie und raucht sie mit Genuß und findet in ihr einen Begleiter fürs Leben: Das Verhältnis zwischen dem Raucher und seinem kleinen Objekt der Begierde ist von besonderer Intimität. Ein Verhältnis, in dem Individualität, Sensibilität und Fantasie zum Tragen kommen, denn der Pfeifenliebhaber besitzt immer mehrere Pfeifen, unter denen er sich je nach Situation und Stimmung die liebste auswählt. Mit anderen Worten: Dies ist das Gegenteil zum Automatismus, ja zum Sklaventum, das die Zigarette bedeuten kann. Und wenn auch die Zigarre insofern an die Pfeife heranreicht, als sie im Raucher ebenfalls den Gourmet weckt, so kann doch nur die Pfeife den besonderen Zauber für sich beanspruchen, den ein Gegenstand durch die lange, liebevolle Betreuung eines Menschen erhält.

Die Aufbewahrung seiner Pfeifen war für den Pfeifenraucher noch nie Nebensache, denn Stöße, Staub und Wärme können sich fatal auswirken. Dieses englische Reiseköfferchen für Pfeifenraucher aus dem Jahre 1820 war für unterwegs sehr zu empfehlen: Es ist aus Amaranthholz, mit Kupfer beschlagen und enthält drei Meerschaumpfeifen, die nicht lange eingeschlossen bleiben dürfen, sowie eine Pfeife aus Opalglas und verschiedene Accessoires (unten).

Das Reise-Necessaire von Sir Walter Raleigh aus dem Jahre 1617: Die Tasche barg zwei Tonpfeifen, zwei abnehmbare Mundstücke und einen kleinen, fingerförmigen Pfeifenstopfer (oben). Nichts geht über eine Tonpfeife, wenn man alle Geschmacksaspekte des Tabaks kosten möchte. Die zerbrechlichen Pfeifen warten in einem Gestell, bis sie an die Reihe kommen (rechte Seite).

PASSION UND KREATION

Neben den Pfeifenrauchern, deren aktivste Vertreter sich in Pfeifenklubs und -organisationen zusammentun, gibt es zwei Personenkreise, deren Leben unter dem Zeichen der Pfeife steht: die Sammler und die Pfeifenmacher. Für sie hat die Pfeifenleidenschaft nicht unbedingt etwas mit dem Rauchen zu tun. Manche von ihnen rauchen überhaupt nicht Pfeife. Ihre Liebe zur Pfeife ist platonischer Natur, unabhängig vom Genuß. Und wenn sie in manchmal fieberhafter Aktivität ihre gesamte Freizeit oder ihr Arbeitsleben auf dem Altar ihrer Leidenschaft opfern, alle Antiquitätenhändler und Trödler abklappern oder stundenlang an einem Einzelstück werkeln, ohne auf die Uhr zu schauen, dann mit dem alleinigen Ziel, am Ende aller Mühen die Schönheit eines außergewöhnlichen und vollkommenen Gegenstandes betrachten zu können, für den sie zu allem bereit wären. Jenseits aller Unterschiede vereint Sammler und Schöpfer dasselbe Ideal, dasselbe Trachten nach Vollkommenheit, dieselbe Suche ohne Ende.

PASSIONIERTE SAMMLER

Hier sollte man unterscheiden zwischen denjenigen, die sich zum Vergnügen Pfeifen zulegen, und denjenigen, die nach Gesichtspunkten des Kunstgeschmacks sammeln. Die einen erwerben und besitzen neue, zeitgenössische Pfeifen in großer Zahl, um sie auch zu rauchen, die anderen lieben alte oder exotische Pfeifen. Die einen sind immer Raucher, die anderen nicht unbedingt, denn für sie zählen nur Schönheit, Seltenheit oder der geschichtliche Wert einer Pfeife, und die wenigsten unter ihnen rauchen die Pfeifen aus ihrer Sammlung – nicht nur, weil sie befürchten, sie zu beschädigen, sondern auch, um ihre Geschichte zu respektieren, die sich manchmal auch in hinterlassenen Spuren ihrer ursprünglichen Besitzer ausdrückt.

Eine Ausnahme ist der große Tonpfeifensammler Alain Demoly aus Paris. Als er uns in seiner Pariser Wohnung empfing, einem wahren Museum zu Ehren der Gambier-Pfeifen, der Fiolet-Pfeifen und anderer berühmter Marken, rauchte er gerade genüßlich eine »Jacob« von Gambier, die Pfeife, die im Frankreich des 19. Jahrhunderts am meisten verkauft wurde. »Die Tonpfeifen sind die besten«, erklärte er uns, »alle Geschmacksnuancen des Tabaks können sich vollkommen entfalten.« Doch auch Alain Demoly raucht aus seiner Sammlung nur die Jacob, die bei vielen Antiquitätenhändlern und Trödlern noch häufig günstig und im Neuzustand zu finden ist. Es würde ihm nie einfallen, eine seiner schönsten oder seltensten Pfeifen zu rauchen, solche, die von allen Sammlern gesucht werden und die er durch glücklichen Zufall fand. Es befinden sich sehr fein gearbeitete, teilweise sogar mehrfarbige Stücke unter seinen Kostbarkeiten: Der Faun mit der Panflöte auf den Knien, ein wunderbares Modell aus dem Hause Fiolet, ist das Meisterwerk in der Sammlung von Alain Demoly. Dann gibt es zahlreiche Stücke aus der schönsten Serie des Hauses Gambier, die von 400 bis 500 numeriert ist und wahrscheinlich von ein und demselben, unbekannt gebliebenen Künstler geschaffen wurde: ein Marquis de La Rochejaquelein, Anführer der royalistischen Aufstände während der französischen Revolution, eine Charlotte Corday, eine »Polichinelle«, ein Mandarin... Eine der seltensten Pfeifen überhaupt ist das berühmte Modell 800 von Gambier, ein Christuskopf, der auf energische Proteste der Kirche hin sofort nach seinem Erscheinen wieder aus dem Verkauf genommen wurde. Doch sind es, wie bei vielen Sammlern, nicht die schönsten oder seltensten Pfeifen, die Alain Demoly am meisten am Herzen liegen, sondern Stücke wie die Gambier, die einen kleinen Jungen darstellt, der in einen Nachttopf pinkelt, oder eine andere, bei der eine Frau ihren Nachttopf durchs Fenster entleert, oder auch jene, die die Ankunft der ersten Eisenbahn im Bahnhof von Rennes zeigt. Angesichts dieser Stücke beginnt man zu verstehen, was den Sammler vor allem fasziniert: volkstümliche Bildkunst, von der diese französischen Tonpfeifen aus dem 19. Jahrhundert einen anschaulichen Eindruck vermitteln. Diese zu damaligen Zeiten äußerst preisgünstigen und in Stadt und Land weit verbreiteten Pfeifen erlauben heute eine bessere Einsicht in Alltag und Vorstellungswelt der Männer und Frauen aus dem Volk als so manches Geschichtsbuch. Im Angesicht dieses simplen Gebrauchsgegenstandes werden alte Zeiten wieder lebendig.

Pfeifen aus Ton, Meerschaum und Bruyère beim Pariser Antiquitätenhändler Denise Corbier, bei dem sich Sammler aus der ganzen Welt einfinden (vorhergehende Doppelseite). Eine exquisite Diane de Poitiers aus weißem Ton, die es mit den schönsten Meerschaumpfeifen aufnehmen kann. Dieser Kopf einer Ausstellungspfeife, der einst ein Schaufenster zierte, wurde von einem Künstler der berühmtesten Tonpfeifenmanufaktur im 19. Jahrhundert, der Firma Gambier, geschaffen (linke Seite).

Ein schönes Stück aus dem 19. Jahrhundert, das sehr selten und begehrt ist: der mehrfarbige Faun aus dem Haus Fiolet. Die Pfeife befindet sich im Besitz des Sammlers Alain Demoly (links).

Alain Demoly begann mit dem Sammeln ganz und gar unabsichtlich, vor etwa dreißig Jahren, als er eine Pfeife als Geschenk für seinen Onkel François Demoly kaufte, der damals einer der größten und sachkundigsten französischen Pfeifensammler war. Doch dann fand er sie so schön..., daß er sie schließlich selbst behielt. Wenig später erwarb er die zweite. Sein Onkel ermutigte ihn und gab ihm, der noch jung und unerfahren war, den guten Rat, sich an Tonpfeifen zu halten, da sie nicht so teuer waren. Dies war der Beginn für die entscheidende Passion seines Lebens.

Der wohlhabende François Demoly hatte seine eigene Sammlung nach dem Ende des Zweiten Weltkriegs angelegt und bis zu seinem Tode im Jahre 1991 stetig vergrößert. Diese außergewöhnliche Sammlung umfaßte Pfeifen aus allen Epochen und in allen Materialien. Leider wurde sie nach einem Einbruch größtenteils in alle Winde verstreut. Eines der verlorenen Stücke gehörte zu den schönsten Pfeifen in der Geschichte: Im 17. oder 18. Jahrhundert von einem Künstler aus Dieppe aus Elfenbein ziseliert, stellt ihr Kopf die Büste einer Frau dar. In dem – inzwischen leider vergriffenen – Buch *La Pipe* von André Paul Bastien ist noch ihr linkes Profil zu bewundern. In Reichtum und Feinheit der Ausführung hat diese kleine Skulptur in der gesamten Geschichte der Pfeife kaum ihresgleichen. Über dem feingeschnittenen Antlitz der jungen Frau erhebt sich eine Frisur aus einer Weinrebe mit Blättern und Trauben, aus der sich ein paar Haarlocken herabringeln. Eine Erdbeere ziert ihren Hals, und ihr Dekolleté ist mit einem feinen Spitzenjabot bedeckt. Die Basis unter der Büste zeigt Kopf und Hals eines Raubvogels. Auf dem Rand des Pfeifenkopfs befindet sich ein klappbarer Deckel in Form einer Krone, ebenfalls aus Elfenbein, was den Gedanken nahelegt, daß hier eine Königin dargestellt werden sollte. Hinter dem Kopf ragt eine lange Traube mit Blättern und Früchten zum Ansatzstück hinunter – dort wurde vermutlich ein Pfeifenrohr aus Holz hineingesteckt.

Diese Elfenbeinpfeifen aus Dieppe waren so schön, daß man sich fragen muß, ob ihre Besitzer, die sicherlich begüterte Kunstliebhaber waren, es tatsächlich gewagt haben, sie zu rauchen... Fragt man den Tabakhändler Jean-Charles Rhein in Genf, einen großen Sammler alter Pfeifen, welches seine Lieblingspfeife sei, dann antwortet er: »Eine Elfenbeinpfeife aus Dieppe, und sie ist der Kummer meines Lebens, denn ich habe sie verkauft...«. Dann erzählt er die traurige Geschichte dieses herrlichen Stücks, das er für etwa tausend Francs bei einem Trödler erstanden hatte und das die Büste einer jungen Frau darstellte, geschmückt mit einem Perlenkollier sowie einem Spitzendekolleté, und dessen Basis seltsamerweise den Kopf eines Fisches wiedergab. Einige Wochen später besuchte ihn ein Freund, nämlich der spanische Sammler Xavier Flores, blieb wie angewurzelt vor der Dame aus Elfenbein stehen und bot sofort achttausend Francs dafür. Damals bedauerte Jean-Charles Rhein gerade sein Schicksal, sich fünf wunderschöne Meerschaumpfeifen, die er bei einem Antiquitätenhändler gesehen hatte, nicht leisten zu können. Mit achttausend Francs würde er den Kauf tätigen können... Also willigte er ein. Später erst erfuhr er, wie selten diese Elfenbeinpfeifen waren. Sollten Sie eine zu verkaufen haben, zögern Sie nicht, sich mit ihm in Verbindung zu setzen! Sie käme dann in eine der schönsten Sammlungen der Welt mit insgesamt etwa dreihundert Stücken, von denen einige in den Schaufenstern des Geschäfts »Tabac Rhein« in der Rue du Mont-Blanc in Genf ausgestellt sind.

Wie kommt man dazu, Pfeifen zu sammeln? Nicht unbedingt deswegen, weil man Pfeifenraucher ist. Jean-Charles Rhein kam durch seinen Beruf darauf, Gegenstände zu sammeln, die mit Tabak zu tun haben: Tabatieren, Feilen, Etuis... Bei Carlos Armero, einem Rechtsanwalt aus Madrid, der etwa zweitausend Pfeifen aus allen Kontinenten besitzt, ist die Sammelleidenschaft, wie er selbst sagt, eher »hormonell« bedingt; genetisch bedingt wäre genauer, denn sein Vater sammelte Bierkrüge, seine Mutter alte Scheren, einer seiner Brüder sammelt Türklopfer, ein anderer Postkarten. Und wie kam Carlos zu den Pfeifen? »Als ich in England studierte, rauchte ich ab und zu Pfeife, um britischer zu wirken. Aber eigentlich hat alles in Macucu angefangen!« Macucu? Ein kleines Dorf bei Libreville im Gabun, das der damals dreiundzwanzigjährige, angehende Anwalt bereiste. Auf dem Markt von Macucu bot ein uralter Mann zwi-

In dreißig Jahren engagiertester Suche gelang es Alain Demoly, eine der schönsten Tonpfeifensammlungen der Welt anzulegen. Auf der linken Seite, von links nach rechts und von oben nach unten, einige seiner besten Stücke: »Dautan jeune«, Selbstporträt eines der besten Pfeifenmacher bei Gambier; der »Zouave au combat« – Zouave im Kampf – (Dutel-Gisclon); »Tom Pouce« (Gambier); der »Petit Pisseur« (Gisclon); »Joko« (Gambier); »Polichinelle« (Gambier). Oben: »L'écrivain public« – Der öffentliche Schreiber – (Gambier).

Der französische Sammler Eugène Jance besitzt auch diese zauberhaften Pfeifen aus Corosoholz mit einer Umkleidung aus Eisen, die wahrscheinlich von Sträflingen und Seeleuten zu Beginn des 19. Jahrhunderts geschnitzt wurden (links).

Zwei sehr schöne französische Imitationen türkischer Schibukpfeifen aus der Sammlung von Eugène Jance. Diese Tonpfeifen sind mit ziseliertem Emaille verziert und haben 60 cm lange, mit Samt umhüllte Mundstücke. Sie stammen aus dem Jahre 1830 und sind Paradestücke für den im 19. Jahrhundert in Mode gekommenen Orientalismus (unten).

schen allem möglichen Krimskrams auch eine schöne alte afrikanische Pfeife an. Carlos Armero hatte nicht viel Geld in der Tasche, und weder er noch der würdige Greis hatten die geringste Ahnung, was diese Pfeife wert sein könnte. Also beschlossen sie einen Tausch: die Pfeife gegen einen Kugelschreiber. Seit jenem Ereignis kehrt der Madrilene von keiner seiner privaten oder beruflichen Reisen ohne einige Pfeifen zurück. Er gesteht, daß er eigentlich ein Sammler von Reisen sei und daß seine Pfeifen ihn – durch die Umwege, die er habe machen müssen, und die Leute, mit denen er ins Gespräch gekommen sei, um sie zu erwerben – auf das Schönste an das besuchte Land erinnerten. Die Sammlung, von Carlos Armero liebevoll in zahlreichen Vitrinen in seiner Madrider Wohnung untergebracht, bleibt der Öffentlichkeit verschlossen. Er präsentiert sie jedoch in seinem schönen Buch *Pipas antiguas*. Dieses Buch ist dem Pariser Antiquitätenhändler und Sammler Dominique Delalande – mit den Worten »A mi dueño« (»Meinem Meister«) – gewidmet. In der Tat ist Dominique Delalande einer der größten Experten weltweit, was alte Pfeifen betrifft. Der gebürtige Bretone, der Schiffe und das Meer liebt, ist ein passionierter Sammler aller Arten von Gegenständen, die mit Tabak zu tun haben, seitdem er sich vor etwa dreißig Jahren auf den ersten Blick in eine hübsche junge Frau verliebt hat, die, einer Gallionsfigur gleich, eine Zigarettenspitze aus Meerschaum zierte. Heute besitzt er einige der schönsten alten Pfeifen der Welt. Darunter sind Meerschaumpfeifen, die sich durchaus mit denen des österreichischen Tabakmuseums in Wien messen können, jenem weltweit bekannten, großen Tempel der Meerschaumpfeife. Zum Beispiel ein Pfeifenkopf, der eine Szene aus der Schlacht von Issos darstellt – bei der Dareios von Alexander dem Großen geschlagen wurde –, wahrscheinlich ein diplomatisches Geschenk Österreichs an den Zaren Alexander I., der Napoleon besiegt hatte. Die Lieblingspfeife Dominique Delalandes ist jedoch eine relativ schlichte Meerschaumpfeife, eine »Auslagenpfeife«, die

Originelle Stücke für einen Sammler, diese Köpfe von »Tophanpfeifen«, die durch das Brennen rosarot werden. Sie wurden im 19. Jahrhundert in dem gleichnamigen Stadtviertel von Konstantinopel hergestellt. »Die Köpfe sind aus sehr feiner und weicher Tonerde gemacht, in die der Töpfer mit einer Rolle verschiedene Verzierungen hineindrückt und die er mit einem kleinen Stempel kennzeichnet. Man raucht sie nicht ein wie französische Pfeifen, und sie sind für einen geringen Preis zu haben.« Théophile Gautier, *Constantinople* (1852) (rechte Seite).

1920 erwarb Alfred Dunhill diesen reich verzierten Meerschaumpfeifenkopf. Er stellt einen Waffengang in der Schlacht bei Königgrätz (1866) dar, bei der die Preußen über die Österreicher siegten: die Eroberung der Fahne der österreichischen Kavallerie durch einen preußischen Offizier mit drei Dragonern. Dieses Zierstück aus dem 19. Jahrhundert ist ganz offensichtlich nie geraucht worden (rechts).

lange Zeit den Laden von Astleys in London zierte: Der Kopf – ein idealisiertes Porträt des Mamelucken Roustan, Napoleons Leibwächter – wurde um 1875 von einem Wiener Künstler so fein geschnitzt, daß man meint, dieses wilde Gesicht sei lebendig.

Auch in Lausanne gibt es einen passionierten Sammler von Stücken, die eines Museums würdig wären: den Antiquitätenhändler Jacques Schmied, der auf alte Waffen und Skulpturen spezialisiert ist und seine Pfeifen so liebt, daß er sie nicht verkauft. An seinem fünfundsechzigsten Geburtstag im Jahre 1979 eröffnete er sein eigenes Pfeifenmuseum im mittelalterlichen Gewölbekeller seines Ladens. Die Idee dazu war ihm schon einige Jahre zuvor gekommen, als er eines Tages zwei amerikanische Kunden in seinem Büro auf den Knien liegend vorgefunden hatte: Sie betrachteten eine schöne Meerschaumpfeife, die ganz unten in einer mit unzähligen Pfeifen vollgestopften Vitrine lag. Diese eine Vitrine reichte entschieden nicht aus, und die Kartons, in denen sich noch Hunderte von Pfeifen stapelten, waren einfach unwürdig. Heute besitzt Jacques Schmied etwa zweitausend Pfeifen, die er weniger um ihrer Schönheit willen ausgewählt hat, als vielmehr wegen ihrer Seltenheit und ihres geschichtlichen Werts. Ein besonders seltenes Stück ist zum Beispiel die sehr große, lothringische Pfeife aus dem letzten Jahrhundert, die ein begnadeter Künstler aus einer Rosenbuschwurzel schnitzte, wobei er Knoten und Verwachsungen, Vertiefungen und Auswucherungen zu erhalten wußte und mit unvergleichlichem Geschick die Tabakkammer und das Mundstück integrierte. Ebenso spektakulär wie selten sind jene Pfeifen aus Glas, die im 18. und 19. Jahrhundert bei Murano nahe Venedig von Meistern der Glasbläserei hergestellt wurden. Fragt man Jacques Schmied nach seinen Lieblingspfeifen, so nennt er aber weder diese noch seine wunderbaren Silberpfeifen noch seine fantastischen Pfeifen aus dem 19. Jahrhundert, deren Köpfe aus Muschelschalen geformt sind. Ohne das geringste Zögern antwortet er schlicht: »Die, die mir meine Frau geschenkt hat.« Auch die größten Experten unter den Sammlern sind oft erstaunlich sentimental ...

Galt dies auch für die Baronin Alice von Rothschild? Auf den ersten Blick nicht. Doch zeigte diese hochbegüterte Frau, die zum österreichischen Zweig der Familie gehörte, 1847 in Frankfurt geboren wurde, in Wien aufwuchs

Die Lieblingspfeife des Pariser Antiquitätenhändlers und Sammlers Dominique Delalande: ein »Roustan« – der Mamelucken-Leibwächter Napoleons. Diese fantastische Meerschaumpfeife wurde gegen 1873 in Wien hergestellt (rechte Seite). Man kann sich gut vorstellen, wie liebevoll diese charmante Blumenfrau von ihrem glücklichen Besitzer, Baron Erwin Zielder von Görz, eingeraucht wurde. Diese Pfeife aus Meerschaum und Bernstein wurde 1860 in Wien hergestellt und ziert heute das Pfeifenmuseum von Gavirate in Italien (unten).

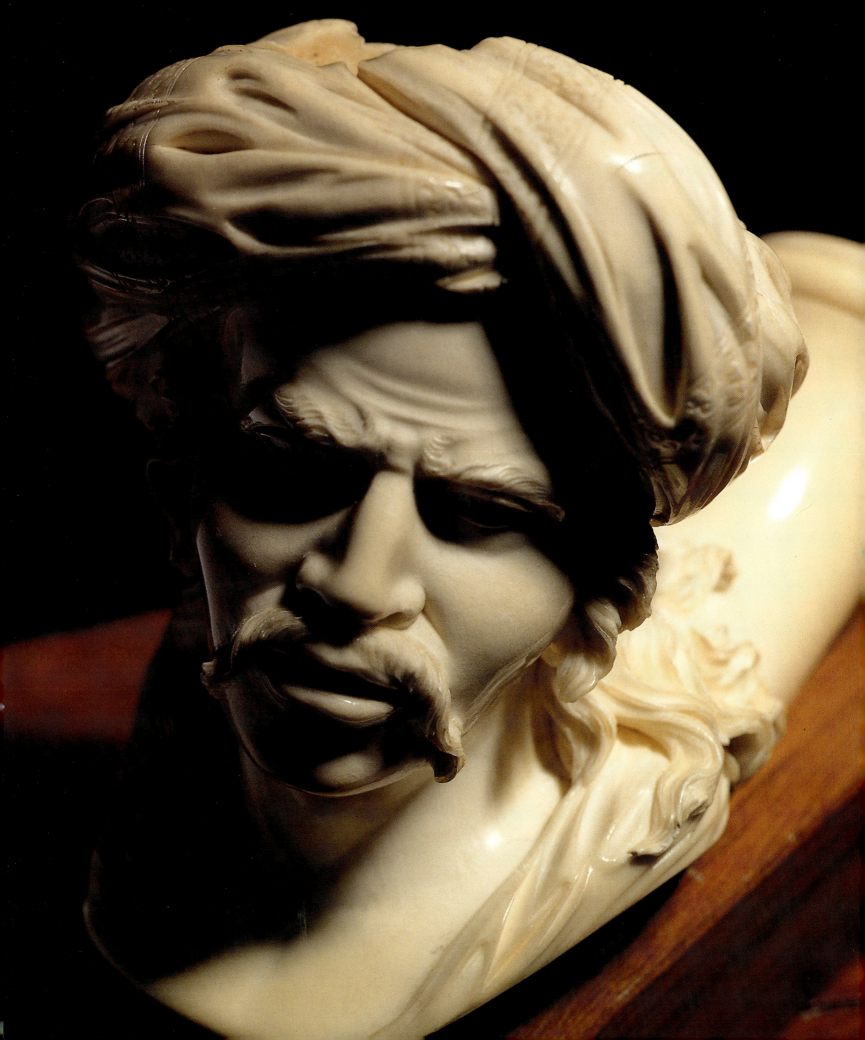

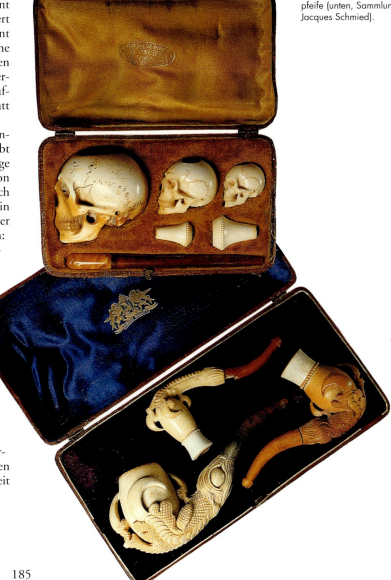

und sich später in England niederließ, ohnehin nur das, was sie zeigen wollte. Niemand weiß, warum Alice von Rothschild Pfeifen sammelte, selbst Francine Guibert, Konservatorin der Gemeindebibliothek von Grasse, wo diese Sammlung ausgestellt ist, fällt zu ihrem Bedauern keine Antwort darauf ein.

Die Baronin sammelte diese vierhundertfünfzig Meisterwerke in ihrer bei Grasse gelegenen Villa Victoria, mehr weiß man nicht. Dagegen zählt eine andere Passion, die ihrem einhundertfünfunddreißig Hektar großen und mit hunderttausend Blumen übersäten Garten galt, zu den meistbesprochenen Persönlichkeitsticks der Geschichtsschreibung. In seinem Buch *Les Jardins de la fortune* (Die Gärten der Reichen) schreibt Marcel Gaucher, der Sohn des Hauptgärtners der Baronin, über die von ihm so genannte »diktatorische Gärtnerin«: Die Baronin soll eines Tages, als sie die Königin Viktoria zu Besuch gehabt habe und diese versehentlich einen Fuß in eine Blumenrabatte gesetzt habe, der Herrin über Großbritannien und Indien zornentbrannt ein herrisches »*Get out!*« entgegengeschleudert haben, woran die Königin wohl kaum gewöhnt gewesen sei! Jedes Unkraut, jedes unglückliche abgestorbene Blatt, das herabfiel, habe einen Wutanfall ausgelöst. Ein verblüffter Besucher erzählte, daß alle zwanzig Meter ein Gärtner aufgebaut gewesen sei, um jedes herabfallende Blatt sofort wieder aufzusammeln.

Gern hätten wir ebensoviel über die Pfeifenleidenschaft der Baronin gewußt, doch bleibt uns zumindest das Vergnügen, die großartige Sammlung in der Gemeindebibliothek von Grasse betrachten zu dürfen, wo sie 1927, nach dem Tode der Baronin, von einem Neffen in Obhut gegeben wurde. Da sind Pfeifen aller Epochen und aus aller Herren Länder zu sehen: außergewöhnliche Tonpfeifen aus der Grafschaft Staffordshire, ein paar prächtige Ulmer Pfeifen, Porzellanpfeifen aus Sachsen und natürlich zahlreiche Meerschaumpfeifen. Die letzteren könnten des Rätsels Lösung sein, denn schließlich war Alice von Rothschild in Wien aufgewachsen, der Wiege der Meerschaumpfeifen.

Mit der Aufzählung der größten Pfeifensammler könnte man noch unendlich fortfahren, Namen wie der des Amerikaners Benjamin Rapaport oder des Engländers Tony Irving, der der Familie Dunhill oder von Eppe Ramazzotti können hier nur erwähnt werden. Ohne diese enthusiastischen Pfeifenliebhaber hätten sich die Spuren eines seit dem 16. Jahrhundert in der Welt verbreiteten Brauchs wohl schon verloren. Wie wird es in der Zukunft darum bestellt sein? Welche von all den heute hergestellten Pfeifen werden wohl die »Spitzenreiter« in den Pfeifensammlungen von morgen sein? Zweifellos die Meisterwerke, die aus dem Genie der besten Pfeifenmacher von heute hervorgingen.

PASSIONIERTE PFEIFENMACHER

Heute arbeiten nahezu alle Pfeifenmacher mit Bruyère, dem Material, das nunmehr in der Welt der Pfeife vorherrscht. Für den Pfeifenkünstler ist die herausragende Eigenschaft des Bruyèreholzes seine Schönheit, diese Harmonie der gleichmäßig geflammten Maserung und der »Vogelaugen«, die den Raucher – über die Begeisterung für das Naturprodukt hinaus – für sich

Eine der schönsten Privatsammlungen, die es zu sehen gibt, ist die von Jacques Schmied, die er in seinem eigenen Museum in Lausanne ausstellt. Linke Seite: Von diesen vier Pfeifen nimmt Jacques Schmied an, daß sie deutsch sind und aus dem 17. und 18. Jahrhundert stammen. Von oben nach unten: kleine Silberpfeife, deren Kopf das Haupt eines Türken zeigt; Pfeife mit groteskem Kopf aus Silber und Pfeifenrohr aus Holz; zwei silbergefaßte Tonpfeifen.

Man kann auch mit dem Mundstück spielen . . . indem man es in einen Vogelschnabel verwandelt. Diese Schnepfe aus Meerschaum und Bernstein wurde im 19. Jahrhundert in Frankreich hergestellt. Heute gehört sie Jacques Schmied (oben). Zwei Luxusetuis für den »Allround-Raucher«. Jedes enthält Teile aus Meerschaum, verwendbar für Pfeife, Zigarre und Zigarette. Der Totenkopf und das von Adlerkrallen gehaltene Ei sind klassische Motive der Meerschaumpfeife (unten, Sammlung Jacques Schmied).

Vollkommene Reinheit: eine handgemachte Pfeife mit geflammter Maserung (*straight grain*) aus dem dänischen Hause W. Ø. Larsen. Diese wunderbar geflammte Maserung einer alten korsischen Bruyèreknolle bestimmt das Design des Kopfes und des Holms. Das sorgfältig mit der Hand geformte Mundstück trägt ebenso wie der Kopf zur Harmonie der ganzen Pfeife bei (linke Seite, oben). Der Tabakhändler W. Ø. Larsen, Begründer der Dynastie, im Jahre 1864 (linke Seite, unten).

einnimmt. Die Kunst eines großen Pfeifenmachers besteht darin, dieses natürliche Erscheinungsbild hervorzuheben, ohne dabei die Eigenschaften zu beeinträchtigen, die eine gute Pfeife auszeichnen: Sie muß leicht sein, gleichmäßig brennen und gut ziehen. Darin liegt die Berufung einiger berühmter Hersteller Europas, bei denen seit Ende des 19. Jahrhunderts die große Kunst des Pfeifenbaus auf dem goldenen Mittelweg zwischen Tradition und Fortschritt von Generation zu Generation weitergegeben wird – zum Wohle des anspruchsvollen Pfeifenrauchers. Diese großen, in der ganzen Welt bekannten Pfeifenhersteller befinden sich vor allem in England, Italien, Dänemark, Frankreich und Deutschland. Hinzu kommen noch einige selbständige Pfeifenmacher, deren Produktion natürlich begrenzt ist und daher selten einen solchen Bekanntheitsgrad erlangen kann.

In Dänemark. Beginnen wir mit dem Königreich Dänemark, dem Land, in dem die Kunst des Bruyèrepfeifenbaus revolutioniert wurde und das den weitaus größten Bevölkerungsanteil an Pfeifenrauchern besitzt. Die zweite Herrscherfamilie in diesem Lande heißt W. Ø. Larsen. Ihr Palast ist ein schöner Laden und gleichzeitig ein Museum für altertümliche Pfeifen und liegt im Herzen der Altstadt von Kopenhagen – und das seit der Gründung des Hauses im Jahre 1864. Als kleiner Tabakhandel gegründet, wuchs das Haus allmählich, importierte immer größere Mengen an Zigarren, Zigaretten und Pfeifentabaken und wurde schließlich ein großes Handelshaus. Nach dem Ersten Weltkrieg begann W. Ø. Larsen, selbst Zigarren und Tabake herzustellen. Vor etwa zwanzig Jahren stellte die Firma die eigene Tabakherstellung ein, sie bietet jedoch heute ungefähr vierhundert verschiedene Tabaksorten an, darunter etwa vierzig Hausmarken, die dem Kunden zum Teil für seine persönliche Mischung zur Verfügung stehen. Gleichzeitig bot die Firma Bruyèrepfeifen an, die sie bis in die fünfziger Jahre hinein importierte. Dann jedoch entschied Ole W. Ø. Larsen, der die vierte Generation der Dynastie verkörpert, daß das »langweilige und triste« Design der damals üblichen Pfeifen einer Erneuerung bedürfe und begann, eigene Modelle zu entwerfen, die vollkommen handgefertigt werden sollten. Die zu Beginn nur in kleiner Anzahl hergestellten, von äußerster Sorgfalt und großer Fantasie geprägten Pfeifen hatten in ganz Europa bald großen Erfolg. Weltweit einzigartig: Die Pfeifen des Hauses, deren Originalität auf den ersten Blick erkennbar ist, tragen weder am Kopf noch am Mundstück irgendein Zeichen. In den allerersten Katalogen des Hauses aus den fünfziger Jahren findet man bereits alles, was auch heute seinen internationalen Ruf ausmacht: Pfeifen aus allerschönstem Bruyèreholz – W. Ø. Larsen bevorzugt für gewöhnlich gut gealtertes korsisches Bruyèreholz, das allerdings sehr rar ist – und ein perfektes Zusammenspiel zwischen der freien Kreativität des Pfeifenmachers und der Form, die die Struktur des Holzes vorgibt. Auf diese Weise entstanden von Anfang an Pfeifen, die so unterschiedlich wie originell, sogar bizarr waren, mit eiförmigen, schräg geneigten, sich erweiternden oder spitz zulaufenden Köpfen, außerdem viele Pfeifen, bei denen der Rand des Kopfes von der unpolierten Borke der Knolle gebildet wurde. Bei jeder einzelnen aber entsprach das kühne Design der Zeichnung des Holzes, seiner Maserung und seinen Vogelaugen, und zwar, indem es sie noch betonte. Vierzig Jahre später setzt sich nun die Tradition des Hauses W. Ø. Larsen in der fünften Generation mit Oles Sohn Niels fort, der in seiner Freizeit am liebsten wunderschöne, kleine Pfeifenstopfer aus Horn fertigt. Die Borkenränder und spitz zulaufenden Köpfe sind inzwischen weitgehend verschwunden, doch die Originalität und die Vielfalt der Formen sind geblieben. Das breit gefächerte Angebot umfaßt sowohl handgemachte, aber »normale« Pfeifen als auch Modelle mit außergewöhnlicher Maserung (*straight grain*) und Vogelaugen), die den Markennamen Perles tragen und mehr als dreitausend Mark kosten können: Diese Modelle haben manchmal ein Mundstück aus Bernstein, welches nach einem Geheimrezept aus einer Mischung von echtem Bernsteinpulver und Kunstharz hergestellt wird. Dieses Rezept wird streng gehütet von Frau Olrik (nicht zu verwechseln mit der Firma Orlik, dem größten dänischen Tabakhersteller), der Witwe eines bekannten dänischen Pfeifenmachers und Autors mehrerer Bücher über die Pfeife. Unter allen heutigen Meisterwerken des Hau-

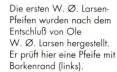

Die ersten W. Ø. Larsen-Pfeifen wurden nach dem Entschluß von Ole W. Ø. Larsen hergestellt. Er prüft hier eine Pfeife mit Borkenrand (links).

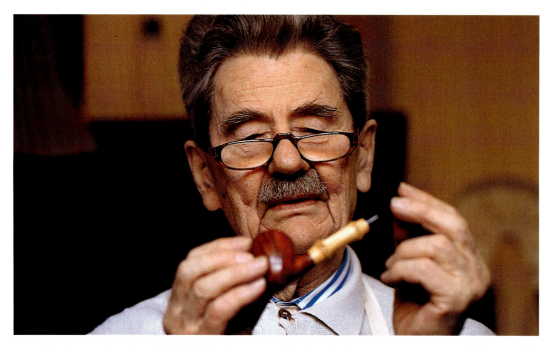

Er ist bereits Legende: Der Erfinder des dänischen Designs Sixten Ivarsson gilt bei vielen Pfeifenrauchern als größter Pfeifenmacher des 20. Jahrhunderts (rechts).

ses sollte die wunderschöne Serie Rustica hervorgehoben werden: Bei diesen Pfeifen ist der Kopf zur einen Hälfte – oben oder unten – guillochiert und gebeizt und auf der anderen Hälfte im Kontrast dazu naturbelassen und poliert. Zum Schluß sei noch erwähnt, daß die W. Ø. Larsen-Pfeifen wunderschöne Horn-, Ebenholz- oder Palmenholzringe tragen.

Die heutige Kunst des Bruyèrepfeifenbaus, deren hervorragender Vertreter die Firma W. Ø. Larsen ist, geht auf einen genialen Pionier zurück, auf Sixten Ivarsson, den »Erfinder des dänischen Designs«, der eigentlich ein Schwede ist und sich 1930 in Kopenhagen niederließ. Zum erstenmal zeigte sich die Berufung dieses später weltberühmten Pfeifenmachers im Jahre 1946, als er sich für seinen persönlichen Bedarf eine Pfeife anfertigte. Fünf Jahre später – in der Zwischenzeit hatte er im Auftrag eines Händlers in Kopenhagen Pfeifen repariert – eröffnete er eine eigene kleine Werkstatt, von der die glücklichste Revolution ausging, die der Bruyèrepfeife passieren konnte. Bis dato war diese an einige klassische, traditionelle Formen gebunden, an die sich alle Pfeifenmacher hielten und die eine ästhetische Neuerung nur durch Anbringen von Schnitzmotiven oder Verzierungen erlaubten. Ivarsson brach mit dieser starren Norm und kreierte für jede seiner ausschließlich handgemachten Pfeifen eine neue Form. Meist ließ er sich von der Maserung der Bruyèreknolle inspirieren. Doch der Respekt vor dem Material macht nicht allein sein Genie aus. Vor allem liegt ihm eine kreative und traumhafte Sicherheit in der Beherrschung der Harmonie, der Ausgewogenheit der Linien zugrunde, durch die jede seiner Pfeifen ein Meisterwerk an Reinheit und Eleganz wurde.

In wenigen Jahren erlangte er einen solchen Ruf, daß Pfeifenraucher aus aller Welt nach Kopenhagen reisten, um ihn aufzusuchen. Schließlich überredete Poul Nielsen ihn, für sein kurz zuvor gegründetes Haus Stanwell zu arbeiten. Aus dieser Zusammenarbeit gingen fantastische *freehands* hervor, die Stanwell später in Serie reproduzierte – natürlich mit dem Markenzeichen des gekrönten S – und die die Welt eroberten.

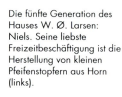

Das Ansehen des Hauses Stanwell – des größten dänischen Pfeifenherstellers und -exporteurs, der gerade sein fünfzigjähriges Jubiläum feierte – verdankt sich ganz offensichtlich zum großen Teil diesen Ivarsson-Pfeifen. In der Jubiläumspfeifenschatulle von Stanwell, die sechs Pfeifen enthält, sind zwei von Ivarsson signiert. In Deutschland, dem größten

Die fünfte Generation des Hauses W. Ø. Larsen: Niels. Seine liebste Freizeitbeschäftigung ist die Herstellung von kleinen Pfeifenstopfern aus Horn (links).

Das dänische Haus Stanwell entwarf 1992 zu seinem Jubiläum eine Schatulle mit sechs Pfeifen, die jeweils ein anderes Jahrzehnt repräsentieren sollen. Die »Pfeife der neunziger Jahre« (rechts) wurde von Tom Etlang geschaffen, einem bedeutenden Pfeifenmacher, der mit Stanwell zusammenarbeitet und ein Beizverfahren erfunden hat, bei dem fantastische Kontraste zum Vorschein kommen.

Abnehmer dieser Pfeifenmarke außerhalb Dänemarks, verkauft sich am besten das Modell Nr. 11, die Kopie einer *freehand* von Ivarsson. Diese Pfeife hat einen relativ kurzen, breiten Kopf mit einem leicht gebogenen Rand.

Der zurückgezogen lebende Sixten Ivarsson arbeitet heute – mit über achtzig Jahren – noch immer in seiner kleinen Werkstatt in Kopenhagen. Er hat die Zusammenarbeit mit Stanwell aufgegeben und ist nur noch auf eigene Rechnung tätig. Seine Pfeifen – höchstens zweihundert Stück im Jahr, die das Markenzeichen »An Ivarsson product« tragen – werden im wesentlichen nach Japan und Amerika exportiert. Pfeifenraucher in Europa können nur noch von ihnen träumen – und sich einen Ausspruch des genialsten aller zeitgenössischen Pfeifenmacher zu Gemüte führen, der auf die Frage, wie man am besten rauche, kurz angebunden antwortete: »Naja, man muß gleichzeitig mit der Pfeife einatmen. Das ist alles.«

Wir können Dänemark nicht verlassen, ohne wenigstens einige der zahlreichen Nacheiferer Ivarssons genannt zu haben, wie zum Beispiel seinen Sohn Lars Ivarsson und drei weitere Pfeifenmacher, die auch für Stanwell gearbeitet haben: Tom Etlang, Jess Chono-

witsch und Anne Julie Rasmussen, einer der wenigen weiblichen Pfeifen-Designer (neben Else Larsen, die bei W. Ø. Larsen diese Kunst ausübt); des weiteren der Meister des Pfeifenbaus Tao, Mitbegründer des hervorragenden Hauses Svendborg und heute selbständig; Paul Ilstedt, Ingo Garbe (ein Deutscher, der sich auf der kleinen dänischen Insel Laesö niedergelassen hat) ... Sie alle machen Dänemark für Pfeifenliebhaber zum schönsten aller Königreiche.

In Großbritannien und Irland. Was Pfeifen angeht, scheint London von Kopenhagen weit entfernt zu sein. Die englischen Pfeifenmacher hielten sich stets an ihre bewährten klassischen Formen, die auch den vornehmen Gentlemen aus der City entsprachen. Für sie wie auch für viele Pfeifenraucher in der ganzen Welt sind Dunhill-Pfeifen ein Muß. Tatsächlich ist der berühmte *white spot*, der kleine weiße Punkt auf der Oberseite des Mundstücks – eine Erfindung Alfred Dunhills, die den Arbeitern dazu dienen sollte, das Mundstück richtig anzubringen, und Markenzeichen aller Dunhills – ein absolutes Gütezeichen. Und im Gegensatz zu anderen, ebenso guten Marken verfügt Dunhill über einen ausgezeichneten Ruf

Seitdem Anne Julie Rasmussen und Ruth Eckert sich aus dem Metier zurückgezogen haben, ist Else Larsen (aus dem Hause W. Ø. Larsen, jedoch kein Familienmitglied) wohl die einzige Frau auf der Welt, die heute Pfeifen entwirft und herstellt (links).

Der Gründer des Dunhill-Imperiums, Alfred Dunhill, war der geborene Kaufmann, ein genialer Erfinder, ein Architektur- und Kinonarr und ein passionierter Pfeifenraucher. Er verlieh allen Dunhill-Produkten, vor allem der Pfeife, für alle Zukunft jene Note eines britischen Klassizismus, die er so zusammenfaßte: »Nicht modisch, aber elegant« (oben).

und ein solides Vertriebsnetz, das weltweit geknüpft ist. Diese ideale Kombination von höchsten Qualitätsansprüchen und einem ausgeprägten Geschäftssinn hat die Firma natürlich von ihrem Gründer übernommen, einem genialen Geschäftsmann. 1893 gründete Alfred Dunhill sein erstes Geschäft: eine Sattlerei zur Ausstattung von Kutschen. Mit dem Aufkommen des Automobils wandelte sich auch seine Geschäftstätigkeit. Die Genialität Alfred Dunhills lag vielleicht gerade in dieser Fähigkeit, sich rasch an geänderte Gegebenheiten anzupassen und sofort den neuen Bedürfnissen zu entsprechen. Zunächst den Bedürfnissen der Automobilisten: Seit den Anfängen des Automobilbaus bot er eine ganze Reihe von dazu nötigen Dingen an, wie Mäntel, Handschuhe, Brillen und Uhren. 1906 entwarf er seine erste Pfeife. Ein Autofahrer hatte sich beklagt, er könne in seinem offenen Wagen seine Pfeife nicht rauchen. Also baute Dunhill eine Pfeife mit einem kleinen Windschutz am Pfeifenkopf. Die erste Dunhill-Pfeife war geboren... und damit erwachte das Interesse ihres Erfinders an der Welt des Tabaks. Ein Jahr später eröffnete Alfred Dunhill in der hocheleganten St. James Street in London seinen ersten Laden für Raucher. Seine Berühmtheit erlangte das Haus dann mit dem Verkauf von Zigarren, Pfeifen und persönlichen Tabakmischungen, bei denen jedes Rezept in ein großes und ehrwürdiges Register eingetragen wurde, das noch heute in dem Geschäft in der Duke Street zu diesem Zweck bereitliegt. Da Alfred Dunhill mit den Pfeifen, die er damals verkaufte, nicht zufrieden war, beschloß er, zwei Pfeifenmacher und zwei Arbeiter einzustellen. Er richtete im Mason's Yard eine Werkstatt ein und gab ihnen den schlichten Auftrag, perfekte Pfeifen herzustellen – koste es, was es wolle. 1910 war es dann soweit, daß die Mitglieder des vornehmen Gentleman's Club of St. James und die Offiziere des englischen Heeres die schönsten Pfeifen der Welt – Marke Dunhill – für das Doppelte des durchschnittlichen Preises anderer Pfeifen erwerben konnten. Gleichzeitig begann Alfred Dunhill, alle möglichen Gegenstände, die mit dem Pfeiferauchen zu tun hatten, zu sammeln. Im Zwischenstock des Geschäfts ist heute eine der schönsten Pfeifensammlungen der Welt ausgestellt. Der jetzige Präsident des Unternehmens Richard Dunhill, der Enkel Alfreds und gleichfalls ein passionierter Pfeifenraucher, bereichert diese Sammlung weiter und bewahrt einen Teil davon in seinem schönen Landhaus außerhalb Londons auf. Er trägt heute die Verantwortung für ein multinationales Unternehmen, läßt es sich aber nicht nehmen, die Herstellung seiner Pfeifen hin und wieder persönlich zu kontrollieren.

Alle geläufigen Dunhill-Pfeifen – vierundzwanzig Modelle in acht verschiedenen Finishs – sind von makelloser Qualität, die ihren relativ hohen Preis rechtfertigt, doch werden wohl alle Freunde von Originalität den Dutzenden von Pfeifen-Designern, die in Walthamstow im Osten von London für die Marke arbeiten, vorwerfen, daß sie sich derart ausschließlich an klassische Formen halten. Selbst die Serie Dunhill *special pipes,* die eine Meerschaumpfeife, eine Kalabasch und eine Churchwarden nebst einigen alten Bruyère-Formen umfaßt, bleibt im Rahmen dieses Klassizismus. Wirkliche Kreativität findet man bei Dunhill bei den sehr seltenen *freehands* mit dem Namen *Collectors* und bei einigen luxuriösen, exorbitant teuren Stücken, die das Haus von Zeit zu Zeit anbietet. Bei diesen *special editions* vereinen sich Goldschmiedearbeit und Pfeifenbaukunst, um Meisterwerke zu kreieren, die etwa mit einem extravaganten Deckel aus massivem Gold oder auch mit einem kleinen goldenen Regenschirm ausgestattet sind, um den Pfeifenkopf vor Sprühregen zu schützen. Ein Modell dieser Art, eine Billiard mit einem diamantenbesetzten Platinring, trägt den passenden Namen *Diamond Pipe* und ist im Pariser Dunhill-Laden für umgerechnet 32 000 DM zu haben! Immerhin wird Alfred Dunhills

1993 feierte Richard Dunhill das hundertjährige Jubiläum seiner Firma. Der heutige Präsident der Gesellschaft erinnert sich voller Bewunderung an seinen Großvater Alfred. Von ihm hat er die Passion für die Pfeife geerbt. Dennoch machen Tabak und Raucherartikel heute nur noch drei Prozent des Gesamtumsatzes des Hauses aus. (links).

Alfred Henry Dunhill fand auch nach der Bombardierung seines Ladens im Jahre 1941 einen Weg, seine Kunden zu bedienen (rechts). Der älteste Sohn Alfreds, ebenfalls ein großer Experte für Tabake und Pfeifen, über die er mehrere Bücher und Artikel schrieb, machte diesen Zweig des Unternehmens groß.

Devise: »Sie muß brauchbar sein, sie muß zuverlässig sein und sie muß die beste überhaupt sein« bei der Herstellung der Standardpfeifen auch heute noch streng befolgt.

Das Haus Astleys, das 1862 in der Jermyn Street in London als Familienunternehmen gegründet wurde und sich zunächst auf die Herstellung von Meerschaumpfeifen spezialisierte,

mit der Form des Kopfes harmonieren. So gerät jede Pfeife zu einer Hymne an das Holz. Laut Paul Bentley, der selbst ein großer Pfeifenraucher ist, gilt seine Sorge jedoch nicht allein der Schönheit des Bruyèreholzes: »Für mich muß eine Pfeife mindestens zwei grundlegende Qualitäten haben«, sagt er. »Sie muß einen milden Rauch abgeben, was von der Qualität und dem Alter der

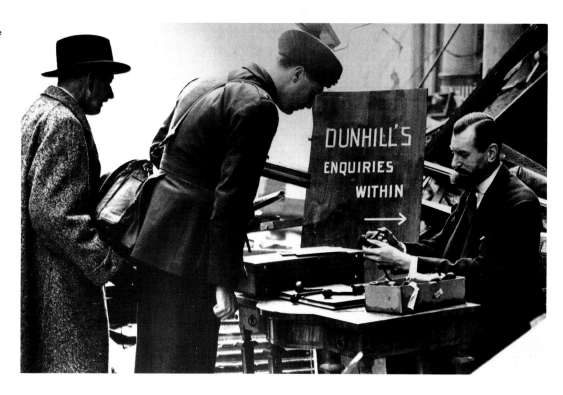

erschiene unbedeutend neben dem Giganten Dunhill, hätte es nicht ebenso schöne Pfeifen. Das erste, was bei der Betrachtung der Auslagen des Arts-déco-Ladens in der Jermyn Street auffällt, ist schlicht und ergreifend das Bruyère. Dieses prachtvolle Bruyèreholz wird von den beiden Pfeifenbaumeistern des Hauses persönlich ausgesucht, die sich zu diesem Zweck dreimal im Jahr nach Kalabrien begeben. Paul Bentley, der das Geschäft führt, erklärt, was er sucht: »Das hellste, leichteste und älteste Bruyèreholz, das es gibt. Die Knollen müssen mindestens hundert Jahre alt sein. Wir lagern sie dann noch ein Jahr lang, damit sie vollkommen trocken sind.« Heute stellt Astleys dreitausend Pfeifen im Jahr her. Die Spezialität des Hauses sind nach wie vor die *handmades* und *freehands,* deren Qualität ihren Preis vollkommen rechtfertigt. Das Geheimnis der Astleys liegt in der perfekten Präsentation der Struktur des Holzes, seiner geflammten Maserung und seiner Vogelaugen, die durch leichtes Beizen eigens hervorgehoben werden und vollkommen

Knolle abhängt. Und sie muß eine wirkliche Schönheit sein, wozu vollkommene Harmonie zwischen Kopf und Mundstück herrschen muß. Niemals darf das Mundstück nur als ein Serienprodukt angesehen werden, das man an einen schönen Kopf steckt. Der Kopf und das Mundstück tragen gleichermaßen zur Qualität und zur Schönheit der gesamten Pfeife bei.« Astleys bietet einige bewundernswerte Formen an, wie zum Beispiel die Pointed Cutty, die mit ihrem schrägen Kopf, ihrem kleinen Fuß und dem schlanken Mundstück an alte Tonpfeifen erinnert, oder die Barrel Crossgrain, deren Kopf, wie der Name besagt, an die Form eines Fasses erinnert, und vor allem die raffinierte Pointed Dublin mit ihrem schmalen Kopf, dessen geflammte Maserung jedoch die nicht sichtbare Rundheit der Tabakkammer suggeriert. Alle Astleys-Pfeifen sind, ohne Ausnahme, mit einem einfachen weißen A auf dem Mundstück gekennzeichnet.

Von London nach Dublin: Hier gründete 1875 der Pfeifenbaumeister Charles Peterson zu-

Die Dunhill-Pfeife mit dem Regenschirm aus massivem Gold – gediegenste britische Exzentrik (unten).

sammen mit den Brüdern Kapp, die in dieser Stadt als Pfeifenhersteller und -händler tätig waren, die heute allgemein bekannte irische Firma Kapp & Peterson. Mit ihr ist eine geniale Erfindung verknüpft, die Charles Peterson im Jahr 1890 machte und die heute um so wertvoller ist, als viele Tabaksorten sehr feucht und grob geschnitten sind. Sein System besteht aus einer ausgehöhlten Kammer, die unterhalb des Kopfes im Holm der Pfeife sitzt, dort, wo sich das Mundstück weit öffnet. Dank dieses Behälters, der eine wahre »Kondensfalle« ist, und der speziellen Bohrung des Mundstücks, die das Ziehen erleichtert, existiert das Problem mit dem »Pfeifensaft«, den Peterson so sehr verabscheute, nicht mehr. Charles Peterson, dem es stets ein Anliegen war, das Rauchen angenehmer zu gestalten, entwarf 1898 einen genial geformten Biß, der den Rauch nach oben zum Gaumen leitete, anstatt – wie bisher – auf die Zunge. Um die klassische *bent* Army mit Silberring kommt der erfahrene Raucher nicht herum. Durch die überaus sorgfältige Verarbeitung handelt es sich hier auch um sehr schöne Objekte. Peterson-Pfeifen gibt es in drei verschiedenen Größen, zum Teil sandgeblasen, zum Teil auch aus Meerschaum. Seit einem Jahrhundert hat das Peterson-System nun viele Raucher für sich eingenommen, auch bekannte Persönlichkeiten. 1980 entdeckte man eine alte Fotografie von Mark Twain mit einer Pfeife, die wie eine Peterson mit System aussah, jedoch eine ungewöhnliche Form hatte – ziemlich voluminös, mit einem nach unten verlängerten und abgeflachten Kopf. Unter der Lupe wies der Ring dieser Pfeife sie jedoch tatsächlich als Peterson aus. Sofort setzte man sich mit dem Direktor des Mark Twain Museums im Staat Missouri in Verbindung, der auch erklärte, in der Tat eine solche Pfeife zu besitzen. Eine Untersuchung ergab, daß sie von 1896 stammte. Zu Ehren eines der größten amerikanischen Schriftsteller und auch dem eigenen Ruf zuliebe beschloß Peterson, diese Pfeife, die seit 1900 nicht mehr hergestellt worden war, originalgetreu zu reproduzieren und wieder anzubieten. Zu diesem Zweck wurde eine ganze Serie von Fotos aufgenommen, und so gibt es seit 1985 die Mark Twain Deluxe. Zum hundertjährigen Jubiläum des berühmten Systems und vor allem, um neue Formen zu lancieren, kreierte Peterson 1990 auch die Serie Sherlock Holmes. Neben den Pfeifen The Watson, The Baskerville oder The Baker Street fällt die besondere Zierlichkeit des Modells The Original mit dem sich leicht erweiternden Kopf auf, die mit dem sonst etwas massiven Charakter der Peterson-Pfeifen bricht.

Auf den britischen Inseln gibt es noch viele ausgezeichnete Firmen, unter ihnen die 1863 gegründete Firma Charatan, die heute der Unternehmensgruppe Dunhill angehört und wunderbare, sehr klassische *freehands* herstellt; Loewe mit seinen äußerst gepflegten, luxuriösen Pfeifen, die manchmal Silberringe tragen; James Upshall, bei dem die Freunde von schönem Bruyèreholz auf ihre Kosten kommen – *and so on* ...

In Deutschland. Nach Dänemark hat Deutschland den größten Bevölkerungsanteil an Pfeifenrauchern. Der wichtigste Pfeifenhersteller ist heute die Firma Vauen, die 1900 in Nürnberg durch die Fusion zweier älterer Firmen gegründet wurde. Die fünfundfünfzig Arbeiter und Pfeifenmacher stellen jährlich etwa hunderttausend Pfeifen her. Drei Viertel dieser Pfeifen sind Durchschnittspfeifen, nicht eben Kostbarkeiten. Gegen den weißen Punkt, den die hochwertigeren Stücke des Hauses auf dem Mundstück tragen, erhob Dunhill vergeblich Klage wegen unlauteren Wettbewerbs. Vauen verteidigte sich mit dem Nachweis, daß der weiße Punkt schon seit 1911 auf seinen besten Pfeifen angebracht wurde und daß diese Idee von Adolf Eckert, dem Sohn eines der Gründer, stammte. Vauen ist auch darauf spezialisiert, Papierfilter zu entwickeln, und stellt sie in großen Mengen her. Einige wurden sogar von Häusern wie Butz-Choquin oder Savinelli übernommen. Seit 1961 wird das Unternehmen von Ernst Eckert, dem Sohn Adolf Eckerts, geführt. Lange Zeit überwachte dessen Frau Ruth Eckert das Design der Pfeifen; als gelernte Ingenieurin konnte sie zwar keine entsprechende Qualifikation vorweisen, entwickelte jedoch durch den tagtäglichen Umgang mit den Pfeifen bald eine große Leidenschaft für sie. Ruth Eckert zog sich 1990 zurück, und heute werden die neuen Modelle von einem Designer-Team außer Haus entworfen. Vor allem bei der Herstellung von Bruyèrepfeifen kann Vauen mit einer Vielfalt von Formen aufwarten, angefangen vom klassischen

Ein genialer Erfinder: Charles Peterson. Mit seinem System zum Einfangen des Kondenssaftes, das er 1890 erfand, sind noch heute alle Peterson-Pfeifen ausgestattet (oben).

Die Vorliebe Paul Bentleys für altes Bruyèreholz aus Griechenland und Kalabrien, das sorgfältig ausgesucht und lange getrocknet wird, ist für jeden Kunden von Astleys in London die beste Garantie (links). Zur Hundertjahrfeier seines berühmten »Systems« entwarf Peterson die Serie »Sherlock Holmes«. Sie besteht aus den Modellen »The Original« – eine Evokation der mythischen Kalabasch des Detektivs – und »The Baskerville« (rechte Seite).

Der Beginn der Metamorphose eines Plateaus bei Rainer Barbi. Dieser große Pfeifenmacher lebt in der Nähe von Hamburg und ist für den Bruyèrepfeifenbau einer der größten Experten der Welt (oben).

Design bis hin zu stilisierten *freehands;* man hat sogar ein Modell kreiert, das wie ein Golfball geformt ist! Doch auch andere Pfeifen mit dem weißen Punkt sind ästhetisch gelungen: Die Serie Duke zum Beispiel umfaßt sehr schöne sandgeblasene Pfeifen mit einem Doppelring aus poliertem Bruyère und Gold und mit einem goldverzierten oberen Rand des Kopfes, wobei der Kopf selbst nur poliert ist. Das gleiche Spiel der Kontraste findet man auch bei der Kollektion Konsul, die am meisten verkauft wird: Die schwarz gebeizten Pfeifen sind mit zwei Ringen verziert und haben einen rot gebeizten Kopfrand. Einige Pfeifen der Serie Solitär, der kostbarsten und fantasievollsten Serie des Hauses, die aus den besten Plateaus hergestellt wird, sind rot und grün gebeizt, wobei aber die herrliche geflammte Maserung dennoch durchscheint. 1982 trat die vierte Generation der Eckerts in das Unternehmen ein: Der junge Alexander Eckert interessiert sich jedoch hauptsächlich für die Verwaltung.

Im Gegensatz zu einer Pfeifenfabrik wie Vauen mit ihren Hunderten von verschiedenen Modellen steht die Werkstatt des Pfeifenmachers Karl-Heinz Joura in Bremen, die ein kleiner, der hohen Pfeifenbaukunst geweihter Tempel ist. Der heute fünfzigjährige Karl-Heinz Joura hat wohl den originellsten Lebenslauf, den man sich für einen Pfeifenmacher denken kann. Als Sohn eines Textilarbeiters geboren, wuchs er im Hafen von Rostock auf. Er begeisterte sich für eine wenig verbreitete sportliche Disziplin, das Turmspringen; mit achtzehn Jahren kam er in die DDR-Amateurmannschaft und wurde Dritter bei der Landesmeisterschaft – im gleichen Jahr wurde die Berliner Mauer errichtet. Zwei Monate später ließ Karl-Heinz Joura die Privilegien, die er als erfolgreicher Sportler der DDR genoß, hinter sich und setzte sich als blinder Passagier auf einem Frachter nach Kiel in den Westen ab. Nach drei Jahren auf der Sporthochschule von Köln absolvierte er seine Prüfung als Sportlehrer und bekam eine Stelle an einem Bremer Gymnasium. Dort führte ihn ein Freund in die Welt der Pfeife ein. Zehn Jahre lang kaufte er seine Pfeifen – wie jeder andere auch –, bis er 1975 plötzlich den Einfall hatte, sich selbst eine Pfeife zu machen. Als dies geglückt war, schenkte er

Zwei *freehands* von Rainer Barbi, der von den Kunden vor allem wegen des Erfindungsreichtums seiner Designs bewundert wird. Die Pfeifen samt Mundstück und Ring sind komplett vom Meister entworfen und mit der Hand ausgeführt (links).

auch seinen Freunden selbstgefertigte Pfeifen. Sie ermunterten ihn weiterzumachen, und zwei Jahre später zeigte er seine Arbeit schließlich einigen Pfeifenhändlern in der Stadt. Mit ihren Ratschlägen halfen sie ihm, sich zu verbessern, und 1979 war er dann so weit, seine Pfeifen zum Kauf anzubieten. Gleichzeitig reduzierte er seine Lehrtätigkeit und gab sie schließlich ganz auf.

Die Zähigkeit, Individualität, Begeisterungsfähigkeit und der Drang nach Freiheit, all diese Eigenschaften, die Joura als Menschen auszeichnen, finden sich in seiner Arbeit als Pfeifenmacher wieder. Jede einzelne seiner Pfeifen ist eine absolut individuelle *freehand*, geformt aus dem schönsten korsischen Bruyèreholz, das er einmal im Jahr persönlich vor Ort auswählt. Auf die Frage, was ihm bei einer Pfeifenform am wichtigsten sei, antwortet er: »Wie sie sich anfühlt. Ich liebe es, wenn eine Pfeife angenehm in der Hand liegt.« Zweifellos sind aus diesem Grund seine Pfeifenköpfe oft eiförmig: Sie schmiegen sich vollkommen in die hohle Hand. Joura denkt sich aber auch originellere Formen aus, mit spiralenförmig gedrehten Facetten, die der geflammten Maserung folgen; märchenhafte Stücke in der Form eines sich verjüngenden Horns. Die »normalen« Pfeifen sind mit einem *Joura freehand* auf dem Holz gekennzeichnet, und die außergewöhnlichen Stücke haben einen in das Mundstück eingelassenen Punkt aus 19karätigem Gold. Joura stellt pro Jahr etwa zweihundert Pfeifen her, und diese Exemplare verkauft er vor allem in Deutschland, in die Schweiz und nach Italien.

Es gibt in Deutschland noch eine Reihe weiterer sehr guter Pfeifenmacher, wie zum Beispiel Hasso Baudies in Bremen, Robert Mewis in Oldenburg und Rainer Barbi in Lauenburg. Hasso Baudies' Pfeifen sind leicht an seinem eingravierten Namen zu erkennen, bei dem anstelle des »o« ein kleiner Diamant sitzt.

In Italien. Man kennt die Liebe der Italiener zu den alltäglichen kleinen Dingen, die das Leben angenehm machen und dabei auch schön sein sollen. Zweifellos ist dies die Erklärung dafür, warum Italien der weltweit größte Hersteller für wirklich schöne Pfeifen ist.

In vorderster Linie der italienischen Pfeifenhersteller steht das international berühmte Haus

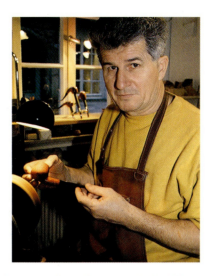

Zweihundert *freehands* verlassen jährlich die Werkstatt von Karl-Heinz Joura in Bremen. Der frühere Sportlehrer wurde Pfeifenmacher aus Leidenschaft, und manche halten ihn für den begabtesten Pfeifenbaumeister in Deutschland (links).

Savinelli. Die Firma wurde 1876 in Mailand von Achille Savinelli zunächst als kleines Raucherartikelgeschäft gegründet, das auch Pfeifen führte. Dieser Laden in der Via Orefici existiert noch heute. Als Achille II., der Enkel des Begründers, nach dem Zweiten Weltkrieg das Geschäft übernahm, begann er mit der Herstellung von Pfeifen. Der junge Achille war selbst passionierter Pfeifenraucher und machte sich mit sechzehn Jahren seine erste Pfeife selbst. Seit seinem Tod im Jahre 1987 wird das Haus Savinelli, das seinen Sitz noch immer in Mailand, seine Fabrik aber in Barasso am Lago di Varese hat, von dessen Sohn Giancarlo und Tochter Marisetta geführt, die das große Werk würdig fortsetzen.

Das Spitzensortiment des Hauses ist Ausdruck meisterhaften Könnens, höchster Kreativität und Eleganz. Neben der berühmten Serie Punto Oro – deren Modell 128, eine klassische Billiard mit wunderschöner Maserung, eine der meistverkauften Pfeifen der Welt ist – bietet Savinelli auch außergewöhnliche Unikate an. Die Kollektion Giubileo d'Oro umfaßt klassische Pfeifen in sehr unterschiedlichen Formen und Bearbeitungen, die jedoch alle fehlerfrei sind. Die Kollektion Autograph, bei der auf jedem Stück die Signatur Achille Savinellis eingraviert ist, besteht aus fantastischen *freehands* mit dem Namen »Fächer«: Der Pfeifenkopf ist ein kompakter Bruyèreklotz, der nur unten und an den Seiten geschnitzt und poliert wurde; das Mundstück scheint in diesen Klotz, in diesen Kopf ohne Holm einfach hineingesteckt zu sein, und an den Seiten entfaltet sich fächerartig eine wunderbare, kontrastreiche, geflammte Maserung... Und schließlich bietet Savinelli auch noch außergewöhnliche, in der Welt einzigartige Bruyèrepfeifen an, die den Namen Corallo tragen, denn ihre seltsame Maserung erinnert an Korallen: Sie werden nach einer geheimgehaltenen Methode mit der Hand zugeschnitten und sind sehr leicht und ähnlich porös wie Meerschaumpfeifen. Gleich diesen bilden sie mit dem Alterungsprozeß allmählich eine schöne, braune Patina.

Neben den industriellen Herstellern – in erster Linie Savinelli, aber auch Enea Buzzi mit seinen Brebbia-Pfeifen und Lorenzo Tagliabue mit seinen Lorenzos – gibt es in Italien unendlich viele Pfeifenbaukünstler, die nie etwas ande-

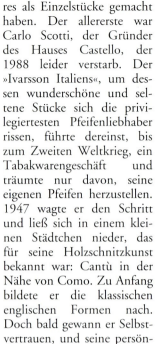

Carlo Scotti, der große Meister der italienischen Pfeife, wies den jungen italienischen *freehand*-Schaffenden von heute den Weg. Der außergewöhnliche Künstler, der die vierte Dimension der Pfeife suchte, die Dimension »des Herzens«, überprüfte bis zu seinem Tode im Jahre 1988 jede Pfeife, die in seiner Werkstatt hergestellt wurde, persönlich (rechts).

res als Einzelstücke gemacht haben. Der allererste war Carlo Scotti, der Gründer des Hauses Castello, der 1988 leider verstarb. Der »Ivarsson Italiens«, um dessen wunderschöne und seltene Stücke sich die privilegiertesten Pfeifenliebhaber rissen, führte dereinst, bis zum Zweiten Weltkrieg, ein Tabakwarengeschäft und träumte nur davon, seine eigenen Pfeifen herzustellen. 1947 wagte er den Schritt und ließ sich in einem kleinen Städtchen nieder, das für seine Holzschnitzkunst bekannt war: Cantù in der Nähe von Como. Zu Anfang bildete er die klassischen englischen Formen nach. Doch bald gewann er Selbstvertrauen, und seine persönliche Handschrift war unter allen anderen zu erkennen. Er spezialisierte sich auf einen »rustikalen Schliff«, der durch die feine Linienführung der Pfeifen und sorgfältig gearbeitete, von ihm erfundene Mundstücke aus Plexiglas zugleich äußerst elegant wirkte. Es entstanden leichte, sandgeblasene oder guillochierte Pfeifen mit zum Teil sehr originellem Design. Zum Beispiel die außergewöhnliche Pfeife aus den fünfziger Jahren, die er »Pfeife der Freundschaft« nannte. Mit ihrem langen, leicht gebogenen Pfeifenrohr und dem schrägen Kopf erinnert sie an ein indianisches Kalumet. Scotti stellte sie in vierzig Exemplaren als Geschenk für einige Kunden her, die seine Freunde geworden waren. Weitere besondere Merkmale machten Scotti berühmt, ja zur Legende: der kleine Brillant oder die Elfenbeinspange, in das Mundstück eingelegt, die prachtvolle Maserung seiner Bruyères, deren Knollen er sich an einem geheimgehaltenen Ort in Ligurien beschaffte, die versteckte Kühnheit seines Designs, die jede Pfeife als das moderne Gegenstück zu ihrem klassischen Vorläufer erscheinen ließ. Die Bestellungen aus aller Welt häuften sich, doch Scotti lehnte es zeit seines Lebens ab, Pfeifen zu verkaufen, deren Herstellung er nicht persönlich überwachen konnte, und hatte nie mehr als fünf Angestellte. »Das Beste bekommt man im Leben selten einfach und schnell«, pflegte er zu sagen: »Deswegen muß man lernen zu warten.« Er hat der Nachwelt darüber hinaus noch einen weiteren Ausspruch hinterlassen: »Eine Pfeife hat drei Dimensionen, und noch eine vierte: die des Herzens.« Ein Motto, das in Franco Coppo weiterlebt, der 1969 Scottis Assistent geworden war und nun das Banner an der Spitze des Hauses Castello weiter hochhält.

Ebenso wie in Dänemark ist auch in Italien eine große Renaissance des Pfeifenbaus festzustellen. Sie ist einigen jungen Künstlern zu verdanken, die sich für das Schöne und Außergewöhnliche begeistern. Da sind Terenzio Cecchini (mit seiner 1972 gegründeten Firma Mastro de Paja), Giorgio Imperatori (mit seiner 1978 gegründeten Firma Il Ceppo) oder auch Salvatore Amorelli (mit seiner 1979 gegründeten Firma Amorelli). Durch die Originalität ihrer Entwürfe und die bis ins Detail perfekte Verarbeitung gerät jede ihrer Pfeifen zu einem handwerklichen Meisterwerk – um nicht zu sagen zu einem Kunstwerk.

In Frankreich. Der Reigen der schönsten Pfeifen der Welt – der keine Vollständigkeit beansprucht – schließt sich in Frankreich, zunächst in Saint-Claude, der Heimat der Bruyèrepfeife. Innovatives Design steht bei den traditionsbewußten französischen Pfeifenmachern nicht an erster Stelle, für sie muß eine Pfeife vor allem »gut« sein. Sie richten daher ihr Hauptaugenmerk auf die Qualität des Bruyèreholzes und auf eine ausgezeichnete Verarbeitung – Aspekte, die dem Genuß und dem Wohlbehagen des Pfeifenrauchers dienen. Nichtsdestotrotz findet man in manchen Katalogen schöne Pfeifen, wie zum Beispiel im Katalog des Hauses Butz-Choquin, das 1858 gegründet wurde und heute mehr als vierzigtausend Pfeifen im Jahr herstellt. Die besten Pfeifen sind mit einem goldenen BC gekennzeichnet, auf das man in etlichen Serien des Hauses stößt. Die kostbarsten Serien, die BC Collection und die Maître-Pipier, bestehen aus handgemachten Pfeifen, die aus wunderbarem korsischen Bruyèreholz geschnitten wurden. Darin liegt die besondere Schönheit dieser Stücke, die zum Teil leicht gebeizt wurden, um die geflammte Maserung hervorzuheben. Ihre Formgebung ist sehr traditionsgebunden – darüber täuschen auch Ringe aus Kunststoff, die die Pfeifen »moderner« wirken lassen sollen, nicht hinweg. Bemerkenswert ist, daß Butz-Choquin eine elegante Serie »Ladies« für Damen anbietet.

Ein geheimer Zauber liegt über den *freehands* des Hauses Castello von Carlo Scotti: Sie sind höchst modern und klassisch zugleich. Einige guillochierte und sandgeblasene Stücke, die Spezialität Scottis (rechte Seite, oben). Das Spitzenangebot bei Savinelli kann es mit den besten Kreationen selbständiger Pfeifenbaukünstler aufnehmen. Diese Schatulle enthält einige Wunderwerke, darunter die berühmte Octavia, eine Panel mit acht Facetten (hier in der Version mit kontrastierenden Facetten). Es ist eine handwerkliche Herausforderung, den Übergang zwischen den acht Facetten des Kopfs und den sechs Seiten des Holms zu gestalten (rechte Seite, unten).

Diese Modelle haben lange, schlanke Mundstücke und kleine Pfeifenköpfe und erinnern an die Churchwarden oder an frühere klassische Tonpfeifen.

Ein weiteres industrielles Unternehmen in Saint-Claude ist die Firmengruppe Cuty Fort, die 1987 durch Zusammenschluß von vier renommierten Häusern entstand: Chacom, Jeantet, Jean Lacroix und Vuillard. Unter dem Spitznamen »Die vier Musketiere« produzieren sie heute mehr als zweihunderttausend Pfeifen im Jahr – und zahlreiche Luxusgegenstände aus kostbarem Holz, aus Leder oder Horn, um den allgemeinen Rückgang im Pfeifengewerbe zu kompensieren. Für das Haus Chacom entwirft Yves Grenard jedes Jahr ein neues Modell, das in fünf verschiedenen Finishs hergestellt und als limitierte Serie angeboten wird. Diese sehr schönen »Pfeifen des Jahres« haben durchweg klassische Formen und sind aus Plateaux von hundertjährigem korsischen Bruyèreholz geschnitten. Besonders bewundert werden jene Stücke, bei denen die herrliche Maserung durch eine leichte, kontrastierende Beize hervorgehoben ist. Bei Jean Lacroix, der jedes Jahr eine Kollektion von höchstens einem Dutzend verschiedener Modelle herausbringt, sind besonderes die gebeizten Pfeifen, bei denen das Holz noch sichtbar ist (sehr schöne Rottöne und ein dunkles Grau), und die handgemachten, äußerst gepflegten Cumberland-Mundstücke bemerkenswert. Schließlich sei noch erwähnt, daß Cuty Fort hin und wieder die sehr originellen Werke von Pierre Morel in den Handel bringt, dessen *freehands* wahre Skulpturen sind und der auch ein Spezialist im Kopieren alter Pfeifen ist.

Weit entfernt vom rauhen Jura, im kleinen Dorf Saint-Quentin-la-Poterie, das für seine Töpfereiprodukte berühmt ist, hat sich der Tonpfeifenkünstler Gérard Prungnaud niedergelassen. Man könnte ihn in mancherlei Hinsicht mit dem Spezialisten für Meerschaumpfeifen, Philippe Bargiel, vergleichen, denn auch Gérard Prungnaud ist ein Handwerker im wahrsten Sinne des Wortes, Erbe einer alten Tradition, der alleine arbeitet, ohne einen Gedanken an Geschäft oder Reklame zu verschwenden, und der bei den meisten Pfeifenrauchern unbekannt ist. Der frühere Tischlereiarbeiter und Holzschnitzer begann in seiner Freizeit, Pfeifen aus weißem Steingut zu machen. Allmählich wuchs seine Begeisterung, 1983 machte er den Pfeifenbau zu seinem Hauptberuf und 1987 machte er sich in Saint-Quentin-la-Poterie zu einem Zeitpunkt selbständig, als die Töpfertradition gerade wieder auflebte. Um 1850 hatte das Dörfchen im Gard nahezu hundert Töpfer und gut sechzig Tonpfeifenmacher gezählt, darunter den berühmten Job Clerc. 1983 gab es dort keinen einzigen Töpfer mehr, doch ist es heute immerhin wieder ein knappes Dutzend. In der ehemaligen, abseits gelegenen Post des Dorfes, an der noch immer der Briefkasten hängt, fertigt und verkauft Gérard Prungnaud seine Pfeifen. Einige seiner Pfeifen findet man auch bei dem Pfeifenfachmann Jean Nicolas in Lyon.

Gérard Prungnaud stellt seine Gußformen aus Gips selbst her. So werden etwa vierzig seiner Modelle in kleinen Serien gefertigt. Etwa sechzig weitere Modelle formt er ganz mit der Hand, entweder aus ungebrannter Tonerde oder aus einem zuerst gepreßten Rohling. Alles in allem macht Gérard Prungnaud knapp vierhundert Pfeifen im Jahr, überwiegend kleine Wunderwerke, die durch traditionelle Formen inspiriert wurden. Da kann man eine graziöse Frauenhand bewundern, die den Pfeifenkopf hält, eine Sirene, die ihn auf dem Rücken trägt, einen Orientalen, einen Widderkopf... Sie alle sind makellos und von feinstem Schliff und haben Mundstücke aus Ebonit, Acryl oder – seltener – Bambus. Manche wurden schwarz oder grau »geräuchert« – nach japanischer *raku*-Tradition, die auch einem Teeservice seinen schönen, matten Schimmer verleiht: Dabei wird die brennend heiße Pfeife direkt aus dem Ofen in einen Behälter mit Sägemehl getaucht, der dann luftdicht verschlossen wird. In diesem sauerstofffreien Raum verbrennt das Sägemehl bei Berührung mit der Pfeife, und die im Rauch enthaltene Kohle setzt sich auf der Pfeife fest. Die Teile, die weiß bleiben sollen, werden zuvor mit Salzwasser bestrichen. Dieses bildet eine Schutzschicht, die zum Schluß abgewaschen werden kann. Bemerkenswert an den Pfeifen von Gérard Prungnaud ist auch, daß der Kopf dick genug ist, damit sich der Raucher nicht die Finger verbrennt – sofern er nicht zu hastig raucht. Vergessen wir nicht, daß die Tonpfeife den Geschmack des Tabaks immer noch am besten wahrt.

Schließen wir mit etwas, was auf der Welt einzigartig ist: den *morta*-Pfeifen des Patrice Sébilo. Nördlich der Loire-Mündung liegt das Torfmoor von Brière, das einen vor fünftausend Jahren versunkenen Schatz birgt. Dreitausend Jahre vor unserer Zeitrechnung wurde der Eichenwald von Brière vom Meer verschlungen, wahrscheinlich als Folge mehrerer Erdverschiebungen. Die Bäume

Mit seinen wunderschönen, funktionellen und sorgfältig behandelten Tonpfeifen erweckte Gérard Prungnaud ein im Verschwinden begriffenes Traditionshandwerk zu neuem Leben. Diese Pfeifen, die den Geschmack des Tabaks aufs feinste zur Geltung bringen, sind eine wahre Freude für den Pfeifenraucher (unten).

Einzigartig in der Welt: die *morta*-Pfeifen von Patrice Sébilo. Dieses fünftausend Jahre alte, halbfossile Holz, aus dem in Westfrankreich auch Möbel gemacht werden, vereint die Robustheit des Bruyèreholzes mit der Feinheit des Meerschaums.

starben ab und wurden schließlich unter den Anschwemmungen begraben. Heute befinden sie sich im Stadium der Fossilienbildung, sind also bereits stark mineralisiert und haben ein schwarzes, sehr hartes Holz, genannt *morta*. In diesem Stadium zwischen Pflanze und Mineral besitzt das *morta* für die Pfeifenherstellung ganz außergewöhnliche Qualitäten, indem es die Härte und Festigkeit von Bruyèreholz mit einer Feinheit verbindet, die an Meerschaum erinnert. Die Herstellung dieser Pfeifen unterscheidet sich kaum von der Herstellung der Bruyèrepfeifen, doch ist die Bergung des schweren und teilweise tief vergrabenen *morta*, das mit langen Eisenstangen ertastet wird, eine Titanenarbeit. Sobald der bis zu einer Tonne schwere Stamm im Torf freigelegt ist, fördert Patrice Sébilo ihn mit einem Flaschenzug zutage. Er läßt die Stämme etwa zwei Jahre lang trocknen und braucht jeweils acht Stück, um seine vier- oder fünfhundert Pfeifen im Jahr herzustellen, die er dann ausschließlich in seiner Werkstatt in Herbignac verkauft.

Patrice Sébilo ist der einzige Pfeifenmacher in der Welt, der von der Gewinnung des Rohstoffs bis zur fertigen Pfeife alles selbst macht. Seine schwarzen Pfeifen sind von außergewöhnlicher Schönheit, jede ist ein Unikat und ausschließlich Handarbeit. Das *morta* bildet beim Trocknen leichter Risse als das Bruyèreholz, und es ist schwierig, große Ebauchons zu gewinnen. Die meisten dieser Pfeifen haben daher einen relativ kleinen Kopf, zu dem besonders gut ein gebogenes Mundstück – aus Ebonit und manchmal auch aus Horn – paßt. Doch schränkt dies den Künstler in keiner Weise ein. Alle seine Pfeifenköpfe überraschen durch ihre originelle Form, die manchmal einen schrägen Rand und häufig eine abgeflachte Unterseite haben. Bei etwa der Hälfte der Stücke ist das Mundstück sehr lang und begeistert mit seiner Eleganz auch viele Pfeifenraucherinnen.

Patrice Sébilo hatte bereits in verschiedenen Berufen gearbeitet, bevor er mit dreißig Jahren schließlich zur Pfeife kam. »Ich wurde ganz zufällig Pfeifenmacher«, erzählt er, »als ich mich spontan entschloß, die Werkstatt eines alten Bruyèrepfeifenherstellers zu übernehmen. Ich ging nach Saint-Claude, um die Grundlagen dieses Handwerks zu erlernen, und es wurde mir schnell klar, daß ich endlich meine Berufung gefunden hatte.« Eine Berufung, die ihn nicht daran hindert, auch sehr schöne Füllfederhalter aus kostbarem Holz und aus *morta* herzustellen.

Wo immer in der Welt des Pfeifenbaus man auch auf die Pfeife und ihre Zukunft zu sprechen kommt, fällt der Begriff der Qualität, Synonym für die Hoffnung eines großen Kunsthandwerks: die Schönheit der Pfeife und die Qualität ihrer Herstellung. Tatsächlich ist der heutige Niedergang der Pfeife eher quantitativ, Tabakverbrauch und Pfeifenverkauf sind rückläufig. Doch halten die Pfeifenhersteller noch zwei echte Trümpfe in der Hand: die geringere Schädlichkeit der Pfeife im Vergleich zur Zigarette und die Anziehungskraft, die jedes schöne und gut gemachte Objekt

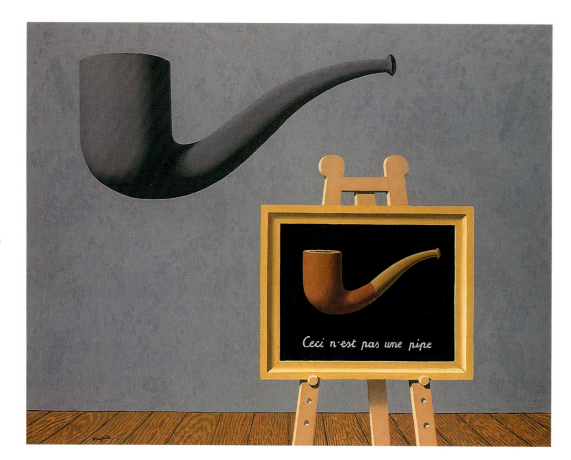

Die Pfeife unter dem surrealistischen Pinselstrich von Magritte: *La Trahison des images* (Verrat der Bilder), 1929.

auf all diejenigen ausübt, die eine gewisse Lebensart kultivieren. Und hier zeigt sich ein interessantes Phänomen: Große Unternehmen, die hauptsächlich Billigpfeifen herstellen, verzeichnen einen großen Rückgang, während anspruchsvolle und erfinderische Künstler – die Ivarssons, die Scottis und ihre Nachfolger – unter der stets wachsenden Nachfrage beinahe zusammenbrechen. Es hat den Anschein, als sei die Pfeife als alltäglicher Gegenstand im Verschwinden begriffen und überließe das Feld einer Pfeife, die man als Kostbarkeit betrachtet und genießt wie einen guten Wein; als wende sich der Pfeifenraucher immer mehr dem zu, was jahrhundertelang wenigen Privilegierten vorbehalten war: der großen Kunst. Nun, dem Sammler von morgen wird es nicht an Meisterstücken mangeln. Inzwischen jedoch stopfen Sie ruhig Ihre Pfeife – wenn Sie es nicht schon getan haben –, stecken Sie sie an und meditieren Sie, dem blauen Dunst nachblickend, unbeschwert über diese kleine, vielversprechende Revolution.

PFEIFENMARKEN UND PFEIFENMACHER

Pfeifen gibt es viele, aber bestimmte Namen bürgen für Qualität, ob es sich nun um Serienpfeifen mit dem Zeichen eines Designers oder um Unikate aus der Hand eines Pfeifenmachers handelt. Die folgende Liste erhebt keinen Anspruch auf Vollständigkeit, sie möchte nur eine Auswahl der bekanntesten und besten Pfeifenmarken vorstellen, die in Europa erhältlich sind.

PFEIFENMARKEN

Astleys. Die 1862 gegründete Firma war zu Beginn auf die Herstellung von Meerschaumpfeifen spezialisiert, stellt heute Bruyèrepfeifen her und steht für absolute Perfektion. Die Pfeifen sind mit der Hand gemacht und bringen die ganze Schönheit des Bruyèreholzes zur Geltung. Wahrlich die Hohe Schule des Pfeifenbaus.

Bari. Dänischer Freestyle. Als echte Handarbeitsstücke fallen diese Handcuts alle unterschiedlich aus. Originelle Formen harmonieren aufs beste mit der schönen Bruyèremaserung.

Butz-Choquin. Von Gustave Butz und Etienne Choquin 1818 in Metz gegründet, zählt die führende französische Marke seit 1951 zur Unternehmensgruppe Berrod-Regad. Produziert werden 350 000 Pfeifen jährlich, Serienpfeifen (von denen die besten eine goldene BC-Signatur tragen), Einzelmodelle und *freehands* aus der Werkstatt der beiden großen Pfeifenmacher der Firma: Paul Lanier und Alain Albuisson.

Castello. Dies ist die Marke Carlo Scottis, des Pioniers der italienischen Pfeifenherstellung nach dem Zweiten Weltkrieg. Das Haus Castello, das heute von Franco Coppo geführt wird, hat nichts von seiner Qualität und Kreativität eingebüßt. Limitierte Auflagen.

Chacom. Das Haus Chacom wurde 1825 in Saint-Claude im französischen Jura gegründet und gehört heute der Unternehmensgruppe Cuty-Fort an. Die Chacom-Pfeifen sind für ihre Milde bekannt, die auf eine besonders lange, natürliche Trocknungsphase des Bruyèreholzes zurückzuführen ist.

Courrieu. Berühmter Pfeifenhersteller aus Cogolin im französischen Departement Var. Er verwendet Bruyèreholz aus den französischen Alpen. Es heißt,

ANHANG
KLEINE
PFEIFEN-
KUNDE

von Karine Ciupa

daß der Bauer Ulysse Courrieu 1802 als erster überhaupt begonnen habe, Pfeifen aus Bruyèreholz zu machen.

Dunhill. Für viele das Nonplusultra in Großbritannien. Das Haus stellt fünfundvierzig verschiedene, höchst klassische Pfeifenmodelle (jeweils in fünf verschiedenen Finishs) her und besitzt neben dem Hauptgeschäft in London achtundzwanzig Filialen in aller Welt. Die Dunhill-Pfeifen, die in fünfundvierzig Ländern erhältlich sind, kann man auf den ersten Blick an ihrem eleganten weißen Punkt erkennen, der als Markierung erfunden wurde, um das Mundstück in die richtige Position zu drehen. In diesen klassischen Pfeifen vereinen sich Schlichtheit und Perfektion.

Kapp & Peterson. Klassisches Design, höchstes Know-how und Perfektion im Finish. Eine der besten Pfeifenmarken, die es gibt. Sie verdankt ihren Erfolg dem Pfeifenmacher Charles Peterson, der 1890 den Einfall hatte, in den Pfeifenkopf hinter der Tabakkammer ein Rohr mit großer Öffnung zu fräsen, um die Belästigung durch den unangenehmen Pfeifensaft zu vermeiden. Solide Technik und guter Geschmack bestimmen weiterhin die Produktion des Hauses Kapp & Peterson. Vor einiger Zeit nahm das Haus zu Ehren Mark Twains die Produktion des Modells von dessen Lieblingspfeife wieder auf. Berühmt sind auch die »Peterson« signierten Pfeifen der Serie Sherlock Holmes, wie die Baskerville und Baker Street.

Radice. Erlesene Pfeifen höchster Güte sind die Markenzeichen von Luigi Radice, dem Pfeifenkünstler aus Cucciago. Er produziert keine Modellserien, sondern nur vollkommen handgemachte Pfeifen, die er nach bestimmten Grundformen jedesmal wieder ein wenig variiert. Die Preise dieser Unikate bewegen sich um die 200 DM.

Savinelli. Eine Jahrhundertmarke, die den Vergleich mit Dunhill nicht zu scheuen braucht. Savinelli bietet achtzig Grundmodelle und einige Serien in mehreren Finishs an. Sechs exklusive Modelle wurden 1976 speziell zum hundertjährigen Jubiläum der Marke kreiert.

Stanwell. Die 1942 von Poul Nielson gegründete dänische Firma bietet dem Pfeifenraucher dank der Zusammenarbeit mit Sixten Ivarsson – und seit einiger Zeit auch mit Tom Etlang sowie weiteren talentierten Pfeifenmachern – eine Auswahl von wunderschönen Bruyèrepfeifen. Es gibt achtundfünfzig Modelle sowie limitierte Sonderserien. Zum fünfzigjährigen Jubiläum des Hauses wurden sechs der berühmtesten Modelle neu aufgelegt: die Nr. 32 von Poul Nielson, die Nr. 06 und 70 von Sixten Ivarsson, die Nr. 35 von Anne Julie, die Nr. 169 von Jess Chonowitsch und die Nr. 190 von Tom Etlang.

Vauen. Die 1848 in Nürnberg gegründete Firma produziert heute 100 000 Pfeifen im Jahr. Es gibt zweihundert Modelle sowie limitierte Serien, aber auch *freehands* wie zum Beispiel die Solitär.

W. Ø. Larsen. Dieser Name steht für gepflegte, fantasievolle *freehands*. Es gibt ein breitgefächertes Angebot an wunderschönen Pfeifen aus korsischem Bruyère mit eiförmigen, geneigten, sich erweiternden oder sich nach unten verengenden Pfeifenköpfen. Das gewagte Design harmoniert mit der Holzstruktur und der geflammten Maserung. Die außergewöhnlichen Pfeifen haben hier ein Mundstück aus synthetischem Bernstein, da einen Ring aus Horn und sind äußerst kostspielig.

PFEIFENMACHER

Rainer Barbi
Im Dorf 8 a, 22946 Brunsbek, Kronshorst
Tel.: (0 41 07) 96 47
Einer der hervorragendsten Pfeifenmacher in Deutschland, der bei Hamburg seine Werkstatt hat. Er ist **der** Spezialist für *freehands*, ein wahrer Künstler seines Fachs, der es versteht, die Holzmaserung aus jedem rohen Klotz aufs schönste zur Geltung zu bringen, und das mit großer Originalität. Er hat den Anspruch, technische Perfektion mit Ästhetik zu verbinden. Für eine seiner Pfeifen muß man zwischen 350 DM und 4000 DM einkalkulieren.

Karl-Heinz Joura
Schnoor 8, 28195 Bremen
Tel.: (04 21) 32 86 60
Auch er gehört zu den besten Pfeifenmachern in Deutschland. In seiner Werkstatt in Bremen stellt er an die zweihundert Pfeifen im Jahr her, alles *freehands*. Bei den klassischen Pfeifen muß man mit 200 DM bis 300 DM rechnen, bei Sonderanfertigungen mit bis zu 2000 DM.

Gérard Prungnaud
Rue Cantonar, 30700 St-Quentin-La-Poterie
Der Spezialist für Pfeifen aus Ton und Steingut macht sich seine Gußformen aus Gips selbst. Etwa vierzig seiner Pfeifenmodelle stellt er in kleinen Serien her, etwa sechzig Pfeifenformen macht er mit der Hand. Seine insgesamt etwa neunzig verschiedenen Pfeifenmodelle haben alle ein perfektes Finish und kosten zwischen 50 DM und gut 300 DM.

Eyüp Sabri
Der talentierte türkische Meerschaumpfeifenmacher hat seine Werkstatt in Eskişehir, der Verkauf ist in Istanbul.

PFEIFENLÄDEN

Wohin soll man sich wenden, wenn man eine Pfeife kaufen oder zum Reparieren geben möchte oder sich mit seinem Lieblingstabak versorgen möchte? In Deutschland gibt es in fast jeder Stadt Pfeifenläden mit einem guten oder ausgezeichneten Sortiment an Pfeifen und Tabaksorten. Weniger bekannt dürften hier Pfeifenläden im Ausland sein.

Die folgende Liste von Geschäften, die wegen ihrer großen Auswahl, ihrer guten Serviceleistungen und ihrer freundlichen und sachkundigen Beratung ausgewählt wurden, soll hier eine kleine Hilfe bieten.

Belgien

Jean-Pierre Forton
7, Rue des Carmes, Brüssel
Tel.: 25 02 80 94
Der Autodidakt Jean-Pierre Forton, der in Saint-Claude und in Cogolin gelernt hat, stellt in seiner Werkstatt, die zugleich Museum und Verkaufsraum ist, Bruyèrepfeifen her und restauriert Meerschaum- und Bernsteinpfeifen.

Dänemark

My Own Blend
Gl. Mont 4, Kopenhagen
Tel.: 33 32 66 21
Im Februar 1993 verwandelte Morten Kruse den ehemaligen Laden für englische Tabake in einen Ort, der den Tabakmischungen geweiht ist. Aus vierzig Blends kann der Pfeifenraucher sich seine eigene Mischung zubereiten lassen. Unter der Auswahl an Raucherartikeln und Pfeifen ist eine Serie von Pfeifen mit dem Namen »My Own Blend« besonders bemerkenswert.

W. Ø. Larsen
9, Amagertov, Kopenhagen
Tel.: 33 12 20 50
Die Pfeifen- und Tabakmarke Dänemarks, um die man nicht herumkommt. 1864 eröffnete die Familie Larsen einen einfachen Tabakladen; nach dem Ersten Weltkrieg begann sie, ihre eigenen Zigarren und Tabake herzustellen und in den fünfziger Jahren dank des Könnens und des Erfindungsreichtums von Ole Larsen auch ihre eigenen Pfeifen. Heute werden hier die Larsen-Pfeifen, die schönsten Pfeifen der Welt, sowie vierhundert verschiedene Tabaksorten, darunter vierzig Larsen-Tabake, angeboten.

Großbritannien

Astleys
108-11 Jermyn Street, London
Tel.: 9 30 18 87
In dem Art-déco-Laden des seit 1862 bestehenden Hauses Astleys ist Paul Bentley der Spezialist für Bruyère aus Kalabrien (alt, hell und leicht). Ob Bruyère- oder Meerschaumpfeifen: Hier findet man Pfeifen in allen Formen und zu allen Preisen. Manchmal stößt man auch auf Besonderheiten aus den Anfängen des 19. Jahrhunderts, die aus allen möglichen Ländern mit Pfeifentradition stammen können.

Dunhill
30 Duke Street, London
Tel.: 4 99 95 66
Der nach dem letzten Weltkrieg wiederaufgebaute Laden in der Duke Street bleibt weiterhin die britische Institution schlechthin. Das berühmte Tabakkontor mit seinen vierundzwanzig Kästen verschiedener naturbelassener Tabakgrade erlaubt jedem Kunden, seine eigene Tabakmischung zu komponieren. Neben den Dunhill-Pfeifen ist auch die Sammlung alter Pfeifen von Dunhill einen Besuch wert.

Desmond Sautter
106 Mount Street, London
Tel.: 4 99 48 66
Verkauf von Tabaken und alten Pfeifen im Viertel Mayfair. Der Besitzer Desmond Sautter bietet eine große Kollektion alter und moderner Pfeifen an sowie Feuerzeuge und sonstige Accessoires.

Mullins and Westley
Covent Garden, London
Tel.: 8 36 83 45
Eine Adresse, die eine bestimmte Auswahl von Pfeifen und Raucherartikeln offeriert, deren Renommee und Beliebtheit jedoch auf ihren Tabakmischungen beruht.

Frankreich

Boutique 22
22, Avenue Victor-Hugo, Paris
Tel.: 45 01 81 41
Dieses Zigarrenparadies ist auch eine gute Adresse für Pfeifenraucher. Große Auswahl von eleganten Accessoires, ein schönes und breitgefächertes Angebot an Pfeifen der großen Marken: Dunhill, Butz-Choquin, Savinelli, Peterson ... und etwa dreißig Tabaksorten.

Dunhill
15, Rue de la Paix, Paris
Tel.: 42 61 57 58
Einer der drei ersten Dunhill-Läden vor dem Zweiten Weltkrieg (Paris, New York, London). In der dem Londoner Laden nachempfundenen Boutique findet man nicht nur Pfeifen und Tabaktöpfe, sondern auch andere Dunhill-Artikel – alles sehr distinguiert und umgeben vom feinen Mahagoni der

Innenausstattung. Bei den Pfeifen wird von den klassischsten Modellen bis zu den extravagantesten Kreationen mit Silberdeckel alles geboten.

A la Pipe du Nord
21, Boulevard de Magenta, Paris
Tel.: 42 08 23 47
In dem mehr als hundertjährigen Haus führen Robert Voisin und nunmehr sein Sohn Pierre den im Jahre 1867 gegründeten Familienbetrieb des mütterlichen Familienzweigs Ziegler. Äußerst zuverlässig in Sachen Tabak und ein Ort vielfältiger Aktivitäten: Herstellung von Pfeifen (klassische Modelle), Reparatur und Pflege.

Au Caïd
24, Boulevard Saint-Michel, Paris
Tel.: 43 26 04 01
Hier werden zum einen Pfeifen aus Saint-Claude verkauft (die meisten der Marken aus dem Jura sowie eine Auswahl von Pfeifen mit dem Zeichen »Au Caïd«), zum anderen alte Pfeifen restauriert, d. h. desinfiziert, instand gesetzt und Mundstücke neu reguliert. Es werden auch Ton-, Maiskolben- und Wildkirschbaumpfeifen sowie Raucheraccessoires angeboten.

Gilbert Guyot
7, Avenue de Clichy, Paris
Tel.: 43 87 70 88
Der Pfeifenexperte Gilbert Guyot verkauft, repariert, restauriert, sammelt und stellt Pfeifen her, u. a. schöne handgemachte Bruyèrepfeifen. Er ist auch Autor zweier Bücher: *Les Pipiers français* und *Le Pipier de Paris*.

Charles Courrieu – Les pipes de Cogolin
129, Rue Saint-Honoré, Paris
Tel.: 40 28 03 19
In seiner Pariser Filiale präsentiert der bekannteste Vertreter der Pfeifenstadt Cogolin seine schönsten Pfeifen. Es werden nur Pfeifen von Charles Courrieu in Hunderten von Modellen sowie *freehands* und Raucherartikel angeboten. Auf Bestellung auch Pflege und Reparatur aller Marken.

Philippe Bargiel
30, Rue Saint-Lazare, 60800 Crépy-en-Valois
Tel.: 59 00 03 (nach Vereinbarung)
Der Hersteller von Meerschaumpfeifen nach alter Wiener Tradition führt auch Reparaturen an Pfeifen aller Marken und Arten aus und restauriert alte Pfeifen. Seine Kreationen aus Meerschaum haben keinen Preis ...

Patrice Sébilo
16, Avenue de la Monneraye, Herbignac
Tel.: 88 98 08
25 km vom Badeort La Baule entfernt liegt die Werkstatt von Patrice Sébilo, die gleichzeitig Verkaufsstätte für seine ebenholzfarbenen, sehr harten *morta*-Pfeifen aus dem halbfossilen Eichenholz der Moore von Brière ist. Er stellt dreihundertfünfzig Pfeifen im Jahr her, abgesehen von den Pfeifen auf Bestellung.

Italien

Carmignani
Via Colonna Antoninia 43, Rom
Tel.: 6 79 54 19
Das 1892 ursprünglich auf dem Corso Vittorio Emanuele eröffnete Geschäft Carmignani war als eines der ersten auf der Welt ein Symbol für die Pfeife. Noch heute gilt es als die beste Adresse für Pfeifen in Italien, die von Mitgliedern königlicher Familien, Staatschefs und anderen Persönlichkeiten aufgesucht wird. Es werden englische, dänische, französische und italienische Pfeifen angeboten, unter anderem die Serie 92 Carmignani zum hundertjährigen Jubiläum der Marke. Außerdem gibt es Accessoires, Sachkenntnis und viel guten italienischen Geschmack.

Savinelli
Via Orifici 2, 20121 Mailand
Tel.: 3 45 22 96
Dieser berühmte italienische Pfeifenhersteller hat zwei Läden in Mailand und einen in Genua. Im ersten, 1876 in der Via Orifici als kleiner Raucherartikelladen eröffneten Geschäft werden die Serienpfeifen der Marke, die Spitzenkreationen sowie eine riesige Auswahl von Accessoires angeboten.

Al Pascia
Via Torino 61, Mailand
Tel.: 86 45 05 97
Hier werden mehr als zehntausend Pfeifen der renommiertesten Marken sowie die Eigenproduktion (vierundzwanzig Modelle) verkauft. Auch die Privatsammlung mit Meeresschaumpfeifen aus dem 18. und 19. Jahrhundert, Saint-Claude-Pfeifen aus dem 19. Jahrhundert und chinesischen Pfeifen ist einen Besuch wert.

Kanada

Robert Blatter
365, Rue du Président-Kennedy, Montreal
Tel.: 8 45 80 28
Die Firma wurde 1907 gegründet, und heute fertigt man bereits in der vierten Generation handgemachte Pfeifen an, dreihundert Stück im Jahr. Außerdem werden auch einige Unikate hergestellt, und es gibt einen Pflege- und Reparaturdienst für Blatter & Blatter-Pfeifen.

Niederlande

Hajenius – Das Haus für den Raucher
92–96 Rokin, Amsterdam
Tel.: 6 23 74 94
Die Inneneinrichtung ist seit 1914 unverändert. Auch für Nichtraucher ist dieser Art-déco-Laden mit all seinen Details aus den zwanziger Jahren sehenswert. Hier findet man lange Pfeifen aus Gouda, Havannas und Zigaretten. Eine Amsterdamer »Institution«.

Türkei

Hakan Cantekin
Turistik Esva, Içbedesten Nr. 64–65, Kapaliçarsi 1st, Istanbul
Tel.: 5 12 06 14
Ein Experte für türkische Pfeifen im Lande des Meerschaums.

Yerliexport
Großer Basar von Istanbul
Bedesten Şerifaga Sok. 59
Tel.: 5 26 26 19
In diesem Laden mitten in Basar von Istanbul werden die Meerschaumpfeifen von Eyüp Sabri verkauft.

TABAKMARKEN

ALSBO (Dänische Marke)

Resolution. Auf Basis von amerikanischem und afrikanischem (Malawi) Virginia. Der Spitzentabak des dänischen Hauses Stokkebye. Ein milder und frischer Tabak mit Rum-, Bourbon- und Vanillearoma.

Black. Auf Basis von schwarzem Cavendish, leichtem Burley und Virginia, mit Vanille-, Nuß- und Waldaroma.

Gold. Ein leichter Tabak auf Cavendish- und Virginia-Basis mit Vanille- und Pistazienaroma.

Premium. Ein leicht fruchtiger, leichter Tabak auf Virginia-, Burley- und Cavendish-Basis mit Vanille- und Karamellaroma.

Danish de Lux White. Ein milder, süßer Tabak auf Basis von amerikanischem und afrikanischem Virginia mit Honigaroma.

Danish de Luxe Yellow. Ein milder, süßer Tabak auf Virginia- und Burley-Basis mit leichtem Vanillearoma.

AMPHORA (Holländische Marke)

Cesare Borgia. Ein besonderer »Amphora« mit einer starken Beimischung von Latakia. Kräftig im Duft und im Rauch.

Regular. Ein eleganter, aromatischer Klassiker.

Ultra Mild. Eine aromatische Mischung, die sich am Regular orientiert, aber vielschichtiger ist.

Ultra Light. Am Ultra Mild orientiert, aber stärker »soßiert«.

Vintage Malt Whisky. Ein aromatischer Tabak mit Whisky- und Kirscharoma.

Rich Aroma. Eine der neueren holländischen Spezialitäten: Duftnoten auf klassischer Virginia- und Burley-Basis, als Cavendish ready rubbed verarbeitet.

Full Aroma. Einer der am stärksten aromatisierten Tabake dieser Serie.

Golden. Für die Liebhaber alter Blends. Ein klassischer Tabak mit leichtem Aroma, milder als der nachfolgende Black.

Black. Ein weiterer großer Klassiker, der ein Gütezeichen geworden ist. Leicht aromatisiert und gut abgerundet.

CLAN (Holländische Marke)

Aromatic. Ein heller, leichter und milder Tabak auf Virginia- und Burley-Basis, wenig aromatisch.

Light Aromatic. Noch leichter als der Aromatic.

Mild Cavendish. Ein leichter, naturbelassener Tabak mit einem schönen Grobschnitt.

DAVIDOFF (Schweizer Marke)

Scottish Mixture. Ein sehr milder, leichter und aromatischer Tabak auf Virginia-, Burley- und Kentucky-Basis.

Danish Mixture. Ein milder, leichter und aromatischer Tabak auf Basis von Virginia, Burley und schwarzem Cavendish.

Royalty. Ein mittelstarker Tabak auf Virginia-, Burley- und Latakia-Basis.

English Mixture. Ein milder Tabak auf Virginia-Basis mit Beimischung von Orient-Tabak, Latakia mit starkem Rauchgeschmack und schwerem, süßem Perique.

Oriental Mixture. Ein mittelstarker Tabak auf Virginia-, Burley- und Latakia-Basis.

DUNHILL (Englische Marke)

Standard Mixture Medium. Ein relativ starker Tabak. Der reichlich beigemischte Latakia verleiht ihm ein kräftiges Aroma.

Early Morning Pipe. Eine der berühmtesten englischen Mischungen, eine leichtere Variante des Standard Mixture Medium.

Mild Blend. Eine Mischung aus verschiedenen Virginia-Tabaken. Eine klassische englische Mischung mit langem Schnitt.

Black Aromatic. Honigduft und eine etwas kräftigere Aromatisierung bei dieser ausgewogenen Mischung Dunhill 92 auf Virginia-Basis.

JOHN BRUMFIT'S (Englische Marke)

Cherry Cream. Milde und leicht würzige Virginia- und Burley-Mischung mit Kirschgeschmack.

Orange Virginian. Ein milder Tabak mit Orangenduft, der etwas vom Old Radford's hat und etwas von der schottischen Mischung von Davidoff.

HALF & HALF (Amerikanische Marke)

Light American. Mild mit Vanillearoma. Vergleichbar der Amphora-Reihe, hat er ein kräftigeres Aroma und einen volleren Geschmack.

Burley & Bright. Eine berühmte klassische Mischung auf Burley- und Virginia-Basis wie jede Half & Half. Eine milde und leichte Mischung, die dennoch vollmundig ist.

TROOST (Holländische Marke)

Aromatic. Im Typ vergleichbar der Amphora-Reihe. Einer der modernen aromatischen holländischen Tabake. Schöner langer Schnitt.

Black Cavendish. Nach der Vorlage des Aromatic. Mild und volles, süßes Aroma.

FOUR SQUARE (Dänische Marke)

London Mixture. Eine feine Mischung auf Basis von Virginia, Orient-Tabak und Latakia. Kräftiger Geschmack, aber nicht aromatisiert.

Curlies. Eine klassischere Mischung auf Virginia-Basis. Nicht aromatisch, aber sehr voll im Geschmack, in Ringen geschnitten.

Mild Navy Cut. Preßtabak, in gerollte Blättchen geschnitten. Auf Virginia-Basis, mit dezentem Geschmack und Feigenaroma.

WEITERE TABAKSORTEN

Flying Dutchman. Heller, feingeschnittener Tabak, aromatisch, ausgewogen und elegant.

Indian Summer. Dieser von Mormonen hergestellte Tabak ist relativ stark »gesoßt«.

Carolina Rose. Eine Auswahl der besten dunklen und goldfarbenen Virginia-Tabake, gemischt mit Burley und Black Cavendish und einem Hauch von Orient-Tabak. Aromatisch und fein im Geschmack, süßer als der Kentucky Bird.

Old Radford's. Sehr aromatische Mischung mit Nuß- und Honiggeschmack.

Neptune. Milde, sehr aromatische Mischung.

Cavas. Eine sogenannte irische Mischung mit kräftigem Aroma aus dem holländischen Hause Oldencott.

Scottish Blend. Eine reichlich aromatisierte schottische Mischung, die die berühmte Firma Harald Halberg unter dem Markennamen Mac Baren anbietet.

Private Stock. Ein Tabak auf Basis der besten Virginia- und Black Cavendish-Tabake. Volles Aroma und gesalzener Preis.

Cruise Line. Eine harmonische Mischung aus unterschiedlichen Virginia-Tabaken mit vollem Geschmack und Aroma.

Daniel Boole's. Milde und leichte Mischung aus sehr ausgereiften Virginia- und Black-Cavendish-Tabaken. Für Anfänger sehr empfehlenswert.

Saint-Bruno. Ein klassischer Brite, in Liverpool hergestellt und als Ready Rubbed verarbeitet. Im Geschmack dem Erinmore vergleichbar.

Shippers Tabac. Dieser in Rotterdam hergestellte Tabak hat einen Geschmack von gemähtem Heu.

Kentucky Bird. Diesem kaum aromatisierten, äußerst milden und feinen Tabak auf Burley- und Virginia-Basis sind einige Rosenblätter beigemischt.

Caledonian Red. Dieser milde Tabak auf Burley-, Virginia- und Black-Cavendish-Basis erinnert manche Raucher im Geschmack an Ahornsirup.

Caledonian Green. Ein nicht aromatisierter Tabak auf Basis von Virginia, Latakia und geräucherten Orient-Tabaken, stärker als der Caledonian Red.

Royal Danish. Ein Stanwell auf Virginia-Basis ohne starkes Aroma. Der in Flakes geschnittene Tabak ist relativ teuer.

Erinmore Mixture. Englische Mischung mit starkem Rauchgeschmack (Latakia).

Capstan Navy Cut Medium. Englische Mischung in Flakes.

Tobak 1er Cru. Ein leichter, ausgewogener und eleganter Tabak auf Basis von Virginia-, Perique- und Orient-Tabaken.

Irish Mead. Ein leichter und leicht aromatischer, milder und weicher Tabak mit Honiggeschmack auf Burley-, Virginia- und Orient-Tabak-Basis. Ideal für Anfänger.

KLEINES PFEIFENLEXIKON

Ambrolith: Kunstharz, als Ersatz für Bernstein verwendet.

Apple: Pfeifenform mit rundem Kopf, von der Billiard abgeleitet (Kategorie der Straights). Es gibt sie aber auch als Bent.

Ausblasen: Bei der fertigen Pfeife werden Staubreste mit Druckluft aus Holm und Mundstück herausgeblasen.

Ausgeizen: Entfernen der untersten Blätter an den Tabakpflanzen.

Auskratzer: Scharfe Klinge aus gutem Stahl, mit der eine zu dicke Kohleschicht abgekratzt wird, wobei noch eine dünne Restschicht verbleiben muß. Diese »Verjüngung« der Pfeife soll ihren guten Geschmack wiederherstellen.

Ballen: Verpackungs- und Gewichtseinheit für Ebauchons (100 Kilogramm). Es gibt auch halbe Ballen, die einer Menge von 50 Kilogramm Ebauchons entsprechen.

Basis (Basistabak): Die Tabake, aus denen die Mischungen zum größten Teil bestehen und die ihnen ihre wesentlichen Eigenschaften und dominierende Note verleihen.

Befeuchter: Kleiner poröser Stein oder Schwamm in einem perforierten Blechgehäuse, der mit Wasser vollgesogen in den Tabaktopf gelegt wird, damit der Tabak nicht austrocknet.

Beize: Manche Pfeifen erhalten eine Färbung, die mit einem Pinsel oder einem Wattebausch aufgetragen wird.

Bent (gebogen): Grundform bei Bruyèrepfeifen, bei der Holm und Mundstück gebogen sind. Diese Pfeifen sind leichter zwischen den Zähnen zu halten, da ihr Schwerpunkt tiefer liegt als bei den Straights.

Bent Albert: Eine graziös geformte Bent mit geneigtem Kopf.

Bent Army: Solide Bent mit abgerundetem Kopf und einem Holm mit Verstärkungsring.

Bent Rhodesian: Ein robustes und etwas gedrungenes Bent-Modell. Holm und Mundstück sind dicker als bei einer klassischen Bent.

Bernstein: Von mehreren Baumarten stammendes fossiles Harz, aus dem Mundstücke für Pfeifen hergestellt werden. Heute nur noch für immense Preise zu bekommen, da die Vorkommen an der südlichen Ostseeküste so gut wie erschöpft sind.

Billiard: Ein Straight-Modell, von dem es viele Abwandlungen gibt. Klare Linien, gerader Holm und senkrechter Kopf im rechten Winkel zum Mundstück.

Bird's eye (Vogelauge): Ursprünglicher Name für Pfeifen, deren Holzmaserung aus vielen kleinen, linsenförmigen Kreisen besteht.

Biß: Der abgeflachte, vorderste Teil des Pfeifenmundstücks, den der Raucher im Mund hält.

Blender: Experte für die Auswahl der Tabake und ihrer Grade. Er muß beim Einkauf bereits wissen, wie sie später in Mischungen zusammenpassen werden.

Blonds (helle Tabake): Tabake mit hohem Zuckergehalt, die künstlich getrocknet wurden. Sie sind gealtert und wurden nicht geröstet wie die dunklen Tabake.

Bruyère *(erica arborea):* Wächst ausschließlich wild in der mediterranen Macchia. Ihre Wurzelknolle bietet ideale Eigenschaften für die Pfeifenherstellung: Das Holz ist sehr hart und damit widerstandsfähig gegen Feuer, und es erhält den Geschmack und das Aroma des Tabaks.

Bulldog: Eine Abwandlung des Billiard-Modells. Eine kräftige, massive Pfeifenform mit einem in der Mitte ausgebauchten Kopf. Die Bulldog gibt es auch als Bent.

Burley: Heller, leichter Tabak.

Canadian: Pfeifenmodell, das von der Billiard abgeleitet wurde. Eine schlanke, leichte Pfeife mit langem Holm und kurzem Mundstück.

Churchwarden: Pfeifenmodell mit riesigem Mundstück.

Crimp Cut: Eine Art des Tabakschnitts. Die Blätter werden zu einem kompakten Block gepreßt, in kurze Streifen gehackt und durch eine Spezialtrocknung gekraust.

Cumberland: Vulkanisierter Kautschuk (schwefelhaltig), der zur Herstellung von Mundstücken für Pfeifen dient. Cumberland ist qualitativ hochwertiger als Ebonit.

Curly Cut: Eine Art des Tabakschnitts, die im 19. Jahrhundert besonders beliebt war; es werden Tabakblätter zu einer Kordel geflochten und in Scheibchen von 1 oder 2 Millimeter Dicke geschnitten.

Dublin: Eine leichtere Version der Grundform »Billiard« mit einem sich erweiternden Kopf.

Dunkle Tabake: Kräftige Tabake, deren Blätter langsam an der Luft getrocknet wurden.

Ebauchon: Die rohen Klötze, die aus einer Bruyèreknolle gesägt werden und die jeweils einen Pfeifenkopf ergeben sollen.

Ebonit: Schwefelhaltiger, vulkanisierter Kautschuk, aus dem Mundstücke für Pfeifen gemacht werden. Ein kaum poröses, leichtes, kompaktes Material, preisgünstig und einfach zu verarbeiten, doch verliert es mit der Zeit seine Farbe und nimmt manchmal den Geschmack des Schwefels an.

Einrauchen: Dabei soll sich eine Kohleschicht an den Innenwänden des Pfeifenkopfs bilden, um das Holz vor Hitze, Teerstoffen und Nikotin zu schützen. Ziel ist, daß das Kopfinnere von unten bis oben mit einer gleichmäßigen Kohleschicht bedeckt ist.

Filter: Ein System zum Filtern des Nikotins und der Teerstoffe, das am Ende des Mundstücks einer Pfeife eingeführt wird. Es gibt wegwerfbare Filter und solche, die gereinigt werden können.

Flake Cut: Ursprüngliche Bezeichnung für Preßtabake.

Flakes: Blättchen von in Scheiben geschnittenem Preßtabak.

Flavouring (oder Aromatisierung): Beigabe eines Produkts (Alkohol, Fruchtkonzentrat usw.), um den Tabakgeschmack zu verändern.

Freehand: Besondere Kategorie von Pfeifen, die ausschließlich mit der Hand gefertigt werden und somit Unikate sind.

Geflammte Maserung: Gestreckte Linien in der Maserung des Pfeifenholzes.

Grade (des Tabaks): Auswahl- und Unterscheidungskriterium für die Tabakblätter, das auch ihrer »Etage« an der Pflanze entspricht. Je nach Reifezustand, Struktur, Glimmeigenschaften und Aroma werden die Blätter derselben »Etage« nochmals in verschiedene Grade unterteilt.

Granulated: Preßtabak, der in Scheiben und dann in kleine Würfel geschnitten wird.

Guillochieren: Ein Bearbeitungsvorgang, der darin besteht, mit der Fräse oder einem Messer außen am Pfeifenkopf reliefartige Verzierungen auszustechen, wodurch kleine Fehler verschwinden sollen. Eine Arbeit, die heute kaum noch ausgeführt wird.

Holm: Der Pfeifenholm ist der rohrförmige Teil, der sich vom Pfeifenkopf weg erstreckt und an dem das Mundstück befestigt wird.

Kalabasch: Eine originell geformte, kostbare Pfeife, die aus der Schale der Kalebasse (einem südamerikanischen Kürbis) geformt wird, wobei der Pfeifenkopf innen mit reinem Meerschaum ausgekleidet wird.

Kentucky: Dunkler, würziger und über Holzfeuer geräucherter Tabak (*fire curing*), der in Kentucky und Tennesse, aber auch in Kanada, Italien und Malawi produziert wird.

Kitten: Fehler im Holz einer Pfeife werden mit Kittmasse und einem Spachtel verkittet.

Knolle: Mehr oder weniger umfangreiche, holzige Masse zwischen Wurzeln und Stamm des Bruyèrebusches. Seit Mitte des 19. Jahrhunderts wird sie zur Herstellung von Pfeifen verwendet. Die Knolle muß mindestens dreißig Jahre alt werden, um die erforderliche Größe zu erreichen.

Kohleschicht: Ablagerungen, die der Tabak beim Verbrennen an den Innenwänden des Pfeifenkopfs hinterläßt. In dünner, regelmäßiger Schicht schützen sie das Holz.

Latakia: Dunkler Tabak aus Syrien, der über Holzfeuer geräuchert wird und den Mischungen eine scharfe, rauchige oder würzige Note verleiht.

Loose leaf Cut: Tabakmischungen, die einige ungeschnittene und ungepreßte Tabakblätter enthalten.

Maiskolbenpfeife: Ihr Kopf besteht aus einem Stück Maiskolben, der ausgereift sein muß und dann getrocknet und geschnitten wird. Die Tabakkammer wird ausgeschnitten, mit Glaspapier ausgerieben und dann mit Honig und Gips eingestrichen. Das Mundstück besteht aus Ebonit oder Bambus. Diese Pfeifen sind in Amerika für einen Spottpreis zu haben und besitzen eine ausgezeichnete Porosität, doch halten sie leider nur einige Monate.

Maryland: Heller Tabak, der in Mischungen verwendet wird, um die Stärke eines anderen Tabaks zu mildern.

Maserung: Die natürliche Maserung des Holzes (meist Bruyère) bildet mehr oder weniger gerade Linien, die man geflammte Maserung nennt, und kleine kreisförmige »Augen«, die man »Vogelauge« (*bird's eye*) nennt.

Meerschaum: Ein empfindliches, weiches Mineral (Magnesiumsilikathydrat), dessen bekannteste Vorkommen sich in Anatolien befinden. Meerschaum heißt es wegen seiner weißen Farbe und seiner Leichtigkeit (es schwimmt auf dem Wasser). Seit Beginn des 17. Jahrhunderts wird Meerschaum zur Herstellung von Pfeifen verwendet, denn mit seiner Porosität absorbiert es die Teerstoffe hervorragend.

Mixtures: Dieser Ausdruck bezeichnet meistens englische, aber auch andere Tabakmischungen.

Mundstück: Das Mundstück ist das rohrförmige Teil, das am Pfeifenholm befestigt wird und den Rauch vom Pfeifenkopf zum Mund des Rauchers leitet. Damit der Rauch nicht unangenehm schmeckt, muß das Mundstück bestimmte Materialeigenschaften besitzen. Es gibt Mundstücke aus Kirschholz, Horn, Knochen, Bernstein, Ebonit, Kunstharz oder Kunststoff.

Nicotiana tabacum: Diesen Namen erhielt die Tabakpflanze 1570, nachdem sie 1560 von Jean Nicot aus Portugal nach Frankreich gebracht worden war. Diese Pflanzenart mit hübschen roten und rosafarbenen Blüten liefert den Grundstoff für Zigaretten, Zigarren und Pfeifentabak.

Nikotin: Ein starkes und giftiges Alkaloid, das in reinem Zustand tödlich ist.

Orientale: Helle, leichte Tabake aus den Mittelmeerländern und den Ländern um das Schwarze Meer; sie werden häufig mit *flue cured* Tabaken wie zum Beispiel Virginia gemischt. Diese Tabake werden in der Sonne getrocknet und durchlaufen eine natürliche, leichte Fermentation.

Panel: Bezeichnug für Straight-Pfeifen mit facettenartig geformtem Kopf und Mundstück. Diese Version gibt es von vielen Modellen, zum Beispiel Panel Billiard, Panel Apple usw.

Perique: Amerikanischer Tabak, der nach einem Südstaatenrezept aus dem 19. Jahrhundert mehrere Monate lang in einem Faß mit Pflaumensaft und Fruchtfleisch gärt. Ein seltener und teurer Tabak.

Pfeifenbesteck: Kleines Werkzeug aus Metall, das meist aus drei Teilen besteht, die an einem Ring drehbar zusammengesetzt sind: einem Löffelchen mit einem gezahnten Rand zum Auskratzen der Pfeife, einem einfachen dünnen Metallstäbchen, um einen verstopften Holm oder ein verstopftes Mundstück freizumachen, und einem Stopfer.

Pfeifengestell: Ein kleines Gestell mit halbrund ausgeschnittenen Vertiefungen, in denen die Pfeifen aufrecht gelagert werden können.

Pfeifenmacher: Ein Handwerker, der mit den Händen und an der Drehbank Pfeifen herstellt.

Pfeifenbaumeister: Ein Meister seines Fachs, der allein mit seiner Hände Arbeit aus dem Ebauchon eine Pfeife fertigt, wobei die Kunst darin besteht, die Holzmaserung möglichst gut zur Geltung zu bringen.

Pfeifenreiniger: Langes, dünnes Metallstäbchen, das mit einer Art Plüsch umkleidet ist und nach dem Rauchen in den Rauchkanal der Pfeife eingeführt wird, um die Feuchtigkeit und das Nikotin zum größten Teil aufzusaugen und damit die Pfeife zu reinigen.

Pfeifensaft: Flüssigkeit, die durch Kondensation in der Pfeife entsteht und mit Teerstoffen gesättigt ist. Sie setzt sich im Holm und im Mundstück ab und gelangt, wenn sie sich in größeren Mengen bildet – bei aromatisierten, sehr feuchten Tabaken –, bis in den Mund des Rauchers.

Pfeifenstopfer: Kleines Werkzeug, mit dem man den Tabak – und nach dem ersten Anzünden die Asche – im Pfeifenkopf vorsichtig festdrückt, um die Glut mit dem darunter befindlichen Tabak in Berührung zu bringen oder auch, um den Zug zu korrigieren.

Plateaus: Dicke Holzscheiben, die aus hochwertigen Bruyèreknollen mit sehr schöner Maserung gesägt wurden und noch die Borke der Knolle am Rand tragen. Aus diesen Plateaus entstehen *freehand*-Pfeifen.

Porzellanpfeifen: Diese schweren und zerbrechlichen Pfeifen, die vornehmlich in Deutschland hergestellt wurden, haben den Nachteil, einen scharfen Tabakgeschmack zu verursachen. Die meist sehr hübsch gemachten und verzierten Pfeifen sind etwas für Sammler.

Preßtabak: Nach dem Mischen, Befeuchten und Soßieren werden die Tabakblätter in Blöcken gepreßt, zunächst in Scheiben und dann in Blättchen geschnitten. Synonym für *flake cut*.

Ready rubbed: Blättrig geschnittener Preßtabak, der bereits in mehr oder weniger kleine Bruchstücke zerkleinert wurde, zum Beispiel Cavendish.

Ring: Manche Pfeifen haben ihn zur Verzierung auf dem Mundstück.

Rohling: Aus dem Ebauchon wurde bereits der Holm ausgefräst, der Kopf ist jedoch nur grob vorgeformt.

Sandblasen: Bearbeitungsvorgang, bei dem mit einer Spritzpistole ein Gemisch aus Sand und Glasstaub unter Druck auf die Pfeife gerichtet wird. Dabei werden die weichen oder mürben Stellen im Holz entfernt, das harte Holz bleibt übrig und präsentiert sich mit einer reliefartigen Oberfläche. Die Pfeife wird dadurch leichter und schöner, kleine Fehler verschwinden.

Schnitt: Es gibt verschiedene Schnitte von Feinschnitt bis Grobschnitt. Damit wird die Breite der geschnittenen Tabakstreifen bezeichnet.

Soßieren: Beigabe eines Produkts (angesetzte Brühen, Süßholz, Ahornsirup, Fruchtkonzentrat usw.), um den Tabakgeschmack zu verändern.

Stand-up Poker: Pfeifenmodell, das von der Billiard abgeleitet wurde. Die Unterseite des Pfeifenkopfs ist abgeflacht, so daß die Pfeife auf dem Tisch abgestellt werden kann, ohne umzufallen.

Stopfen: Geschmack und Genuß einer Pfeife hängen davon ab, wie sie gestopft wurde. Bei einer richtig gestopften Pfeife darf kein Krümelchen herausfallen, wenn man sie umdreht.

Straight: Grundkategorie von Pfeifenformen mit geradem Holm und Mundstück.

Straight grain: Eine vollkommen gleichmäßige, senkrecht geflammte Maserung ohne jeden Fehler – eine Rarität!

Sun cured: Bezeichnung für die hellen, milden und leichten Orient-Tabake, die in der Sonne getrocknet und für viele Mischungen verwendet werden.

System: Ein Filtereinsatz im Mundstück.

Tabak: Pflanze aus der Familie der Nachtschattengewächse, in der Botanik *Nicotiana* (nach Jean Nicot) genannt.

Tabaksbeutel: Gibt es in verschiedenen Größen, meist aus Leder oder Stoff und innen gummiert, damit der Tabak nicht austrocknet.

Tabakskollegium: Friedrich Wilhelm I. institutionalisierte die Pfeifenabende seines Vaters Friedrich I., indem er das Tabakskollegium gründete. Beim Pfeiferauchen wurden hier meist politische Themen erörtert. Friedrich II. schaffte diese Einrichtung wieder ab, als er im Jahre 1740 den Thron bestiegen hatte.

Tabakkammer: Das Innere des Pfeifenkopfs, in das der Tabak zum Rauchen eingefüllt wird.

Tabaktopf: Zur Aufbewahrung von Pfeifentabak. Es gibt ihn in vielen Materialien, zum Beispiel aus Steingut, Porzellan, Silber und Holz. Es muß immer ein Befeuchter im Topf vorhanden sein, damit der Tabak nicht austrocknet.

Ton (Tonpfeifen): Das Material für die ersten Pfeifen, die in Holland, Belgien, Frankreich und England hergestellt wurden. Diese zerbrechlichen Pfeifen werden noch heute zum Testen von Tabak verwendet, da sie den Tabakgeschmack vollkommen erhalten.

Virginia: Name des hellen, aus Virginia stammenden Tabaks, der ein Grundbestandteil vieler Mischungen ist.

Walrat: Fett aus der Stirnhöhle des Pottwals. Meerschaumpfeifen werden geschmeidig, indem man ihren Kopf in ein Walratbad taucht.

Wassersack: Um den Mangel an Porosität bei Porzellanpfeifen auszugleichen, haben diese im untersten Teil ihres Kopfes eine kleine Aushöhlung, in der sich der Pfeifensaft sammelt.

Wiener Meerschaum: Abfälle, die beim Zerschneiden der Meerschaumblöcke entstehen. Die Pfeifenkünstler in Wien mischten sie mit diversen anderen Stoffen und stellten daraus den Wiener Meerschaum her, der schwerer, weniger empfindlich und auch billiger war als der echte Meerschaum.

Zapfen: Hervorstehender, zylindrischer Teil des Pfeifenmundstücks, der zum Befestigen des Mundstücks in den Holm eingedreht wird.

Zug: Wie ein Ofen muß auch eine Pfeife gut ziehen. Ihr Zug hängt von der Qualität des Mundstücks – und natürlich vom richtigen Stopfen ab.

REGISTER

Abboville, Gérard d' 60
Abdrehen 76
Abflammen 81
Air curing 114, 118
Alphons XVIII. *137*
Ambra, Mundstück aus 94
Ambrolith, Mundstück aus 88, 154
amerikanischer Tabak 131
Amorelli (Firma) 196
Amorelli, Salvatore 196
Anbau (Tabak) 110
Andenne 96, 99
Anzünden 160
Apollinaire, Guillaume *13*, 16
Apple (Pfeife) 150, *162*
Armero, Carlos 179
Astleys (Firma) *146, 159*, 180, 191
Ausfräsen 76, 78
Auskratzer 171
Ausreiben 78

Baldwin, Stanley *160*
Barbi, Rainer *86, 194*, 195
Barentsz, Willem 37
Bargiel, Philippe *64, 90*, 91, *91*, 93f, *94*, 97, 154, 198
Bart, Jean *42*, 45
Bastien, André Paul 54, 179
Baudelaire, Charles 16
Baudies, Hasso 195
Bauer, Andreas 154
Beizen 81, *82*
Bent 149, 153
Bentley, Paul 191, *192*
Berlin 48
Bernhard, Prinz der Niederlande 149
Berrod-Regad (Firma) 66, 72
Bienenwachs 91, *94*
Big Ben (Firma) 83
Billiard (Pfeife) 150, 153, 190
Bismarck, Otto Prinz von 16
Black Cavendish (Tabak) 131
Blier, Bernard 153
Blier, Bertrand *153*
Bontemps (Firma) 64
Böttger, Johann Friedrich 48
Bouaké *117*, 118, *120, 121*
Brassens, Georges 154
Broseley 34
Bruyere-Gesträuch (Erica arborea) *69*
Bruyere-Knolle *69*
Bruyerepfeife 54, 64, 82, 146, 154, 156, *165*, *177*, 196

Bulldog (Pfeife) 150
Bündigmachen 78
Burley (Tabak) 121, *123*, 131, 132, 134
Butz-Choquin (Firma) 64, 196, 198
Buzzi, Enea 196

Canadian 153
Canuba-Wachs 168
Caporal (Tabak) 134
Caporal Export (Tabak) 7
Casas, Las 31
Castello (Firma) *74*
Cau, Jean *165*
Cavendish (Tabak) *126, 131*
Cecchini, Terenzio 196
Chacom (Firma) 64, *86*, 198
Chap (Firma) 64
Chapel, Gérard 72, 78
Chapuis-Comoy (Firma) *86*
Charatan (Firma) 153
Chardin, Jean-Baptiste *38*
Chonowitsch, Jess 189
Churchwarden 153, 190, 198
Claude Romain (Firma) 64
Clerc, Job *96*, 198
Cogolin 54, 64, 69
Coppo, Franco *74*, 196
Corbier, Denise *177*
Corbière, Tristan 16
Corosoholz (Pfeife aus) *180*
Courbet, Gustave *10*, 15f, *15*
Courrieu (Firma) *54*, 64, 66, 69, 70, 78
Courrieu, Charles *64*
Courrieu, Ulysse 54, *54*
Courteline, Georges 168
Crépy-en-Valois 91
Crimp cut 131, *132*
Crosby, Bing *162*
Curly cuts 131
Cuty Fort (Firma) 64, *72*, 76, *82*, 101, 198

Dalloz, Henri *85*
dänischer Tabak 134
Dark air cured (Tabak) 108
Darwen, James *153*
Daumier, Honoré de *15, 140*
Delalande, Dominique 180
Demoly, Alain *177, 177, 179*
Demoly, François 179
Dieppe 51, *179*
Dodoens, Rembert 110
Dou, Gerard *38*
Doyle, Sir Arthur Conan 154, 166

Drehen (des Zapfens) *94*
Dublin 153f, 192
Duchamp, Marcel *162*
Dunhill (Fachgeschäft) *136, 137*, 138
Dunhill (Firma) 70, *81*, 82f, 132, 136, 144, 168, *190*
Dunhill, Alfred Henry 34, 136, 137, 144, 172, 182, 190, 191
Dunhill, Richard 190
Dunhill-Museum (London) 56
Dünkirchen 42
Durchblasen 82
Dutel-Gisclon (Firma) *179*

Ebauchon *69*, 70, 72, *72*, 74
Ebonit, Mundstück aus 86, 148, 168
Eckert, Adolf 192
Eckert, Ernst 192
Eckert, Ruth *189*, 192
Edge worth (Tabak) 132
Eduard VII. 136
Ehder, Jean Gottlieb 48
Einkäufer (Blender) 123f
Einrauchen 156, 158
Einstein, Albert 16, *154*
Eisenpfeife 28
Elfenbein (Pfeife aus) 51, *179*
englische Mischungen 132
Eskeşehir 88
Etlang, Tom *189, 189*
Eugénie, Prinzessin 45
Ewa (Firma) 64

Feinschnitt 126
Fenwick, Millicent *149*
Fermentation 114, 120
Fertigung (Tabak) 124
Filter 149
Fiolet (Firma) 42, *42*, *177*
Fire cured (Tabak) 113
Fire curing 118
Flake cut 131
Flakes 131
Flavoring 126, 132
Fleming, Peter *166*
Flores, Xavier 179
Flue cured (Tabak) 108, 123
Flue curing 114, 118
Fräsen 76, *76*
Fratelli Rossi (Firma) *82*
Frederik, König von Dänemark 156
Freehand 70, 82, 85, 153, *194*, 195, *195, 196*, 198
Freud, Sigmund 16, *16*

Friedrich I. 46
Friedrich-Wilhelm I. 46, *46*

Gable, Clark *166*
Gaisser, Max *34*
Gambetta, Léon 42
Gambier (Firma) 42, *42*, 99, *177*, *179*
Garbe, Ingo 189
Garnier (Fachgeschäft) 144
Gautier, Théophile *180*
Gay (Firma) 54
gebogenes Mundstück (Herstellung) 94
geflochtener Tabak 131
Genod (Firma) 64, *74*
Genod, Vincent *54*
Georg VI., König von England *137*
Giono, Jean *156*
Givet 42
Glas (Pfeife aus) 51, 182
Glattschleifen 78
Goethe, Johann Wolfgang von 18
Goncourt, Gebrüder 22
Goodyear, Charles 86
Gouda 27, 37, 40, 42, 99
Graco (Firma) 64
Granulated 131
Grass, Günter 16
Grasse 185
Grenard, Yves 198
Grignon, Pierre 32
Grobschnitt 126
Guibert, Francine 185
Guillochieren 82

Hajenius (Fachgeschäft) *40*, 132
Half and Half (Tabak) 132
handgemachte Pfeifen 82
Harald Halberg (Firma) 134
Harris, Walter *159*
Hemingway, Ernest *21*
Hendricks, Wybrand *34*
Hervilly, Ernest d' *15*
Hilson (Firma) 82
Hippokrates 27
Höhr 47f
Holzpfeife 28, 52, *52*, 56
Horn, Mundstück aus 86, 88
Hugo, Victor 42

Il Ceppo (Firma) 196
Ilstedt, Paul 189
Imperatori, Giorgio 196
Irving, Tony 185
Ivarsson, Lars 189
Ivarsson, Sixten 188f, *188*

Jacques-Schmied-Museum (Lausanne) *185*
Jakob I., König von England 32, 34, *40*
Jakob, Henri 45
Jammes, Francis 16
Jance, Eugène *180*
Jean Bart (Tabak) 45
Jean Lacroix (Firma) 64, 198
Jean Nicot (Pfeife) *45*
Jeantet (Firma) 64, 198
Jeantet, Dominique 72
Jerez, Rodrigo de 31
Joura, Karl Heinz 194f, *195*
Jung, Carl Gustav *16*

Kalabasch 154, *192*
Kalibrieren 74
Kapp & Peterson (Firma) 148, 168, 192
Kapp, Gebrüder 192
Kassel 48
Kentucky (Tabak) 110, 118, *123*
Kilburne, George Goodwin *40*
Kipling, Rudyard 136, *138*
Kirschbaumholz, Mundstück aus 86
Kitten 76
Kléber, Jean-Baptiste 45
Knochenschrauben 93
Köln 47
Kolumbus, Christoph 31
Königsberg 46
Kopenhagen *74*
Kovacs, Karel 56
Krafft, Johann August 22
Krüllschnitt 126
Kupferpfeife 28

La Tour, Georges de 10, 15, *15*, 21
Lackieren 81
Lacroix & Cie (Firma) *96*
Lacroix, Jean-Charles 101
Lanier, Paul 85, *85*
Larsen, Else 189, *189*
Larsen, Niels 187f, *188, 189*
Larsen, Ole *187*
Lasalle, Antoine, Graf von 45
Latakia (Tabak) 108, 118, 132, 134, 138
Léonard (Firma) 99
Léonard, Pascal 99
Lévèque, Émile *96, 99*
Liébault, Jean 31
Light air cured (Tabak) 108
Lisiewski, Georg 46
List, Herbert *21*
Liverpool 153
Loeb, Pierre *165*
Loewe (Firma) *192*
Loose leaf cuts 131
Lorenz, Konrad *166*
Lorenzo (Firma) 82
Lovat (Pfeife) 153
Ludwig XIV. *42*
Ludwig XV. 18, 45

Lumberton *123*
Lyon 198

Mac Arthur, Douglas 16, *59*
Mac Baren (Tabak) 134
Magritte, René *200*
Maillart, Ella *166*
Maiskolbenpfeife *59*, 99, 154
Malawi 123, *123*
Malet, Leo 144
Mallarmé, Stéphane 15
Manet, Édouard 16, *138*
Maryland (Tabak) 121, 132
Mastro de Paja (Firma) 82, 196
Medici, Katharina von 31f
Meerschaum 88, 91, *93*, 153
Meerschaumpfeife 56, 88, 90, 93, 96, 153f, 158f, 168f, *172, 177*
Mei·en 48
Metternich, Prinzessin von 45
Mewis, Robert 195
Mittelschnitt 126
Mixtures 132
Mondrian, Piet *150*
Morel, Pierre 198
Morta (Pfeife aus) 198
Mundstück 86
Murat, Joachim 45
Musketierpfeifen 47
Musset 18, *18*
Myrtle grove (Tabak) *32*

Napoleon I. 42, 45, *45, 104*
Newton, Sir Isaac 16
Nicolas, Jean 198
Nicot, Jean 31, 104, *104*
Nielsen, Poul 188
Nikotin 140f
Nording (Firma) 82
Nürnberg 192

Oldenkott 59
Olrik, Frau 188
Opalglas (Pfeife aus) *172*
Oppenheimer, Robert *162*
orientalischer Tabak *108*, 120f, 138
Orlik Tobacco Company 123, 134
Österreichisches Tabakmuseum 180
Oudinot, Nicolas Charles Graf von Reggio 45

Panel 153, *196*
Panel Apple (Pfeife) 153
Panel Billiard 153
Pauwels, Louis 138
Périque (Tabak) 108, 132, 134, 138
Peterson (Firma) 82, 148, 168
Peterson, Charles *192*
Pfeifenmuseum (Gavirate) *82*
Pfeifenpflege 166f
Pfeifenputzer 171
Pfeifenräumer 170f
Pfeifenständer 172
Pfeifenstopfer 171
Picasso, Pablo *13*
Poker (Standup Poker) 150

Pompadour, Marquise von 18
Porsche, Ferdinand Alexander 59, *59*
Porzellanpfeife 154
Pot (Pfeife) 153
Pre·tabak 131, 134
Prince (Pfeife) 153
Prince Albert (Tabak) 132, *138*
Prungnaud, Gérard 99, 198, *198*
Pyrolitpfeife 99

Raleigh, Sir Walter 32, *32*, 110, *172*
Ramazzotti, Eppe 137, 185
Rapaport, Benjamin 185
Rasmussen, Anne Julie 189, *189*
Raspeln 76, *76*
Ray, Jean 154
Ready rubbed 126, 131
Rhein, Jean-Charles 179
Richelieu, Kardinal von 34
Rimbaud, Arthur *15*, 16, 42
Rockwell, Norman *146*
Rolfe, John 110
Ropp (Firma) 64
Rothschild, Baronin Alice von 182f, 185
Russell, Bertrand *156*

Sabatier, Robert 7
Sabbagh, Pierre 45
Sabri, Eyüp *88*, 91
Saint-Claude 54, 64, 66, *66*, 72, *72, 74*, 76, 82, *82, 101*, 101, 154, 198
Saint-Omer 42
Saint-Quentin-la-Poterie *96*, 99, 198
Sand, George *18*
Sandstrahlen 81
Sartre, Jean-Paul *165*
Savinelli (Firma) 82, 172, *159*, 195
Savinelli, Giancarlo 195
Savinelli, Marisetta 195
Schibukpfeife 180
Schieferpfeife 28
Schleifen 78
Schmied, Jacques 182, *185*
Schneiden (des Tabaks) 126
Schopenhauer, Arthur 15
Scotti, Carlo 196, *196*
Sébilo, Patrice 198f, *199*
Seita (Firma) 126
Sèvres 51, *51*
Simbabwe *124*
Simenon, Georges *150*, 160
Sommer (Firma) *64, 90, 144*, 154
Sonnini de Manoncourt, Charles 27
Sortieren *70*, 76
So·ieren 126
Staffordshire *40*
Stalin 16
Stanwell (Firma) 82, 188, *189*
Stärkegrade (Tabak) 124
Steatit, rot (Pfeife aus) 28
Steen, Jan *37*
Stempeln 82, *82*

Stettin 46
Stopfen 159
Straight 149f
Straight grain 187
Strangtabak 131
Sun cured (Tabak) 108
Sun curing 118, 120
Supérieur pipe (Tabak) 7
Svendborg (Firma) 82, 189
Sweet Dublin (Tabak) 124

Tabak (Pflanze) 104
Tabak, Gesundheit und 140
Tabakbefeuchter 171
Tabakmuseum (Bergerac) 85
Tabaksbeutel 171
Tabaktopf 171
Tagliabue, Lorenzo 196
Tao 189
Tati, Jacques *21*
Thévet, André 31, *31*, 110
Tonpfeife 40, *40*, 96, 154, 159, 165, *177*
Tophanpfeife *180*
Trocknen (der Ebauchons) 72
Twain, Mark 16, *16*, 192

Ulm 52
Ulmer Pfeifen 51
Upshall, James 192

Van Dongen, Kees *160*
Van Gogh, Vincent 16
Varende, Jean de la *10*
Vauen (Firma) 82, 192
Venedig 51
Verlaine, Paul *15*
Vetter, Jean Hegesippe *40*
Vigée-Lebrun, Elisabeth 18
Vincent, Roger 85
Virginia (Tabak) *104*, 110, 118, 121, *124*, 132
Voltaire (Porträt von Houdon) 85
Vorformen 74, *74*
Vuillard (Firma) 64, 198

W. Ø. Larsen (Firma) *74, 81, 131, 134, 136, 187, 188*
W. Ø. Larsen (Tabak) 124
Wachsbehandlung 81
Walrat 93f, 170
Wärmekammer 120
Werth, Léon *10*
Wien 48
Wiener Meerschaumpfeife 59
Wilke, Anna 18
Wilke, Louisa 18
Wilson, Harold 56
Windsor, Herzog von 136f

Zadkine, Ossip 13
Zinnpfeife *28*
Zubehör 171
Zunft der Pfeifenbaumeister von Saint-Claude *60*, 64
Zusammenbauen 78

FOTONACHWEIS

S. 1 Jacques Boulay; S. 2/3 Jacques Boulay; S. 4/5 Jacques Boulay; S. 6 Association des Amis de Jacques-Henry Lartigue; S. 7 Sophie Bassouls/Albin Michel; S. 8/9 Jack Burlot; S. 10 Musée Fabre/F. Jaulmes; S. 11 Doisneau/Rapho; S. 12 Foto RMN: Spadem; S. 13 Kertèsz/Frz. Kulturministerium; S. 14 oben: Photothèque des Musées de la Ville de Paris/Spadem; unten: RMN, Musée d'Orsay; S. 15 oben: Giraudon/Musée des Beaux-arts de Besançon; unten: BAD: Coll. Maciet; S. 16 The Bettmann Archive; S. 17 The Bettmann Archive; S. 18 oben: Keystone; unten: The Bettmann Archive; am Rand: Roger-Viollet; S. 19 Keystone; S. 20 Boubat/Top; S. 21 oben: Herbert List Estate/Magnum Photo; unten: Cinéstar; S. 22 oben: Statens Museum for Kunst/Kopenhagen; unten: Seita; S. 23 Hamburger Kunsthalle/ Elke Walford; S. 24/25 Mauritzhuis den Haag/ Foto: Van de Ven; S. 26 und 27 Tabakmuseum/Wien; S. 28 oben rechts: Tabakmuseum/Wien; unten: Musée de l'Homme/Oster; S. 29 Chronicle Books/Nancy Hathaway/Native American Portraits; S. 30 oben: Roger-Viollet; unten: Scope/J. D. Sudres/Musée du Nouveau Monde, La Rochelle; S. 31 Roger-Viollet; S. 32 The Bettmann Archive; S. 33 Archiv für Kunst und Geschichte; S. 34 Archiv für Kunst und Geschichte; S. 35 Franz Hals Museum/Haarlem; S. 36 RMN/Musée du Louvre; S. 37 National Gallery; S. 38 oben: Pipjenkabinet/Leiden; unten: RMN/Musée du Louvre; S. 39 Rijksmuseum/Amsterdam; S. 40 oben: The Bridgeman Art Library/D. Messum, Marlow, Bucks; am Rand: Tobacco Art and History Museum/Nashville; unten: C. Sarramon/Hajenius; S. 41 The Bridgeman Art Library/Galerie George/ London; S. 42 Roger Viollet; S. 43 oben: RMN/ATP; unten: UCAD/Musée de la Publicité; S. 44 RMN/Musée du Louvre; S. 45 oben und am Rand: RMN/ATP; unten: Conrad White/Residence; S. 46 oben: Archiv für Kunst und Geschichte; unten: BAD/Coll. Maciet; S. 47 oben: Tabakmuseum/Wien; Mitte und rechts: Seita; S. 48 oben: BAD/Coll. Maciet; unten: BAD; S. 49 Tabakmuseum/Wien; S. 50 oben: Archiv für Kunst und Geschichte; unten: Tobacco Art and History Museum/Nashville; S. 51 oben: Scope/J. D. Sudres/Musée Napoléonien; Mitte: Tobacco Art and History Museum/Nashville; unten: Archiv für Kunst und Geschichte; S. 52 oben: Sygma/J. J. Grezet; unten: Seita; S. 53 L. Chauffard/Rapho; S. 54 The Bettmann Archive; S. 55 oben: Charles Courrieu/Cogolin; unten: L. Ricciarini/ E. F. Simion; S. 56 oben: Marc Walter; unten: Keystone; S. 57 Jacques Boulay; S. 58 Porsche; S. 59 oben: The Bettmann Archive; unten: Porsche; S. 60 oben: F. Hidalgo; unten: Jacques Faizant; S. 61 T. Hopker/Magnum Photo; S. 62/63 Jacques Boulay; S. 64 Charles Courrieu/Cogolin; S. 65 Jack Burlot; S. 66 oben: Scope/J. Sierpinski; unten: Explorer/Coll. Soazig; S. 67 P. Binet; S. 68 Cédri/B. Henry; S. 69 oben: MAP/N&P Mioulane; unten: Charles Courrieu/Cogolin; S. 70 Jacques Boulay; S. 71 Dunhill/London; S. 72 Jack Burlot; S. 73 Jack Burlot; S. 74 oben: W. Ø. Larsen; unten: R. Benzi/Castello; S. 75 Scope/J. Sierpinski (oben und Mitte); J. Guillard (unten); S. 76 Jack Burlot; S. 77 Jack Burlot; S. 78 oben: Jack Burlot; unten: Charles Courrieu/Cogolin; S. 79 Jack Burlot; S. 80 W. Ø. Larsen; S. 81 Dunhill/London; S. 82 oben: Jack Burlot; unten: Ugo Mursia Editore; S. 83 Dunhill/London; S. 84 Jack Burlot; S. 85 Verlucca; S. 86 Stylograph/Feinschmecker/Jahreszeiten Verlag; S. 87 Jack Burlot; S. 89 Manuel Citak; S. 90 Jacques Boulay; S. 91 Jacques Boulay; S. 92 Jacques Boulay; S. 93 Jacques Boulay; S. 94 Jacques Boulay; S. 95 Jacques Boulay; S. 96 oben: Doisneau/Raho; unten: Musée de la Vie Wallonne; S. 97 Léonard; S. 98 Musée de la Vie Wallonne; S. 99 Musée de la Vie Wallonne; S. 100/101 Mitte: Cédri/B. Henry; oben: Jack Burlot; S. 102/103 Nicolas Bruant; S. 104 oben: D. R.; unten: Giraudon; S. 105 Llewellyn; S. 106 oben: Seita; Mitte: Giraudon; unten: Retrograph; S. 107 BAD/Coll. Maciet; S. 108 Royal Geographical Society; S. 109 Musée AlbertKahn/Département des Hauts-de-Seine; S. 110 Cédri/Valmuller; S. 111 Rapho/D. Repérant; S. 112 oben: Cosmos/Adams; unten: Llewellyn; S. 113 oben: Hoaqui/Vaisse; unten: Cédri/Sioen; S. 114 Hoaqui/Huet (unten); Valentin (oben); S. 115 Hoaqui/Valentin; S. 116 Rapho/Gloaguen; S. 117 oben: Scope/J. D. Sudres; unten: Nicola Bruant; S. 118 Nicola Bruant; S. 119 Nicola Bruant; S. 120 Nicola Bruant; S. 121 Nicola Bruant; S. 122 The Bettmann Archive; S. 123 oben: Cosmos/Science Photo Library; unten: Rapho/Roberts; S. 125 Jacques Boulay; S. 126 Explorer/Coll. Soazig; S. 127 Jacques Boulay; S. 128/129 Jacques Boulay; S. 130 Jacques Boulay; S. 131 Seita; S. 132 The Bettmann Archive; S. 133 Sarramon; S. 134 oben: W. Ø. Larsen/J. Boulay; unten: Seita; S. 135 Jacques Boulay; S. 136 oben: Marc Walter/Dunhill; Mitte: J. Boulay; unten: Dunhill; S. 137 oben: Marc Walter/Dunhill; unten: Dunhill; S. 138 oben: L. Ricciarini/National Portrait Gallery; unten: L. Ricciarini/Museo de Arte de Sao Paulo; S. 139 Rapho/Keating; S. 140/141 Seita; S. 142/143 Jacques Boulay; S. 144 Anne Fitamant-Peter; S. 145 Magnum Photo/R. Kalvar; S. 146 Astleys/A. C. Cooper; S. 147 The Norman Rockwell Museum at Stockbridge/Massachussets; S. 148 oben: The Bettmann Archive; unten: Keystone; S. 149 Magnum Photo/R. Capa; unten: The Bettmann Archive; S. 150 oben: Magnum Photo/Hartmann; unten: Kertész/Frz. Kulturministerium; S. 151 Kertész/Frz. Kulturministerium; S. 152 Anil Sharma; S. 153 Jacques Boulay; S. 154 The Bettmann Archive; S. 155 oben: J. P. Nicollet; unten: Seita; S. 156 oben: Citron; unten: Imapress/P. Lightfield; S. 157 The Bettmann Archive; S. 158 Jacques Boulay; S. 159 Peter Aprahamian; S. 160 oben: Seita; unten: The Bettmann Archive; S. 161 Association des Amis de Jacques Henri-Lartigue; S. 162 oben: Keystone; unten: The Bettmann Archive; S. 163 Association des Amis de l'oeuvre de Man Ray/TMR/Adagp-Paris 1993 Coll. Lucien Treillard; S. 164 Henri Cartier-Bresson/Magnum Photo; S. 165 Denise Colomb/Frz. Kulturministerium; S. 166 oben: Retrograph; unten: Roger-Viollet; S. 167 Musée de l'Elysée, Lausanne/Ella Maillart; S. 168 Sarramon; S. 169 François Kollar/Frz. Kulturministerium;

S. 170 P. Binet; S. 171 Stylograph/Feinschmecker/Jahreszeiten Verlag; S. 172 unten: Seita; am Rand: BAD/Coll. Maciet; S. 173 Jacques Boulay; S. 174/175 Jacques Boulay; S. 176 Seita; S. 177 Jacques Boulay; S. 178 Jacques Boulay/Coll. Demoly; S. 179 Jacques Boulay/Coll. Demoly; S. 180 oben: P. Binet/Coll. Jance; unten: Coll. Rapaport; S. 181 Jacques Boulay; S. 182 oben: Marc Walter/Dunhill; unten: L. Ricciarini; S. 183 Jacques Boulay/Coll. Delalande; S. 184 Verlucca; S. 185 Verlucca; S. 186 W. Ø. Larsen/Jacques Boulay; S. 187 W. Ø. Larsen; S. 188 oben: Stan Hill; unten: W. Ø. Larsen; S. 189 W. Ø. Larsen/Jacques Boulay; S. 189/190 Dunhill/London; S. 191 Dunhill/London; unten: Keystone; S. 192 oben: Peter Aprahamian; am Rand: Kapp et Peterson; S. 193 Kapp et Peterson; S. 194 oben: Stylograph/Feinschmecker/Jahreszeiten Verlag; unten: Jacques Boulay; S. 195 Joura; S. 196 Ugo Mursia Editore; S. 197 Jacques Boulay; S. 198 G. Prungnaud; S. 199 Jacques Boulay/Sébilo; S. 200 Galerie Isy Brachot/Adagp.

DANKSAGUNG

Die Autoren danken Marie-Claire Adés, Danielle Masson, Bertrand Boussuge, Pierre Citron, Gérard Chapel, Denise Corbier, Dominique Delalande, Alain Demoly, Fabien Ouaki, Michel Lafont, Thierry Dudreuilh, Gérard Goffin, Michel Waille, Gilbert Guyot und Florence Picard, die mit großem Engagement an der Realisierung dieses Buches beteiligt waren.
Der Verlag dankt folgenden Pfeifenmachern und Pfeifenunternehmen für alle Informationen und Dokumente, die sie für dieses Buch zur Verfügung gestellt haben:
W. Ø. und Niels Larsen, Rainer Barbi, Yves Grenard (Cuty Fort), Savinelli, Jean-Pierre Forton, Charles Courrieu, Richard Dunhill, Alexander Eckert, Karl Heinz Joura, Patrice Sébilo, Jens Lillelund (Stanwell), Pascal Léonhard, Gérard Prungnaud, Franco Coppo (Castello), Paul Bentley (Astley) und Philippe Bargiel; schließlich den Sammlern Benjamin Rapaport, Tony Irving, Jean-Charles Rhein, Jacques Schmied und der Galerie Benli et Carlos Armero.
Der Verlag dankt gleichermaßen Carolan Workman, Christine Grenard, Stephen Slot Odgaard, Jean Léo, Ivor Spencer, Rosemary Lipka, Bernard Derouaux, Joe Fitchett, Paola und Giarni Carmignani, Walter Harris, Erick Munden, Kate Neil, James Darwen, Cosimo Sportelli, Serena Sutcliffe, Alain Letulier, Philipppe Hucher, Hans Gerd-Koenen, Brian Tipping, Jean-Paul Verrod, Jean-Pierre Laurent, Jean-Michael Tardy, Michel Lafont und Jacques Cole.
Dank an Jacques Boulay für die Realisierung der Fotos und an Sabine Greenberg für die Fotorecherche.

Die »Pfeifenbibel« für den passionierten Pfeifenraucher, das Geschenk für alle Pfeifenliebhaber und diejenigen, die es werden wollen.

Richard Carleton Hacker

DIE KUNST PFEIFE ZU RAUCHEN

384 Seiten, mit ca. 120 Schwarzweiß-Abbildungen und 32 Seiten Farbteil
Efalin mit Schutzumschlag
Format 15,2 x 22,9 cm

ISBN 3-453-04768-0

WILHELM HEYNE VERLAG MÜNCHEN

COLLECTION
ROLF HEYNE

Whisky – das besondere Wasser des Lebens. 1300 Jahre Whiskybrennerei, Geschichte und Geheimnisse der besten Destillerien der Welt. Das Buch für alle Liebhaber und Genießer.

James Darwen

DAS BUCH VOM WHISKY

216 Seiten, mit 187 Farbabbildungen, 78 Schwarzweiß-Abbildungen und 4 Karten

Efalin mit Schutzumschlag

Format 23 x 27,5 cm

ISBN 3-453-06931-5

WILHELM HEYNE VERLAG MÜNCHEN